生きることに
責任はあるのか

現象学的倫理学への試み

弘前大学出版会

生きることに責任はあるのか／目次

序　章　生と責任をめぐる思考の諸形……vii
——まえがきに代えて　横地　徳広

第Ⅰ部　西欧の現象学的倫理学

第1章　ケアする存在の自己責任……3
——E・フッサールの『改造』論文における「革新」の倫理学　吉川　孝

第2章　M・シェーラーの徳理論と現象学的経験……27
——カントと現代のあいだ　宮村　悠介

第3章　責めの存在論的 - 現象学的分析による道徳的懐疑の克服……57
——M・ハイデガー『存在と時間』第二篇における議論　池田　喬

第4章　間ロゴスと応答可能性……83

――M・メルロ＝ポンティ現象学による倫理学序説　大森　史博
第5章　E・レヴィナスと場所のエティカ……111
――〈汝、殺すなかれ〉再考　横地　徳広

第Ⅱ部　日本の現象学的倫理学

第6章　他者との共感……141
――西田幾多郎とM・シェーラーの現象学的倫理学　張　政遠
第7章　世界・国家・懺悔……161
――田辺哲学の現象学的解釈　吉川　孝
第8章　『構想力の論理』と三木清の実践哲学……191
池田　準

第9章　和辻哲郎とM・ハイデガー……………………………………池田　喬　221
――「ポリス的人間」と「隠されたる現象」の倫理
第10章　九鬼周造と〈いき〉のエティカ……………………………横地　徳広　255
――善美なる生を求めて
終　章　いまなぜ現象学的倫理学なのか？……………………………………287
――あとがきに代えて　吉川　孝
執筆者紹介

序章　生と責任をめぐる思考の諸形

――まえがきに代えて

横地　徳広

生きることに責任が問われることなど、あるのだろうか？もしそうした責任があるとして、それはどんな責任だろう。このように書名『生きることに責任はあるのか』に驚いてこの本を手にした方が少なからずいるかもしれない。変わることのない日々を反復するかぎり、裏返せば、生命の危機に直面しないかぎりは、心に抱かれる類いの問いではないこと、これが驚きの理由であるように思われる。以下、少しく具体例を交えながら、問いの意味を理解する手がかりを記したい。

まずは「責任」という言葉が明治時代にあつかわれた様子から確認する。その現場は、欧米の思想概念を翻訳して日本に導入した井上哲次郎『哲学字彙』である。そこで"Responsibility"（英）、

“Verantwortlichkeit”（独）、“responsabilité”（仏）には「職責」、「責任」、「答責」、「責務」という訳語があてられていた。現代日本の哲学用語としては語の成り立ちに注目して「応答可能性」と訳されることもあるこの西欧語だが、井上は複数の訳語に共通して「責」の字を使用していた点に注目できる。

例えば、事業に失敗した人びと。家も職も失い、残ったのは借金だけである。納税も滞り、借金の利子とともに負債が増えていく。この負債を返済することが、その人びとにとって果たすべき経済的責任であり、法的責任である。白川静によれば、責任とは「責めを負ってしなければならない任務」のことであり、「もと納税の義務をいう」（『常用字解』）。また責は「賦貢《ふこう》を課すること」であった（白川『字通』）。私的な借金返済よりも公的な納税義務をそもそもは意味する「責任」は、漢字文化圏で経済的意味から出発した概念であり、責の異体字である「債」の意味「賦貢の責任を課すること」も（白川『字統』）、その傍証となる。ただし、『孟子』に「善を責むるは、朋友の道なり」という表現がすでに登場していた。ここで責は倫理的文脈でもちいられている。おそらく経済的意味では債の字が使われるようになったのと連動して、責の方は倫理的意味が強められていった可能性がある。加えて、和語の「せむ（責む）」は、白川によると、「身動きのとれないような状態にすることで、人を責め叱ること」であった（『字訓』）。この和語に漢語の経済的／法的／倫理的意味と欧米概念が重なりあって意味の響きを重層化していったわけである。

さて、責任概念をめぐる動向は、何も東アジアだけに確認可能なことではない。F・ニーチェが『道徳の系譜学』（一八八七年）で描き出していたのは、罪概念が法律的意味から変容して道徳的意味を獲得する構造的プロセスであった。現代日本人にあっても、例えばお金を借りた相手と会うことに気後れを感じ、期限を過ぎて借金を返済しないことに疚しさを覚えることがあろう。このように“Schuldenlast(借金の重荷)”が借り手の心に“Schuldgefühl(罪悪感)”を刻みこむ仕組みをニーチェは明らかにしている。「……罪責(Schuld＝負い目)というあの主要な道徳的概念は、負債(Schulden＝借金)というひどく物質的な概念に由来している」(ニーチェ「〈罪責〉と〈疚しい良心〉、その類いのこと」)。遡れば、この負債概念にも形成史がある。すなわち、被害に対する単純な怒りが契約思想を介して被害に対する報復へと変容し、被害に応じた負債が見定められていく経緯のことである。このとき、加害者が被害者に抵当を差し出して返済の約束に保証を与え、この約束を記憶にとどめることが、両者のあいだで契約関係が成り立つ条件であった。こうして被害者による報復は、加害者に課された負債を何らかの形で返済させることによって果たされる。以上、ニーチェの見立てのなかでも、経済的意味や法的意味、倫理的意味が重なりあって響いていることがわかる。

今度は近代日本の倫理思想に目をむけてみよう。M・ハイデガーの“Schuld”概念を分析した和辻哲郎が述べるに、ユダヤ教的文脈では、負債という経済的意味をもつ“Schuld”は、ヤハウェとの契約に違反した「悪の意識」をあらわす「罪責」という道徳的意味を併せもっていた(『倫理学』)。こうしたヘブライ的道徳の思考法は、キリシタン時代を経験した後の明治日本に“Schuld”の翻訳を通じてあらためて導入され、このとき、負債と悪の自覚とを結びつける「済まない」という和語に対して和辻は“Schuld”の二重性と類似の構造を見出している。責という漢語に注目した白川とは異なり、済まないという和語のうちに経済的意味と倫理的意味が聴きとられたわけである。

ここで現代日本人がもちいるそうした和語概念の成立事情を簡単に見ておきたい。国語学者の山田孝雄が昭和初期に論じたところ、和語と漢語は同時に成立した言語学的概念であった（子安宣邦『漢字論』）。したがって、和語概念がまず成立しており、それとの対比で漢語概念が区別されたのではない。昭和期の日本人が身につけていたのは和語と漢語だけではなく、明治十年代にかけて欧米の諸概念を輸入するために作られた「近代漢語」が混交した日本語を無意識のうちに習得していた。この近代漢語にあふれる井上『哲学字彙』をふたたび参照すれば、現代日本の哲学用語としては「責め」と訳されることもある“Schuld”には「罪」、「罪過」、「債務」、「義務」という訳語が列挙され、経済的意味や法的意味、倫理的意味が重ねられている。

以上、責任概念の消息をたずねたときに判明するのは、もっとも大きく捉えれば、思想（＝考えられたこと；thought）は、われわれにとって思考（＝考えること；thinking）の成果や材料である一方、歴史が積み重ねられていくなかで思考はその思想に規定されていくという相互性である。こうした事情は、言語と思考の関係にあっても同様であろう。日本人がもちいる言語は、「和語と漢語」や「日本語と外国語」という対比が発見されて以来、外来語がとりこまれた日本語である。また、日本人に根づいた思想は、神道や仏教、儒教の混交態であり、明治維新以降は欧米の近現代思想がそれに付け加わる。これらの思想や言語もあらためて思考のなかで生き直され、そうして生きられた形が思想と言葉のうちにふたたび沈殿していく。

こうした事情は、日本の地理的条件に関連していた。そもそも東アジアの最果てに位置する日本列島は、大陸から流入した文物が長らく蓄えられた場所であり、インドから漢字文化圏である中国や朝鮮半島をへて日本に至る経路が築かれていた。明治の開国時に欧米の諸テキストが日本語に翻訳されるようになる以前、仏教や儒教の経典は漢籍という形で日本に届き、「訓読」という日本独自の手法で読解されつづける。しかし、こうした外来思想は受け入れのたびに日本の先行思想と混交して変容を重ねていく。言葉と思想に注目して混交的変容の曲率を見定めなければならない所以である。

とはいえ、われわれは日常にあってそうした日本の言葉や思想を特別な意識なく使いこなしている。また、何らかの言動もその理由を問われれば、それなりの答えを記憶のうちに見つけ、言葉で語り出せる。こうした言葉や思想のうちに純粋な思考の痕跡を見出そうと試みられたこともあった。例えば、日本人としての自覚を過度に強調したがる人びとの場合。彼らが純粋な日本を求めて『古事記』をひも解いてみても、とはいえそこに見つけ出せる日本像は、おおかた本居宣長の『古事記』読解による構成的発見の劣化コピーにすぎない。純粋な日本など存在したことはない。また、日本史をつむぐ言葉や思想に響く「執拗な持続低音（basso ostinato）」を聴き分けて「歴史意識の『古層』」を導出するにしても（丸山真男『忠誠と反逆』）、純粋な日本にまつわる事情は同じである。歴史意識の古層は、日本で歴史が物語られるさいにもちいられてきた基本カテゴリーであり、したがって、歴史的不変などではない。歴史哲学の現代的知見にもとづき、そう指摘することが可能である（野家啓一『物語の哲学』）。有限者を超越した神の視点をわれわれ人間は分かちもつことができない以上、誤って純粋さが帰せられる原型的日本は、後世の人びとによって「制作」された始まりなのである。

もちろん、それ以前は何も存在しなかった無を認めるのであれば、天地が無から創造されたその始まりを想定することも可能である（『創世記』）。これに対して、何かが生まれたように見えても、別の何かの代わりにその何かが置き換わったと考えるのであれば、無それ自体が「虚偽概念」だということになる（ベルクソン『創造的進化』）。このとき、何かの始まりは置き換わった時点を指すはずである。いずれにせよ、言葉と思想の純粋な始まりを求めて到達できる「アルキメデスの点」は、有限的人間から欠落している。

＊

本章冒頭でも述べたが、『生きることに責任はあるのか』という書名を読者のみなさんが目にしたとき、日常的思考の停止を経験したのかもしれない。日常的直観によれば、生きることはことさらに問われることなく継続していくものだからである。また現代日本人の平均的理解では、責任は自由な決定につきまとうものであり、とはいえ、われわれは「生きるか否か（to be, or not to be）」を自由に決め（シェイクスピア『ハムレット』）、その責任をとりながら生きているわけではない。「それが問題だ」とつぶやかれる情況はすでに「非日常」である。

では、「生きるか否か」を問うとすれば、それは誰か。

他人の場合もあれば、自分自身の場合もあろう。そう自問自答して生きることを選んだときでさえも、生きることの責任にまで問いが及ぶことは稀である。人間の生命は創造主に所有されると考える人びとを除けば、日常的な生存感覚にあって生きることは責任を問われる類いの事柄ではない。ときにつらくても、生きることはわれわれにとって自明のことなのだ。

これに対し、厳しくも他人からその問いをむけられたさい、問われた人間は生きることを選んだ責任を問われうる。例えば、キリシタンが踏み絵を迫られる場面がそれに該当しよう（遠藤周作『沈黙』）。ここでは「生きるか否か」という問いと「いかに生きるか」という問いが重なりあうからである。つまり、キリシタンが徳川幕藩体制下で生きるさいに負う責めは棄教によって果たされる。だがしかし、すべてが偶然の連鎖だと考えれば、究極のところ、生きることに責任が問われることはないとも言いうる。ヤスパース『罪責問題（Die Schuldfrage）』に記されていたように、ショアーを生き残ったことに罪はない。「形而上の罪」などは存在せず、生存者が罪悪感を抱く必要はないのだ。

また、当人が選ぶことなく生き死の形が決められていた時代には、「東照宮上意に、郷村の百姓共は死なぬ様に、生ぬ様にと合点致し」（「昇平夜話」）とまで語られている。生の限界に設定された年貢は、未納を咎められる恐怖で百姓の心を縛り、真綿で首をしめるように過酷な日常が継続していく。白川やニーチェ、和辻の分析をふりかえれば、負債は罪責となりうるのであった。

例えばこれらのようなとき、絶望だけが人びとの心に満ちるのだろうか。

われわれは、どの一人も、ないこともありえたこの世界に生まれ落ちている。とはいえ、そうした世界で君と私は偶さかの出会いに結ばれ、一緒に生きていく。こうした根源的偶然に驚くときに垣間見える「存在神秘」がある（古東哲明『〈在る〉ことの不思議』）。過酷な生活に追われつづけても、生きることの肯定をわれわれに贈る存在神秘のことである。しかも、人間が「ケアする動物」と定義されるかぎり（広井良典『ケアを問いなおす』）、世話の必要な人が私の傍らにいてくれること、こうした共同存在が私に真の人間的生を与えていると考えることもできる。他者を世話する倫理的責任には経済的負担が付随しながらも、ケアを本質とする人間たちの共生は、「底なき底」から存在神秘の刻印を受けている。他者との共生は存在の喜悦なのだ。

以上、簡単な確認であった。しかしこれだけでも、「生きることに責任はあるのか」という問いに至るまで少なくはない思考プロセスを辿りうることがわかる。

最後に、こうした生を生物学的観点から確認しておく。生命は実体ではなく、諸分子間で織りあわされた体系にそなわる集合的性質、つまりは生物の属性となる。この生物は、無生物との対比で言えば、エネルギーをとりいれて身体を機能させ、自己複製することがその本質である（日高敏隆『動物という文化』）。着目すべきは、古代ギリシアにあっても、無生物から生物を分かつ「魂」や「生命」を意味する“ψυχή”は「息吹き」という意味を併せもっていたことである。和語の「いき」もまた「生き」と同時に「息」という漢字がわりふられていたが、呼吸が生きていることの証とされていた。栄養をとってエネルギーに変え、呼吸によってそのエネルギーを燃焼させること。これが身体的生の契機である。

つづいて、生命という語の成り立ちを見たい。白川『字統』によれば、「草の生え出る形」をなす「生」の原義は生命であり、生命という語にふくまれる「命」とは「天」が与えた「人の寿命」、つまりは人命のことであった。また、井上『哲学字彙』を参照すると、“Life”（英）、“Leben”（独）、“vie”（仏）

は「生命」と「生活」という訳語を与えられ、現代英語を参照しても、「生命」やこうした生命の担い手である「生物」、日々の活動である「生活」やその全体をなす「人生」が主要な意味として登場している。生きることの責任という表現が様ざまな意味のポリフォニーを奏でる所以である。

『善い』は『在る』と同じだけ多くの意味で語られる」と記していたのは、アリストテレスであった（『ニコマコス倫理学』）。二三〇〇年の後、ハイデガーはそのアリストテレス哲学を独自の仕方で引き受け、存在にまつわる〈一と多〉という哲学的問題に迫り、多様に語られる存在が了解される一性を「時間性」に求めていく。生の意味も責任の意味もそれぞれ様ざまであり、〈生の責任〉をめぐる哲学的思考は、ハイデガーをふくめて哲学者ごとに多彩を極める。このように重層的な多様性にも、一性を求めることは可能だろうか。

本書でとりあげた哲学者は、何らかの仕方で生の深淵をのぞきこんでしまった人間である。彼らもまた〈生の責任〉をめぐる哲学的思考の領野を歩みぬけ、あるいはさまよっていた。彼らの思索は哲学史の夜空にきら星のごとく輝き、本書を読み終えた読者が諸論文の連なりに一つの「星座〈constellation〉」を見つけることができたとしたら、執筆陣一同、これほどの喜びはない。〈生の責任〉をたずねる哲学的思考は、読者のみなさんが眺めた星座の形や輝きを語り合うことでいっそうあらわになっていく。一性と出会う可能性も、そこにある。ご批判を乞う次第である。

＊

本書が準備されるまでの経緯はもう一人の編者吉川の終章に譲るが、一点だけ記させていただく。本書の構成が西欧哲学と日本哲学の二部構成になる以前、西欧の哲学者と日本の哲学者を一人ずつ比較していくという構成であった。執筆者一同が緩やかにそうした意識を分かちもって各論考の準備をしていたわけである。そのときの目次は以下のようになっている。

第一章「ケアする存在の自己責任——E・フッサールの『改造』論文における「革新」の倫理学」(吉川孝)
第二章「世界・国家・懺悔——田辺哲学の現象学的解釈」(吉川孝)
第三章「責めの存在論的‐現象学的分析による道徳的懐疑の克服——M・ハイデガー『存在と時間』第二編における議論」(池田喬)
第四章「和辻哲郎とM・ハイデガー——「ポリス的人間」と「隠されたる現象」の倫理」(池田喬)
第五章「M・シェーラーの徳理論と現象学的経験——カントと現代のあいだ」(宮村悠介)
第六章「他者との共感——西田幾多郎とM・シェーラーの現象学的倫理学」(張政遠)
第七章「間ロゴスと応答可能性——M・メルロ=ポンティ現象学による倫理学序説」(大森史博)
第八章「『構想力の論理』と三木清の実践哲学」(池田準)
第九章「E・レヴィナスと場所のエティカ——〈汝、殺すなかれ〉再考」(横地徳広)
第十章「九鬼周造と〈いき〉のエティカ——善美なる生を求めて」(横地徳広)

この目次を記して、またひとつ別の読み方の提案とさせていただく。

こうして本書が出版されるまでには学会や研究会ほか様ざまな場で多くの方々にお世話になった。私横地が勤務する大学で共同ゼミを開く木村純二氏からは、本書で私が分担した箇所に関連して多くの丁寧なご教示をいただいた。ご教示を本書に正しく生かしているか、私の力不足ゆえ心もとないが、記して感謝いたします。

また帯文は、慶應義塾大学の斎藤慶典先生と詩人の浅田志津子さんがお寄せくださいました。福島の桜が鮮やかな表紙絵は、鉄道風景画家の松本忠さんがご提供くださったものです。記して深謝いたします。

第Ⅰ部　西欧の現象学的倫理学

第1章　ケアする存在の自己責任

——E・フッサールの『改造』論文における「革新」の倫理学

吉川　孝

序

フッサールは、『形式的論理学と超越論的論理学』、『デカルト的省察』、『ヨーロッパ諸学の危機と超越論的現象学』などの後期の主要著作において、哲学者の「自己責任」について語っている。「自律と自己責任の哲学」というように、現象学そのものが倫理学的概念によって特徴づけられる（I, 47; VI, 200, 272, 273; XVII, 9, 285）。本稿の目的は、「責任」をめぐるフッサールの思考を、彼の哲学体系の中核に位置づけなおし、その意味を明らかにすることにある。「自律」や「自己責任」は、近代哲学において共有されてきた概念であり、その問題点や限界がいたるところで指摘されている。フッサールの責任論は、能動的な自己統制・自己決定の主体を前提にしており、現代では省みるに値しない近代哲学の残滓と見なすべきなのだろうか。それとも、そこには用語法の古さ・素朴さを超えて、いまなお取り上げる論点が見いだされるのだろうか。

自律と責任という概念は倫理学の文脈において検討しなければならない。フッサールはかなりはやい時期から、認識論のみならず倫理学の問題にも取り組んでおり、一九二二／二三年に執筆された『改造』論文において、その成果を世に問うている。[1] 本稿では、『改造』論文に焦点をあわせて、一九二〇年代初頭のフッサール倫理学の内実を明らかにし、その責任論を検討したい。第一節では、『改造』論文の成立事情などを紹介する。第二節では、そこで展開されている「職業的生」の分析を現代倫理学における「ケアの倫理」と関連づけて明らかにする。第三節では、実践理性にもとづく生としての「倫理的生」が「認識による責任」を担うことを指摘したうえで、そのような責任の担い手である主体のあり方を検討する。そして最後に、「超越論的還元」を遂行する「哲学者」の生が最高の責任を担うというフッサールの主張の意味を明らかにする。[2]

一　『改造』論文の背景・問題・方法

『改造』論文は、日本の『改造』誌に寄稿された論文であり、第一論文「革新、その問題と方法」(XXVII, 3-13)、第二論文「本質探求の方法」(XXVII, 13-20)、第三論文「個人倫理学的問題としての革新」(XXVII, 20-43)、第四論文「革新と学問」(XXVII, 43-59)、第五論文「人類の発展における文化の形式的類型」(XXVII, 59-94) の五篇からなっている。一九二二年から二三年にかけて執筆され、第一論文は一九二三年、第二論文と第三論文は一九二四年に掲載されている。[3] 第四論文と第五論文は関東大震災の影響などにより、発表されず、草稿のまま残された。現在はすべてフッサール全集フッセリアーナの第二七巻に収められている。フッサールが『改造』に寄稿したきっかけは、編集者の秋田忠義からの依頼であった。当時の『改造』誌は、アインシュタインを招聘したことでも知られており、B・ラッセルやH・リッケルトからも寄稿を受けている。執筆のきっかけは、当時のインフレ下のドイツにおける経済的事情が大きいようである（当時のフッサールは子供たちを育てる苦労を知人に訴えている）。『改造』論文にはそのような成立事情があるため、研究者によるこのテキストの軽視にもつながっている。しかし、執筆の最中の一九二二年一二月一三日のW・ベル宛の書簡のなかで、フッサールはそのような経済的事情が執筆の動機であることを認めながらも、「ともかくこうなったからには、『改造』への取り組みを『年報』と少しでも違うようにはできません」と述べている。現象学的哲学の機関誌である『現象学年報』を引き合いにだして、みずからの意気込みを語っていることは注目すべきであろう。そればかりか、同じ手紙には「〔執筆は〕わたしにとって、無益な哲学の仕事ではなかったし、いまでもそうではありません」とも記されている。

『改造』論文は、何を主題としており、どのような問題設定に導かれ、どのような方法によって探究が進められるのだろうか。

第一論文「革新、その問題と方法」は、「悩み多きわれわれの現代」の「一般的な声」を紹介することから始まる。具体的には、第一次世界大戦が引き起こしたさまざまな惨状によって、われわれは「自己自身や自己の文化生活の優れた意味」への「信頼」を喪失してしまった（XXVII, 3）。周知のように、人類の幸福を約束してくれるかに思われた自然科学の発展は、むしろ文化の意味への不信をもたらすことになった。われわれはこうした「事実」に直面するなかで、「新たなものが生成しなければならない」という思いに駆り立てられる（XXVII, 4）。このような「革新」の要求が、同時代の一般的な声となっており、これが一連の論文の全体を貫くテーマとなっている。「革新（Erneuerung）」という表現は、雑誌名の『改造』を意識したものであり、日本の出版社や読者への多少の配慮も働いている。しかし、フッサールは以前からこの表現を用いており（XXV, 268）、日本の読者のためにだけ設えた概念ではないようだ（XXVII, xii）。しかも、フッサールは「たんなる感情による革新の運動」が「革新そのもののプロセス」に展開することを目指している（XXVII, 5）。したがって、時代状況のなかで自然に生じる一般的な声を追認しているわけではなく、そうした動向を哲学的に根拠をもった運動として彫琢することが、『改造』論文の中心テーマである。

「革新」というテーマには、倫理学、宗教哲学、形而上学などの問題系が絡み合っている。世界大戦は、人間性の理想が実現不可能であり、その追求が挫折することを示してしまった。「個人の生を理性の生に作り上げることが到達不可能な目標である」ことがはっきりとすると、「倫理的目標を放棄する人」がいるかもしれない（XXVII, 4）。しかし、そのような非合理性のなかでなおも善き生を問うことはできる。真正な人間性や人間文化へと向かう志向が「絶対的な倫理的要求」として生じるかもしれない（XXVII, 4）。何を目指して生きるのが善き生き方なのだろうか、生きるに値する自己と世界をどのように形成すればよいのだろうか。そのような生き方をめぐる「倫理学」の問いが発せられている。しかも、こうした問題設定は、世界大戦という外的要因によって突発的に引き起こされたわけではなく、『論研』以降に展開されている「現象学的倫理学」の延長線上にある。フッサールは「実践理性の批判」をみずからの哲学の重要な課題と見なし（XXIV, 445）、現象学の立場から倫理学を確立することに腐心している。そのような倫理学関連の講義は、フッセリアーナ第二八巻や第三七巻に収められている。[4]『改造』論文は、そうした倫理学的思考の一つの到達点であり、フッサールによる「実践理性批判」の試みという位置づけをもっている。

こうした倫理学の問題は、人間性の理想への信頼（Glaube）にかかわるものである。信頼が単なる空想ではなく、現実に「根をおろす」ようになるためには、信頼が「洞察的な思考」に転換されなければならない（XXVII, 5）。信頼は、目標の本質と可能性や実現方法を完全にはっきりと明晰にすることで、「合理的な正当化」を見いだすことになる（XXVII, 5）。いかなる根拠から絶対的な理想を信じて生きることができるのか。合理的な根拠をもった信仰（Glaube）とはどのようなものか。このような問いは、善き生き方をめぐる倫理学の問いを、合理的な信仰をめぐる宗教哲学へと関連づける。

そもそも信頼が揺らぎ、疑問が生じるのは、われわれ人間が不合理な事実性に直面するためである。このような事実性というトピックは、フッサール現象学のなかでしばしば「第二哲学」や「形而上学」という問題圏を形成する。[5]「革新の問いは単なる事実性に結びついている」（XXVII, 10）という指摘は、第一次世界大戦などの歴史の事実に翻弄されるヨーロッパのことが念頭に置かれている。しかも、事実性は「評価や評定」によって「理性の規範化に服する」とされるように、そのような規範化を通じて、「無価値の文化の生から理性の生への改革はどのようになされるのか」が問われている。事実性をめぐる形而上学的考察は「実践理性の原理的な問い」と密接な関連をもっている(XXVII, 10)。

このように、革新というテーマをめぐって、倫理学、宗教哲学、形而上学の問いが交錯している。『論研』(一九〇〇/〇一年)や『イデーンI』(一九一三年)などの著作では正面から論じられない諸問題がここに集約されている。(6) こうした問題は、二十年代後半から三十年代の著作に引き継がれ、しだいにはっきりとした位置づけを獲得している。『デカルト的省察』(一九二七年)において、世界と生の意味をめぐる問いが現象学の地盤において成立する「倫理的—宗教的問題」とされ、「形而上学」の可能性も示唆されている(I, 160)。不合理な事実性のなかでの意味ある生の探求は、しだいに現象学の中心問題に位置づけられていく。最晩年の主著『危機』では、序論において「人間の生存に意味があるのか」(VI, 6)と問いかけられるように、生きる意味の問いが著作全体を導くモチーフになっている。

では、どのような方法において、「革新」は究明されるのだろうか。フッサールは、この新しいテーマにたいして特別な方法を用意するわけではない。

厳密学だけがここでより確実な方法と確固たる成果を生みだしうる(XXVII, 5f.)。

ここで念頭におかれる厳密学というのは、「人間や人間の共同体についての合理的な学問」(XXVII, 6)のことである。自然領域において幾何学や数学が果たしているのと同じ機能を果たす学問、すなわち「人間の精神性についてのアプリオリな学問」(XXVII, 9) が、革新の可能性を描きだすことになる。そうした学問は、「真正あるいは理性的な人間性の理念」についての「学問的な本質分析」(XXVII, 10) を行うことで、人間の本質を洞察する。第二論文「本質探求の方法」は、自由変更や本質観取などの本質分析の方法が紹介されている。しかも、人間についての本質洞察は「あらゆる精神的なものについてのまったく新たな様式の評定や合理化」となって、事実的に生きる人間にたいして規範を与えることになる (XXVII, 9)。本質考察は、事実性を超えた可能性を描く自由をもたらすため、「規範を認識し、それに向けて自由に行為する主観」(XXVII, 9) こそが、革新の基点となりうる。したがって、「本質考察だけが、人間一般のみならず、その『革新』についての合理的学問への道をも開くことができる」のである (XXVII, 12)。

二　職業的生とケアの倫理

第三論文「個人倫理学としての革新」は、『改造』論文の核心部分を形成するばかりか、フッサールの倫理学的考察の成果が集約されている。この時期のフッサールにとって倫理学とは、「生全体を統一的に規則づける理性」という観点のもとで「理性的主観性の行為する生全体」を探求する「学問」であり、「実践理性の学問」と「等価的概念」とされている (XXVI, 21)。『改造』論文は、主体の生き方をめぐる問いを倫理学の中心的な主題としている。

このような倫理学の「出発点」になるのが、「人間の本質」についての洞察である。フッサールによれば、人間の本質には「人格的自己考察（INSPECTIO SUI）という強い意味での自己意識の能力」が属している（XXVI, 23）。つまり、人間は「自分自身やその生へと反省的に遡及する」ことができるのであり、しかもそうした反省というのは、「自己認識、自己評価、自己規定（自己意志、自己形成）」などの契機が絡み合っている。したがって、人間は自己の全体に目を向け、より善い自己を描きだし、そうした自己を形成することをめざしている。この自己考察は、たんに自己を理論的に認識するだけではなく、自己を評価して、さらには自己の規定に通じている。ここでフッサールは、自己を知ることが自己を変えることにつながるような場面を視野に入れている。

主観はみずからの生を概観して、自由な主観として、その生を満足する生へと、「浄福なる」生へと形成するよう意識的に努力する（XXVI, 25）。

人間はこのような自己形成の能力をもっており、ここに倫理学の可能性が根ざしている。フッサールは、ここから自己形成の類型として「職業的生」[7]と言うべき生の様式を描きだしている。人間はみずからの生を「統一的に概観」して、その現実性と可能性に関して「普遍的に評価」し、「一般的な生の目標」を取り決めて、未来の自分や自分の生全体を規則づける（XXVII, 26f.）。そのとき、そうした目標が「人格的生に完全に新たな様式の形式を授ける」ことになる（XXVII, 26f.）。つまり、「本人にとって無条件的に欲望されるもの、それが実現されなければ本人はいかなる満足をも見いだしえないようなもの」という性格をもつような「ある種の価値」が生の目標となるときに、本人はいまや「みずからとその未来の生をそうした価値の実現の可能性に捧げる」ようになる（XXVII, 27）。そのような「わたしがわたしであるかぎりそこに不可分に帰属する価値」というのは、ある者にとっては「権力」かもしれないし、別の者にとっては「隣人愛」かもしれない。『改造』論文と同時期の「生の価値、世界の価値」草稿においては、次のように記されている。

わが子を愛情深くケアする母親のことを思い浮かべてみよう。彼女は知っているかもしれない。世界にはいかなる意味もない、あらゆる「価値」を無化する破滅が明日にも訪れる……ということを。〔中略〕だが、まともな母親ならば、そのときにこう言うだろう。そうかもしれないし、そんなことはよくわかっている。しかし、より確かなのは、わが子を破滅させるわけにはゆかない、子供は愛情をもってケアすべきということである。(8)

こうした場合には、客観的な価値の序列（世界の価値）ではなく、自分にとっての価値（生の価値）が求められており、「客観的により高い評価が実践的優位をもつ必要はない」とも言われている（XXVII, 28）。このような価値は、自分にとって大切なものであり、しかも自分の生をそこに向けて方向づけるようなものとして、まさに自己の統合性（integrity）にかかわっている。

自分の子供に価値を見いだす親という例が示す自己形成の様式は、現代の倫理学において「ケアの倫理」が提起する論点と重なっている。ギリガンの『もう一つの声』[9]は、「正義」とは異なる規範形成の原理として「ケア」の可能性を照射している。ケアは、人間の生き方や在り方そのものにかかわるため、発達心理学にとどまることなく、倫理学や社会哲学にまで影響を及ぼしている。ここでは、哲学の分野においてケア論をいちはやく展開したメイヤロフの『ケアの本質』[10]の論述を確認してみよう[11]。メイヤロフによれば、「一人の人格をケアすること」というのは、「その人が成長すること、自己実現することをたすけること」である（OC, 1）。したがって、ケアというのは、他者に対して自己をゆだねる「献身（devotion）」を意味しており、「〈そこに〉その人のために私がいる」ことが、ケアにとって本質的である（OC, 10-11）。さしあたって、ケアというのは、献身的な愛とも言うべき他者志向の意識と見なすことができる。

しかし、メイヤロフは、「ケアすることがどのようにして全人格的な意義をもつか、その人の人生にどのような秩序づけを行なうか」（OC, 3）という問いをたてており、ケアが自己にとってもつ意味を検討している。しかも、そうした文脈においては、「ケアとはケアする人にとって自己実現を意味する」（OC, 42）とも指摘される。ケアにおいては、ケアが第一義的なものとなり、その他の活動や価値は第二義的なものとなっていく（OC, 65）。したがって、ケアする者においては、ケアやその対象を中心として、世界やみずからの生活が位置づけられるようになる。さらには、そうしたケアが持続することで、ケアする者はみずからの生における「安定性」を獲得して、「自分の落ち着き場所にいる」という感覚をもつようになる（OC, 2）。落ち着き場所にいるというのは、世界のうちに役割や生きがいを見いだしている状態である。そのような生を生きるときに、われわれは「心を安んじる」という意味での「了解性」(OC, 92)、自分の生き方に責任をもつ「自律」(OC, 95)、自分の能力への「信」(OC, 100)、自分の生を生きることへの「感謝」(OC, 102)などを手にすることになる。したがって、他の人びとをケアすることは、「自身の生の真の意味を生きている」ことにも通じている(OC, 15)。

ケアはある中心となるものを設定するのであり、そのまわりに私の活動や経験というものが全人格的に統合されてくるのである(OC, 66-67)。

まさにこのようにして、ケアが当人の生きる意味を形成し、人格を統合しているのであって、ケアにおいて「私は自己の生の意味を発見し創造していく」(OC, 132)。こうした文脈においては、ケアするものはケアされるものの「呼びかけにこたえる」という意味において、「使命(calling)」を持っており、そうすることで、ケアすることが「ほかならぬ私独自の仕事」(OC, 78)となる。

ふたたびフッサールのテキストに戻ってみよう。主観は、自分にとって大切なものとしての価値に対して「排他的に愛着を抱いている」ため、みずからの生を「もっぱらそこに属する価値の実現に献身する」ことになる(XXVII, 28)。そのひとは、そうした価値を目指してそれを実現することに、「もっとも内的」で「もっとも純粋な」満足を見いだすようになる。

そのようにして、芸術は真正な芸術家にとって、学問は真正な学者（「哲学者」）にとって、「職業・使命（Beruf）」である。職業は精神的な活動や能作の領域であり、当人はそこへと召還されていることを知っている（XXVI, 28）。

フッサールとメイヤロフがともにケアという様式での自己形成を念頭に置きながら、「職業・使命」という表現を用いているのは、きわめて興味深いことである。「生の価値」は、自己にとって大切なものとして、自己の生の全体を統合する働きをもっている。こうしたことを「職業的自己形成」と特徴づけることができるだろう。

フッサールは職業的自己形成のなかにある種の非合理性を見いだしている。フッサールは、そこで働いている「使命感（Beruf）」や「内的な呼び声（Ruf）」ある種の情感性とみなし、次のように述べている。

この絶対的情感性を経験する者にとって、これは合理的根拠のもとにおかれているわけではないし、正当な結びつきで根拠づけに依存しているわけではない。この絶対的情感性は、合理的説明が可能である場合でさえ、あらゆる合理的説明に先だっている（XXVIII, xlviii, Ms. BI21, 65a）。

つまり、通常の合理的な行為の選択は、様ざまな行為の可能性を比較考量して、そのなかからもっとも価値の高いものを選びとるが、職業的自己形成はそうではない。子供を気づかう母親がそうであるように、あらゆる比較に先立って、その人の生そのものを形成する価値への方向性が、そうせざるをえないものとして生じている。それは自己の自由な決断ではなく、そうせざるをえないものとして自己を拘束している。

N・ノディングスは、メイヤロフのケアの倫理を発展させながら、ケアの合理性について考察している[12]。ケアのもっている道徳的観点は「どんな正当化の概念よりも先行している」ので、正当化を必要としていない(Noddings, 95)。子供へのケアにおいては、親が子供「に熱中している(crazy about)」のであって、このケアは根拠づけられるわけではなく、「非合理」なものである(Noddings, 196)。したがって、ケアに駆り立てられることがそのままケアの正当化になっており、それ以外の根拠を求めることはできない。

H・G・フランクファートは、ケアの拘束する力についてより詳細な分析をくわだてている。ケアにおいては、「わたしはそれ以外のことができない」という必然性が見いだされるが、これは論理的必然性でも、因果的必然性でもない。母親が子を気づかうときには、論理的にも物理的にも、子供を見捨てることはできる。にもかかわらず、母親が子供を愛す以外のことができないとすれば、母親は見捨てることを「意志」できないのである。ケアにおけるこうした必然性は、「意志の必然性(volitional necessity)」と特徴づけられている。

意志の必然性に服している人は、自分がしているようにしなければならない[13]。

ケアにおいては、そうせざるをえないという拘束力が、行為や生き方を導くことになる。ケアの哲学的考察が共通して、ケアを行為の選択肢の合理的な比較考量が成り立たない場面に位置づけているのは、特筆すべきであろう。ここでの生き方の方向性は、自律した主体の自由な決断によって選択されたものではない。主体は自由な決断を下しているのではなく、たとえ満足しているにしても、そうせざるをえない生を強いられていて、そこに身を捧げている。

三　倫理的生と自己責任の主体

すでに述べたように、『改造』論文は、「実践理性」についての学問としての倫理学を展開しようとしており、その課題は、実践的な自己形成の合理性を検討することにある。実践的合理性という論点を踏まえるとき、職業的生における「評価された目標への無条件的な献身」は、「完全に非合理なものであっても、いわば盲目的な愛着であっても」かまわないとされる（XXVII, 28）。つまり、職業価値への献身は、理性的に根拠をもった決断である必要はない。そこでの意志は「ある種の素朴性」をまとっており、そこには「目標」の「実現可能性」「適切性」「価値論的妥当性」「価値的真正性」を「批判するような習慣的な志向」が欠如しているかもしれない（XXVII, 30）。第五論文の判断論においてフッサールは、「判断する者が眠っていても、そもそも作用が過ぎ去ってもはや把持的に意識されていなくても、判断する者が所有している習慣的確信」(XXVII, 74)を取り上げている。人格のなかには、自己や他者がくだした様ざまな判断や評価が「習慣的な確信」となって沈殿しており、その人格の自己を形成している。それらの確信は、世界や他者についてのものでも、自己をめぐるものでもありうる。ある人格の職業的価値をめぐる信念にしても、たいていの場合には、その人格の環境や歴史などのなかで暗黙裡に受け入れた確信である。

フッサールが職業的生とは区別される自己形成の類型として「倫理的生」を描きだしていることに注目しよう。他律的確信という「先入見」に対して、「認識する主観」が、「態度をとること」が可能である(XXVII, 78)。つまり、人格は受動的に受け入れられている信念を吟味して、その正と不正について反省して、盲目な信念を明証・洞察をともなうものに再形成できる。このような洞察・明証という意味での「見る」という営みは、フッサールの理性概念の核心部分をなしている。[14] 対象性に直進的に向かっていた意識は、フッサールの考えるところ、ノエマ的・ノエシス的反省によってみずからの思念を主題化し、そうした思念の志向が事象の意識と合致しているかどうかを確認できる。明証的な意識というのは、「事象や事象連関そのもののオリジナルな所与性」に根ざしており、そのことで「自体所与性への適合による規範化」がなされている(XXVII, 77)。つまり、明証意識において、「判断思念」は「事象性『そのもの』」という「第一の意味での真なるもの」へ適合することで「規範化」されて、そのことによって「規範への順応性」という「第二の意味での真理」を手にすることになる(XXVII, 77)。理性というのは、事象それ自体を見ることによって、意識を規範化することを意味している。フッサール現象学は、当初より明証としての理性を主題化してきたが（『イデーンⅠ』第一三六節）、ここではこの理性が「責任」という倫理的役割を負うと主張されている。

人間はその理性という能力の意識のうちに生きているので、みずからの活動における正と不正に対して、責任を負っている（XXVII, 32）。

われわれは、明証としての理性によって、他律的に形成されてきた信念を吟味して、不正とされる信念を廃棄することもできる。しかも、こうした理性は個々の判断や行為にのみかかわっているわけではなく、「みずからの生全体をその人格的な活動すべてに関して理性という意味で形成する」（XXVII, 32）ことが可能である。このような意味で「理性」によって自己の生を形成するのが、「倫理的生」という類型である。しかも「倫理的正しさだけが究極の正しさである」（XXVII, 42）と言われるように、「倫理的（ethisch）」という概念は、狭義での倫理・道徳の領域に限定されるものではなく、「真正性（Echtheit）」の全般に該当するものである。したがって、フッサールにおいては「倫理的」、「善い（gut）」、「正しい（recht）」、「理性的（vernünftig）」などの概念は等価的に用いられる。しかも、自己の信念を「洞察的に正当化する可能性」が「理性の責任意識」を生じさせるのであるから（XXVII, 32）、倫理的な生は「責任ある（verantwortlich）生」ということにもなる。この責任は、自己の信念をみずから洞察する責任として、自己責任である。

ここでC・テイラーの行為者についての理論（「行為者と自己」[15]）を引き合いにだすことは、フッサールの責任概念を理解するうえで有効である。テイラーは、自己のアイデンティティを形成しているような評価を「強い評価」（PP/1, 18f.）と呼んでいる。われわれは自分が何者であるのかについての評価をかかえており、しかも、そうした評価によって暗黙裡に自己を分節することによって、自己を根底から形成している。「強い評価」というのは、フッサールにおける「職業的自己形成」における自己評価と考えることができるだろう。ともに自己の中核を形成する価値にかかわる評価である。注目すべきことだが、テイラーは、強い評価の自己が、近代的意味での自律した行為主体ではないにもかかわらず、なおも「責任」の担い手でありうると考えている。

「根底的な再評価（radical re-evaluation）」と呼ばれる場面では、われわれはこれまでの強い評価に根ざす自己解釈をも問いに付すことになる（PP/1, 40）。それは、「自己やその最も基本的な関心事についての反省」として「深い反省」であって、自己そのものをその深さの次元から「問題」にする（PP/1, 42）。しかし、そこでわれわれは、これまでの自己解釈をさらに別の自己解釈と比較して（例えば、商人としての自己と画家としての自己という二つの自己解釈を比較して）、メタレヴェルにおいて判定し、その一方に向けて決断するわけではない（PP/1, 40）。むしろ、そこでは自己の只中において自己の全体が問われ、そのアイデンティティが揺るがされるのであって、自律主体による能動的な選択が行われるわけではない。テイラーによれば、そこにもある種の責任の可能性が成立している。

新鮮な洞察がわたしのもっている評価を変化させて、それゆえわたし自身をもよりよいものに変化させることがいつでも可能である。このような意味において、われわれは責任を負っている（PP/1, 39）。

根底的な再評価においてわれわれは、自己の根底を形成している価値を疑問に付し、新たな洞察によって自己を変化させることに開かれている。自分のアイデンティティをめぐる「いかなるカテゴリー変化」をも受け入れる「開かれの姿勢（stance of openness）」（PP/1, 41）が成立していれば、自己についての解釈や自己そのものを変化させることができる。このような変化に開かれていることが、責任という表現によって特徴づけられている。

フッサールの責任論もまた、このような場面を念頭においていることは明らかであろう。職業的価値というのは、自己の生き方を深く規定しているものであり、それに関する批判的な反省は「それを疑うことが人格そのものを『根なし』にしてしまうくらい人格に深く根ざす動機」（XXVII, 77）にまで及んでいく。したがって、責任ある生としての倫理的生は、自己に深く根ざしている信念を問いに付し、そうすることで自己の生そのものを変化させるかもしれない。責任というのは、みずからの信念の変化に対して開かれていることを意味している。こうしたことを踏まえて、フッサールは、実践理性にもとづく責任ある生としての倫理的生を、次のように定式化している。

倫理的生というのは、その本質からして、「刷新」にもとづく生である（XXVII, 42）。

　刷新というのは、新たな洞察によって、自己の古い信念を変化させることである。フッサールは『イデーンI』の「理性の現象学」において、知覚が「別様に規定される」という現象をとりあげ、新たな明証によって古い信念が改定される場面を記述していた（第一三八節）。ここではそれが自己形成にかかわる倫理学の文脈において取り上げなおされ、刷新という概念がもちいられている。

　ここで注目すべきは、「刷新」としての「倫理的」と重なる意味での「理性」「自律」「自己責任」などの概念は、自由な意志にもとづく能動的な自己決定の主体を示していないことである。まずは、職業の生という自己形成の主体が出発点としてあって、その主体は文脈依存的・他律的に自己の生き方を定めている。しかし、われわれは自己の信念を吟味して、信念を変容させることで、自己を再編することもある。このような倫理的な自己形成というのは、自己を変化させるという意味において自己統制の能力に根ざしているように見えるが、あくまでもすでに受動的に獲得している確信を吟味することで、自己の信念を変様させるにすぎない。フッサールにとって、倫理的な自己形成というのは、あくまでも事象にうながされて明証によって信念が変様させられることであり、能動的で自由な決断のことを意味してはいない。「刷新」という表現は、信念の変化に対して開かれていることを意味している。したがって、フッサール的意味での「理性的・自律的・責任ある主体」というのは、自由意志にもとづく自己決定を下すわけではなく、あくまでも見ることによって事象に即して自己の信念を変様させ、そのうえで

正当な信念によって自己を形成する開かれた主体である。(16)

結

フッサールの責任概念は、明証としての理性に根ざしている。もともと明証というのは、真理を意識において体験することを意味していた。どのような客観的現実であっても、明証のうちで主観的体験を介してしか把握することはできない。このような認識論における解明の成果は、『改造』論文において、認識する主体（学者）の当事者としての自己責任という倫理的問題に結びつけられた。

あらゆることにたいして、学者自身はまったく一人で責任を負うのであり、彼自らの洞察が彼の認識を認識として登場させる権利を与えるのである（XXVII, 82）。

真理の認識のみならず、善の意志や、美の感受においても、当事者の関与が問題にされる。真・善・美などの規範は、客観的に妥当するだけではなく、明証的体験のうちで引き受けられる。フッサールの自己責任の思想は、真・善・美という規範が、それらを体験する当事者と不可分に関与することを示している。しかも、その当事者（ほかならないこの私）は、まさに明証の当事者として、代替不可能な仕方でそうした規範の妥当に居合わせる。真正な学問の認識は、「一貫して個々の歩みごとに規範に方向づけられている」（XXVII, 81f.）のであり、当事者がそのつど洞察するというそのつどの当事者性を欠かすことができない。
「革新の生」としての責任ある生は、自己の信念を根底から問いに付すことになる。しかも、自己にかかわる信念はもちろんのこと、もっとも自明なものとして受け入れている世界の存在についての信念も問いに付すことが、責任の最高の形態を意味することになる。哲学者というのは「真正な認識への喜び」を「生」の「普遍的目標」に掲げ（XXVII, 78）、理性による自己形成を徹底的に遂行する者のことである。世界信念を問いに付す超越論的還元は、現象学的哲学の方法であるばかりか、みずからの信念を吟味する方法として、究極の責任ある生のための技法という意味をもっている。

最も高い究極の責任は……超越論的態度から生じる（VIII, 25）。

超越論的態度における究極の責任というのは、具体的にはどのようなことを示すのだろうか。超越論的態度というのは、超越論的還元によって、世界の客観的妥当を括弧にいれて、世界を私の生における現象と見なすような態度のことである。世界のすべてが生のなかで現象しているというように、世界を理解しなおすこと、それが超越論的還元である。このときには、世界のすべてが私の明証体験のもとで現れるものとして私によって引き受けられる。世界そのものの現れに立会い、みずからによって引き受けるという意味での責任、それが哲学者の自己責任である。哲学者は素朴に生きるのではなく、洞察しながら「責任ある生」を生きることになる。哲学者の責任という表現は、社会の中での哲学者の役割などではなく、世界が現象することに当事者として居合わせることの倫理性を表現している。私がいまここで生きていて、この私にとって世界が現象している。そうした場面から世界を生きなおすようなエートス、それがフッサールの責任概念の中核を形づくっている。

凡例

Husserliana (Martinus Nijhoff / Kluwer / Springer, 1950 -)には、巻数(ローマ数字)のみを、*Husserliana Materienbände* (Kluwer / Springer, 2001 -)には略号 Mat と巻数を用い、それぞれの頁数(アラビア数字)を本文中に記載する。また、『論理学研究』は『論研』、『純粋現象学及び現象学的哲学諸構想』は『イデーン』と略記する。

註

(1) このような変化は、以下でも論じたことがある。吉川孝、「生き方について哲学はどのように語るのか　現象学的還元の「動機問題」を再訪する」、『現代思想　総特集フッサール　現象学の深化と拡大』、青土社、二〇〇九年、五一〜五六頁。
(2) 「最高かつ究極の責任は、超越論的態度に基づく認識のうちで生じる」(VIII, 194)。
(3) こうした事情については、フッセリアーナ第二七巻の編集者の序文に詳しい(XXVII, x-xvii)。
(4) こうしたことが指摘できるのは、フッサールの倫理学の全貌が明らかになりつつあることによる。近年、いくつかの資料（著作集第二十七巻『論文と講演（一九二二〜一九三七年）』所収の『改造』論文、著作集第二八巻『倫理学と価値論についての講義（一九〇八〜一四年）』、著作集第三十七巻『倫理学入門　一九二〇年と二四年の夏学期講義』、「生の価値、世界の価値、道徳性（徳）と幸福（一九二三年二月）」など）が関連づけられるようになり、フッサールがみずからの哲学の内在的なモチーフから倫理学・行為論に取り組んでいたことが明らかになり、国内外でおおきな注目を集めている。

（5）Rudolf Bernet/Iso Kern/Eduard Marbach: *Edmund Husserl Darstellung seines Denkens*, Felix Meiner, 1996, SS. 209-213.

（6）『論研』第一巻（第二三節）や『イデーンI』（第五一節・第五八節）にも、事実の不合理性や理想についての言及がある。

（7）ヘイナマーは「自然的生」「職業的生」「召命的生」「倫理的生」という四つの類型を読みとっている。本稿における「職業的生」は、第二・第三の両方に該当する。サラ・ヘイナマー、「フッサールの革新の倫理学――個人主義的アプローチ」、『現象学年報』第二四号、二〇〇八年。

（8）Edmund Husserl, "Wert des Lebens.Wert der Welt. Sittlichkeit (Tugend　und Glückseligkeit <Februar 1923>," *Husserl Studies* 13, 1997. S. 215.

（9）Carol Gilligan: *In a Different Voice: Psychological Theory and Women's Development*, Harvard University Press, Cambridge, 1982（キャロル・ギリガン『もうひとつの声　男女の道徳観のちがいと女性のアイデンティティ』、岩男寿美子監訳、川島書店、一九八六年）。

（10）Milton Mayeroff : *On Caring*, Harper Collins, 1972（ミルトン・メイヤロフ『ケアの本質　生きることの意味』、田村亮、向野宣之訳、ゆみる出版、一九八七年）。この著作からの引用は、本文中にOCという略号と頁を表記する。

(11) 哲学の分野からメイヤロフなどのケアの理論にアプローチした研究として、以下のものがある。森村修『ケアの倫理』、大修館書店、二〇〇〇年。品川哲彦『正義と境を接するもの　責任という原理とケアの倫理』、ナカニシヤ出版、二〇〇七年。

(12) Nel Noddings, *Caring - A Feminine Approach to Ethics & Moral Education*, University of California Press, 1984（ネル・ノディングス『ケアリング――倫理と道徳の教育　女性の観点から』、立山善康他訳、晃洋書房、一九九七年）。この著作からの引用は、本文中にNoddingsという略号と頁とを表記する。

(13) Harry G. Frankfurt, *The Importance of What We Care About*, Cambridge University Press, 1997, pp.86-87.

(14) フッサールの理性概念が、見ることと密接なつながりをもっていることについては、以下に詳しい。田口茂、「〈視ること〉の倫理　フッサールにおける「理性」概念の再定義」、『現代思想　総特集フッサール　現象学の深化と拡張』、青土社、二〇〇九年、三六〜五〇頁。

(15) Charlles Taylor, "What is Human Agency ?," *Philosophical Papers 1: Human Agency and Language*, Cambridge, 1985, pp. 16-44. この著作からの引用は、本文中にPP/1という略号と頁を表記する。

(16) 以下の論文は、フッサール倫理学と徳倫理学を関連づけながら、同様の指摘をしている。John J. Drummond, "Self-Responsibility and Eudaimonia," *Edmund Husserl 150 Years: Philosophy, Phenomenology, Sciences*, Springer, 2010, pp. 411-30.

※本章および終章は、科学研究費助成事業・基盤研究（C）「現象学的倫理学としてのミュンヘン・ゲッティンゲン学派の研究」（研究代表者・吉川孝）による研究成果の一部である。

第2章　M・シェーラーの徳理論と現象学的経験

――カントと現代のあいだ

宮村　悠介

序

倫理学という学が、人間の個々の行為の正不正を問題とするだけでなく、人間として生きることそのものをめぐるよさや、人間的生の全体としてのあるべきかたちをも問うものであるかぎり、「徳」という古めかしくも見える主題が、今日でもなおこの学にとって、大切な問題であらざるをえないように思われる。みずからの生きることそのものを正しく引きうけ、それに責任をもってあるべきかたちを与えていく、そうした人間的主体の態度を問題とするうえで、私たちは現在でも、「徳」以上に適切な言葉を持っていないように思われるからである。現代倫理学において「徳倫理学」があらためて注目を集め、義務論と功利主義と並ぶ代表的な倫理学説としての地位を占めつつあるのも、右のような事情と無縁なことではないのだろう。

しかし徳という主題が倫理学一般において占める重要な位置を考慮するならば、現代の徳倫理学の議論にはある偏りが認められるようにも思われる。現代の徳倫理学は、主にアリストテレスの徳理論の再評価と、近代倫理学の批判を基調とする。しかしそもそも徳の問題が、倫理学一般にとって不可欠な主題であるとすれば、近代を飛び越えて古代にまで遡ることは、徳の問題を考えるうえで避けて通れない途なのだろうか。例えば近代の代表的な倫理学説であり、義務論の典型と見なされるのが一般的なカント倫理学においても、徳の問題は倫理学の中心的な主題であった。晩年の『人倫の形而上学』における「徳論」を待つまでもなく、すでに前批判期におけるカントの実践哲学の講義録にも、倫理学とは「徳論」であるとする規定が見られる[1]（Vgl. Kant, XXVII, 13, 163）。さらに個々の行為の正しさや適法性ではなく、「意志の格率」や「心術」といった、行為者の主体的で持続的な態度に、倫理学の根本的な問題場面を見るカント倫理学の基本的な構えは、決して徳倫理学の観点を排除するものではなく、むしろ徳倫理学と親近的なものと解釈する余地もある[2]。実際カントにとって「徳」とは、「倫理的に善き心術」（Kant, IV, 435）、あるいは「自分の義務を正確に果たす、堅く基礎づけられた心術」（Kant, VI, 23 Anm.）のことであり、「心術」がカント倫理学の中心的な問題場面であるかぎり、そこで問われていたのは、徳という主題とそう遠く離れたものではなかったはずである。それゆえ現代において徳を、つまり人間的生の全体としてのよさを問題するにあたり、近代を飛び越えて古代にまで遡ることは、決して唯一の途ではないであろう。むしろ近代倫理学を潜り抜けた地点で、近代倫理学の視点の継承と内在的な批判を通じて、徳という伝統的な概念に新たな内実を与え活性化することも、今日必要な作業であるように思われる。

本章ではこうした関心と観点から、いわばカントと現代倫理学のあいだに、マックス・シェーラーの倫理学説と、その徳の理論を位置づけてみたい。

シェーラーは、現代における徳倫理学の復権の契機となったアンスコムの論文「近代道徳哲学」(一九五八年)に半世紀近くも先立つ一九一三年に、「徳の復権のために」という論考を発表している。徳の真の意義と魅力を再発見することをこころみるこの論文において、主要な批判の対象とされるのはやはり、カントに代表される近代の倫理学である。またそもそも、主著『倫理学における形式主義と実質的価値倫理学』(以下『形式主義』と略)で展開されたシェーラーの倫理学説自体に、現代の徳倫理学の議論を先取りする側面が見られるように思われる。それも一書の基本的な問題意識そのものが、つまり義務概念を中心に据えるカント倫理学と、行為の帰結に倫理的価値の担い手を求める財倫理学や結果倫理学という、従来の二つのタイプの倫理学説をともに批判しつつ、見過ごされてきた「情動的生(das emotionale Leben)」の次元に注目することで倫理学の問題を再考していくその問題意識が、そうした側面を備えているように思われるのである。

とはいえ本章で着目したいのは、時代を先取りするシェーラー倫理学の側面である以上に、むしろ現代の議論を補うところがあるように思われる、シェーラーの議論の側面である。まずシェーラーの時代意識を、注目すべき点として挙げておきたい。シェーラーはカント倫理学を厳しく批判しつつも、カントと近代倫理学より以前に遡るのではなく、むしろその先へと進むことを意図してみずからの倫理学説を展開している。この点についてはシェーラーと、シェーラーの『形式主義』への最も重要な反応の一つである、ニコライ・ハルトマンの『倫理学』における課題意識の相異が参考になる。ハルトマンはシェーラーの「実質的価値倫理学」が、価値と倫理的なものの内実に富む領域を哲学的倫理学にあらためて開示したことを、またこうした問題状況から、アリストテレスの倫理学にも新たな光が投げかけられることを、自著の『倫理学』の冒頭で強調する。ハルトマンの見るところでは、古代の倫理学もまた「すでに高度に発展した実質的価値倫理学」なのであり、それゆえ「古代の倫理学と近代の倫理学の総合」こそが、『形式主義』の登場以後の倫理学の課題なのだ(3)。こうしたハルトマンの課題意識に対する距離感を、シェーラー本人は『形式主義』の「第三版への序言」ではっきりと表明している。シェーラーの見るところでは、アリストテレスの倫理学は本質的には、カントによる批判によってその妥当性を失った、「財倫理学」あるいは「客観的な目的倫理学」であるにすぎず、このカントによる批判はシェーラーの議論の前提にもなっている。それゆえシェーラーの実質的価値倫理学は、カント以後の倫理学という意味で「徹頭徹尾「現代」哲学に属して」いる。またそれは、「反カント的」であろうとするのでも、カント以前に遡ろうとするのでもなく、むしろ「カントを「凌駕すること」を望む」ものなのだ(4) (II, 20)。本章で注目したいのも、一定の視角を受けつぎつつも、カントを越えて進もうとする、「現代哲学」としてのシェーラーの倫理学説の側面である。

本章の主題である徳についても、『形式主義』のシェーラーは、徳と幸福、自由と道徳法則の関係をめぐる、カント倫理学の中心的なテーゼを批判しつつ、徳について積極的に語りうる理論的枠組みを提示しようとしている。それも前段落で見た問題意識に照らして考えるならば、シェーラーの場合、カントを批判し徳について語ることも、カントと近代倫理学以前の地点に遡るのではなく、その先へ進むことを目指す議論でなければならないはずである。こうした観点からシェーラーの徳理論に光を当てることにより、いわば近代倫理学を潜り抜けた地点における徳理論の可能性と、そうした理論が満たす必要がある条件を考えることが、本章の主要な課題の一つである。

そしてもう一点主に考えたいのが、徳という倫理学の重要な主題において、現象学的分析が果たしうる役割についてである。シェーラーは、倫理学の命題はアプリオリなものでなければならないとするカントの主張を高く評価し、その立場を引き継ぐ。だがその倫理学におけるアプリオリなものが「いかにして」提示されるべきかに関して、シェーラーが有し、カントに欠けていたとされるのが「現象学的経験」なのである（II, 66）。『形式主義』のシェーラーにとって「現象学的経験」とは、事象それ自体を直接的に与える「非象徴的」な経験であることと、その都度の経験の作用のうちで直観的であるものだけを与える「内在的」な経験であること、この二点をメルクマールとするものである[5]（II, 69f.）。こうした「現象学的経験」が、カントを批判しつつ徳について語る場面でも、シェーラーの主張を支える基盤となっているはずである。もちろん徳をめぐるシェーラーの主張が、一般に現象学的分析とされているものによって正当化されうるのかという問題は残るであろう。それでも、問題含みなシェーラーの現象学的分析も、徳という主題において、とりわけ現象学的なアプローチが必要となる問題場面を指し示していることだけは、確かであるように思われる。およそこうした見通しのもと、徳という古くて新しい倫理学の主題と、現象学的方法が交差する場面を、シェーラーの分析を手がかりにして探りあてることが、このことが二つ目の主たる課題である。

一　「人格価値」としての徳

先に言及したシェーラーの論考「徳の復権のために」は、自己を放棄しすべての事物に精神的に奉仕する態度である、「謙虚」(Demut) という徳の意義を提起することを主要な論点の一つとしている。シェーラーによればこの徳は、自己を頼む古代と近代における有徳な態度とは対立する、「キリスト教的な諸徳のうち、最も柔和にして、最もひそやかで最も美しい徳」(III, 17) なのである。この謙虚という徳目自体、今日でも再考する意義のある倫理学的な主題であるように思われるが、シェーラーの場合、謙虚という徳目は、自身の哲学観とも深い結びつきを有し、さらに哲学的認識の前提となる精神的態度とまでされている。(6) このようにシェーラーの徳理論を問題とするにあたっては、『形式主義』以外の論述からもうかがえる、シェーラーの徳理解の特有性にも注意する必要があるが、本章ではひとまず主な議論を『形式主義』の枠内に絞りたい。『形式主義』で展開される徳理論も、『形式主義』の他の諸論点と同様に、同時にカント批判の意味を有している。シェーラーの見るところでは、個々の意志作用を倫理的価値の根源的な担い手と見る、カントの倫理学説には「本来的な徳論が欠けて」いる。しかし実際には徳こそが、一切の個別的な作用の倫理的価値を基礎づける、より根源的なものであり、それゆえ「徳論が義務論に先行する」のだ (II, 50 Anm.)。本章が注目したいのも、こうしたカント批判と連関する、シェーラーの徳理論である。

さて『形式主義』において徳という価値は、「人格価値」の一つとされており（II, 117）、『形式主義』の二本の主要な柱である、価値論と人格論が交差するところに位置する主題である。そこでまずこの価値論と人格論の連関の基本的な構図を、徳と同じく人格価値とされる「善悪」という価値について概観し、さらにその構図のなかでの徳の位置を確認しておきたい。

シェーラーは、カントが善悪を、価値ある事物である「財（Güt）」と、その世界である「財世界（Güterwelt）」のあり方から独立のものとした点を高く評価する。先に言及した、アリストテレスの倫理学説を含むカント以前の倫理学と、カント以降の哲学的倫理学を分かつものも、こうした財と善悪の分離に求められる。善悪を財の実在と実現に依存させるならば、善悪は諸々の財が形成する世界の偶然的な実在と秩序に依存し、世界の偶然的なあり方に相対的なものとなる。そうなれば善悪の価値を論じる倫理学は、「経験的‐帰納的な妥当性」を有するにすぎないことになり、「倫理学の相対主義」は避けられないと、シェーラーは考える（II, 32）。倫理学がアプリオリな原理にもとづく学、つまり特定の実在についての偶然的な経験に依存しない原理にもとづく学であるなら、人間の意図や行為、さらに人間自体の評価は、その意図や行為が財の実現に寄与したかという帰結から、完全に独立したものでなければならない。こうした倫理学におけるアプリオリ主義を、シェーラーはカントから引き継ぎ、これがシェーラーの実質的価値倫理学が、カント以降の「現代哲学」に属するゆえんである。

だが善悪の価値と他の諸価値のあいだの一切の連関を否定し、善悪をたんに、義務への適合と不適合のみに求めたカントの「形式主義」を、シェーラーは厳しく批判する。もしすべての価値が、諸々の財からなる変動を免れえない世界に依存するものであるなら、確かに善悪と他の諸価値のあいだにアプリオリな連関は存在しえない。しかしシェーラーよれば、自然的な世界からは独立した領域として、価値そのものの領域が存在し、そこにはアプリオリな秩序が存在している。例えば、或る青い球が赤く塗りつぶされても、青い色自体が赤くなるわけではないように、或る友人が自分を裏切ることがあっても、そのことで友情の価値の存在と、それが望ましいものであることが否定されるわけではない。このように、価値の担い手の変転に対して、価値自体とその秩序は独立性を有している。それゆえ合法則性という形式的なものばかりでなく、実質的な価値の存在と諸価値の秩序もまた、財世界のあり方からは独立したアプリオリなものであるとされるのである。

そして価値の本質に、次の二つの区別がもとづいている。つまりすべての価値は、美醜、快不快など、積極的価値と消極的価値に区分されること、また快適価値、生命価値、精神的価値、聖価値という価値の諸様態のあいだには、その高低にかかわる「位階」(Rangordnung) が存在していることである。こうした価値の高低は、高い価値と低い価値を識別する作用である、「先取」(Vorziehen) と「後置」(Nachziehen) において与えられる。「ある価値がより高いこと」は、私たちにはただ「先取において」のみ与えられるのであり、またこうした先取の作用も、価値そのもののあいだの秩序と同様に、財からは独立した「アプリオリ的」な作用であると、シェーラーは主張する (II, 105)。「先取」と「後置」という作用によって開示される、価値の領域とその秩序を拠りどころとすることで、ある倫理学的な考察の途が拓かれる。それはつまり、善悪を財とその世界に従属させれば避けられない、倫理学における相対主義を避けつつも、善悪を他の諸価値から孤立させる、カントの形式主義に陥ることもなく、善悪の価値を他の諸価値と連関させつつ、実質的に考察する途である。シェーラーは善悪を、財の実現という行為の成果や、意志に課された義務との関係においてではなく、価値との関係において定義する。つまり善とは、「積極的価値の実現に付着するところの、意欲の領域における価値」であり、悪とは「消極的価値の実現に付着するところの、意欲の領域における価値」である。また価値の高低の観点からすれば、善は「意欲の領域において、より高い（最高の）価値の実現に付着する価値」であり、悪は「意欲の領域において、より低い（最低の）価値の実現に付着する価値」である（II, 48）。ところで善悪の価値は、こうした定義にも見られるように、意欲という主体的な作用がその担い手となっている。つまり、善悪は主体によって志向される対象の側にではなく、志向する主体的な作用の側に見いだされる価値である。それゆえ善という価値を、主体が直接的な志向の対象とすることはできない。善という価値は、より高い積極的な価値を実現しようとする「意志作用に即して現出する」のであり、いわば意志作用に「背負われて」(auf dem Rücken) いる価値なのだ (ibid.)。

とはいえ意欲や意志の作用が、シェーラーの倫理学説においては、善悪の根源的な担い手なのではない。意志や意欲を含めたすべての主体的な作用は、人格において統一されており、「人格の存在はすべての本質的に相異する作用を「基礎づける」」(II, 383)。善悪という倫理的価値についても、個々の作用ではなく、人格こそがその根源的な担い手となる。根源的な意味で善悪を語りうるのは人格のみであり、個々の作用が善くあり悪くあるのは、ただ「人格を顧慮してのみ」のことなのである（II, 103）。人格こそが善悪の根源的な担い手であり、個々の意欲や行動という作用の善悪は、人格のそれに基礎づけられたものにすぎない。そして人格と個々の作用のあいだに位置づけられるのが、「人格の倫理的な「能為」（Können）の諸方向」、つまり諸価値との関係において、人格がなしうることの方向づけであり、これに付着する価値が「徳」と「背徳」である（II, 50）。すなわち人格が、積極的な価値、より高い価値を実現「できる」状態にあるならば、その人格は徳を有している。また人格は、「なされるべきもの」（Gesolltes）との関係において、「能為」つまり「できる」という様態で、「徳を体験する」のだ（II, 103 Anm.）。

この「能為」についてはのちに立ちかえることにするが、これまで駆け足で確認してきたのが、シェーラーの価値論と人格論における徳の位置づけである。徳とはシェーラーにとって、アプリオリな価値の秩序において、人格が積極的な価値、より高い価値を実現することが「できる」状態にあることを意味する。こうした徳は、義務に適合した個々の意志や行為のよさを基礎づける、より人格の根源近くに位置するよさ、「人格そのものに直接的に帰属する」（II, 117）価値なのである。[7] 論文「徳の復権のために」でもシェーラーは、「善に向かう生き生きとした力の意識」である徳は、「まったく人格的」であるが、いわゆる道徳法則や義務といったものは、「欠けている徳に代わる、非人格的な代用物にすぎない」と指摘している（III, 17）。義務論に対する徳論の優位の主張も、シェーラーにあっては、『形式主義』を貫く「倫理学的人格主義」にその根をもつのである。

二　徳と幸福の体験

このように、シェーラーにおいては徳の理論もまた、アプリオリな秩序の存在が主張される価値の理論と、個別的な意志や行為の作用を基礎づけるとされる人格の理論にもとづいている。それゆえシェーラーの徳理論は、価値論の観点と人格論の観点、あるいは人格に直接に属し徳が割り当てられる「能為」(できる)の理論の観点という、二つの観点からより詳しく検討することができるであろう。そして価値と「能為」の私たちへの与えられかたをめぐって、シェーラーの語る現象学的経験がとりわけ問題となるはずである。

ところでシェーラーにおける価値論と徳論の連関については、現象学の立場から独自の徳論を展開した、F・ボルノーによる批判がすでに存在する。[8] ボルノーはひとまず、探究の端緒に倫理学の基礎づけと原理への問いを置き、多様な倫理的現象への視線を欠落させた近代倫理学の動向、ボルノーが呼ぶところの「構成主義」とは異なる視点を、シェーラー(およびハルトマン)の価値倫理学が提供したことを高く評価する。現代に登場した価値倫理学こそが、多様な倫理的事象へ視線を届かせつつ、「倫理学を開かれた仕方で、現象学的に論じること」(Bollnow, 323)への途を拓いたのだ。とはいえボルノーの見るところでは、シェーラー(およびハルトマン)の価値倫理学も、アプリオリ性の要求によって、やはり視線の狭隘化に陥っている。このためにとくにシェーラーの徳論は歪んだものになっており、そこでは具体的な徳が、一般的な価値様態に従属したもの、そこから導き出されたものとされてしまう。シェーラーの語る「徳価値」も、「たかだか抽象的で一般的な徳の図式」(Bollnow, 326)であるにすぎない。しかし実際は具体的な徳こそ、一般的な価値様態がそこから導き出される、より先なるものなのであり、まず重要なことは、具体的で多様な諸徳の、とらわれのない分析と現象学的記述である。こうしてボルノーは、相互に矛盾しあうことさえある多様で具体的な諸徳を記述していく「倫理的態度の現象学」として、哲学的徳論を位置づけるのである（Bollnow, 332）。

こうしたボルノーの見解のうち、その積極的な問題提起、つまり「倫理的態度の現象学」としての徳論の提案には、今日でもなお「現象学的倫理学」の可能性を考えるうえで学ぶべきものがあるだろう(9)。しかしシェーラーに対する批判は、やや一面的なものに留まっているように思われる。まず前節の冒頭でも言及したように、シェーラーの徳理論を適切に捉えるには、『形式主義』以外の作品での徳についての論述も考慮する必要がある。たとえば学位論文『論理的原理と倫理的原理の関係を確定するために』でシェーラーはすでに、論理学の基礎概念である真理概念との背反的な関係の観点から、正義、勇気、克己と率直、無垢など、多様な諸徳の込み入った関係を分析している。具体的生の領域への倫理学の拡張は差し控え、あくまで哲学的倫理学の「基礎づけ」（II, 9）に課題を限定する『形式主義』の倫理学の念頭にも、諸徳の複雑で多様な具体層の存在はあったはずである。また『形式主義』の枠内でも、徳の問題を考えるうえできわめて重要な問題に、シェーラーの価値論の観点から新たな光が投げかけられているように思われる。ボルノーは「徳と幸福の関係への問いを立てること」が、シェーラーの倫理学を含む近代倫理学の問題設定において、一般に拒まれていると見るが（Bollnow, 329）、しかし『形式主義』のシェーラーは、自身の価値論の観点からこの問題に取り組んでいる。以下徳と幸福の関係についてのシェーラーの見解を、その価値論との連関に注意しつつ検討しておきたい。

シェーラーはより高い価値のメルクマールとして、より持続的であること、より非分割的であること、より他の諸価値によって基礎づけられていないこととともに、より深い満足がその感得に結びつくことを挙げている（Vgl., II, 107ff.）。より深い満足とは、他の諸価値の感得に伴う満足からは独立した、人間の生のより中心的な領域における「充足体験」（Erfüllungserlebnis）のことであり、価値の高さが満足の深さに還元されるのではないにせよ、より高い価値がより深い満足をも与えるということは、「ひとつの本質連関」なのである（II, 113）。反対に、より低い価値はより浅い満足を、つまり人間的生にとってより周辺的な満足を与えるにすぎない。もちろんそれでもひとは、例えば快楽という、低次の価値をひたすらに追い求めることがある。しかしそれは、シェーラーの見たてでは、当の主体が自己の中心的な層において満足しておらず、その不満足をより容易に得られる低い価値と周辺的な満足で代償しようとするためである。快楽のひたすらな追求は、「内的に浄福でないこと（絶望）のしるし」である。またある時代全体にとっても、「実践的快楽主義」なるものが、人びとをデカダンスへと導く原因なのではなく、むしろ当の快楽主義自体が、その時代を蝕む「生命的なデカダンスの最も確実なしるし」なのだ（II, 347）。

反対に、自己においてより高い価値を感得し、自己のより中心的な層において満足していることと、より高い価値の実現を志向することのあいだには、内的な連関がある。つまりあらゆる幸福の感情は価値の感得にもとづき、なかでも最も深い幸福、あるいは完全な「浄福」（Seligkeit）は、最も高い価値の感得に、つまりシェーラーにとっては、自分の人格そのものにおいて体験される善さの意識に依存する。それゆえ自分自身の人格において高い価値を感得しうるものだけが、深い満足に与かることができ、「善き者のみが幸福な者である」(II, 359)。しかしこのように、最も深い幸福が人格自身の内的な善さに依存することは、逆にこの幸福が、人格の善き活動の源泉となる可能性を排除はしない。むしろ人格の善さが個々の行為や意欲のよさを基礎づけ、さらに人格の善さの感得には深い満足が伴うから、善き行為と有徳なふるまいは本来、人格の中心的な層において満足し、幸福である者から生じるはずである。つまり人格の中心的な層における幸福は「徳の根と源泉」であり、「幸福な者のみが善く行為する」(II, 360)。それもこうした善き行為の源泉となる幸福は、意欲の目的や目標として、対象の側に見いだされるものではない。むしろ善き意志を働かせる主体の側に見いだされる、善き意欲の作用につねに伴っている幸福である。つまり善悪の価値が、意志作用に「背負われて」いる価値であったように、善き意欲はこうした幸福を、いわば「背負っている」のだ(II, 351)。

人格の内的な善さに伴う幸福が、同時にまた有徳なふるまいの源泉となる。シェーラーはこうした徳福の関係についての自分の主張を、ちょうどカントが『実践理性批判』の「弁証論」でそうしたように、徳と幸福の一方的な依存関係を主張する二つの立場を批判しつつ展開する。つまり、幸福が徳を条件づけると考え、徳を「幸福の手段」と位置づける立場も、また徳が幸福を条件づけると見て、幸福を「徳の報酬」と位置づける立場も、退けられることになる。シェーラーにとっては、これら二つの立場はともに、徳福の連関という問題の「傍らを通りすぎている」(II, 359)にすぎない。前者に関していえば、前段落末尾でも触れたように、シェーラーがここで問題としている幸福は、直接的な志向の対象ではない。つまり徳を手段とすることで獲得されうる、努力の対象となる幸福ではない。むしろ人間的主体の有徳な働きに、いわばつねにすでに伴い、またその働きの源泉となる人格の根源的な層に見いだされる幸福こそ、徳との関連で何より問われねばならない幸福なのだ。また後者の立場のように、幸福を「報酬」として、徳に対して外在的に位置づける場合にも、徳と幸福の真の内的連関に、つまり善き意欲に伴う「幸福感情の中心性や深層」(II, 351) にまで、視線を届かせることができない。

そしてさらに、こうした議論の延長線上で、『実践理性批判』「弁証論」で示されたカントの徳福の連関についての主張も、シェーラーによる批判の対象となる。シェーラーの整理によれば、カントは善い行為には幸福な結果、悪い行為には不幸な結果という「自然法則らしき結合」(II, 360) の存在を、いったんは否定する。しかしいわゆる「実践理性の要請」にもとづいて、世界を倫理的に秩序づける神がそうした結合を、つまり「報い」(Vergeltung) をもたらすことを想定する。けれども「報い」とは本来、シェーラーによれば、行為者自身の立場ではなく、被害者や第三者の立場から意味を得ている理念である。それゆえにこの理念は、人格と人格相互の関係が位置づけられる純粋に倫理的な領域に基盤をもたず、「生ある存在者の共同体の福祉という価値に相対的」(II, 363) であるにすぎない。つまりカントが説いていた徳と幸福の結合は、シェーラーの見るところでは、人格それ自体の層や、純粋に倫理的な領域における内的連関ではなく、倫理の領域の外部、あるいはその手前に位置する、単に生命ある者どもの共同的なあり方に根をもつものにすぎない。それゆえそうした結合の要求は、「生命的に条件づけられた理性の要請にすぎず、「純粋」理性の要請ではない」と批判されることになる（II, 364）。

このように、価値倫理学の観点から新たに光が当てられているのは、徳と幸福の連関という、徳をめぐって繰り返し論じられてきた古来の問題である。例えばすでにアリストテレスも、徳と幸福の結合を問題とする場面において、徳に即しての働きは「善美なるもの」でありつつも、「それ自身快適なもの」であることを指摘していた（『ニコマコス倫理学』第一巻第八章一〇九九a）。またカントが『実践理性批判』「弁証論」で批判的に取りあげたのは、周知のようにエピクロス派とストア派の徳福の関係についての教えであった。そしてそのカントも、いわゆる道徳神学におけるのとは異なったしかたで、徳と幸福の一致について語っている。『実践理性批判』の段階でも、「徳の意識に必然的に伴うはずである、幸福に類似するもの」としての「自足」という概念が登場するが（Kant, V, 117）、そののちの諸作品では、傾向性の全体的な満足において成り立つ「自然的幸福」とは区別される、もう一つの幸福概念が導入されている。それは悪徳への誘惑に打ち勝ち、義務を果たしていく意識に伴う満足、あるいは自分自身の人格と倫理的なふるまいへの満足としての、「道徳的幸福」である（Vgl. Kant, VI, 67f., 377, 387）。

とはいえ、こうした「道徳的幸福」の概念は、カントの一般的な快や幸福の規定と折り合いがつきにくく、カントの幸福論において中心的な位置を占めうるものではないように思われる。[10] 徳と幸福を、あるいは一般に、倫理的な善さとそれ以外のよさ（良さ・好さ）を、まずは厳しく分離することが、カント倫理学の大前提だからである。これに対し、善を頂点とする倫理的な価値と、その他の諸価値を区別しつつも、そのあいだにアプリオリな連関が存在することを主張するシェーラーは、徳と幸福を価値論という共通の地盤において、また価値の感得に伴う感情という主体に内在的な観点から考察することで、徳福の内的な本質連関を説くのである。

もちろん価値倫理学の観点を取るならつねに、シェーラーの説くような徳と幸福の連関が主張されるわけではないだろう。例えばハルトマンは、幸福を徳とともに価値論の観点から考察しつつも、倫理的善と幸福が合致することを一つの「要求」と見て、その実現の可能性は倫理学の領域内にある問いではなく、「私たちは何を希望してよいか」という宗教の問いに行きつくと考える、きわめてカント的な見解を示している。[11] こうした見解の相違がありうることは認めたうえで、ここで強調しておきたいのはむしろ、徳と幸福の連関を考察するうえで共通の基盤たりうる、「現象学的倫理学」の方法論的意義である。シェーラーは徳と幸福の連関をめぐり、何らかの自然因果的な結合も、また世界の外部の存在者を介した結合も退けて、価値の感得とそれに伴う感情にもとづく、あくまで有徳な主体に内在した徳と幸福の連関を問う。そしてシェーラーの徳福の連関をめぐる主張に異を唱える者も、やはり一度は徳と幸福をめぐる情動的な体験の層に降りたって、その主張を問題とするのでなければならないだろう。徳の問題を、単なる規範の一理論に切りつめるのではなく、徳と幸福との結びつきという古来の、人間的生の全体としてのあり方をめぐる問いの観点から考えること――、こうした課題において、シェーラーの議論が示唆しているように、「現象学的倫理学」の果たしうる役割は大きいように思われる。[12]

三　徳と「できる」の体験

さてシェーラーにとって「人格価値」としての徳は、より高い価値の実現へ向かう人格の「能為」(Können) の諸方向を、つまり人格がより高い価値を実現できる状態にあることを、担い手とするものであった。シェーラーの徳理論における有徳な主体の構造と、その現象学的分析を問題とするには、前節で問題とした、価値の感得に伴う感情の問題とともに、意欲や行為などの諸作用よりも根源的に人格に属するとされる、「能為」(できる) とその体験を問題とする必要があるだろう。

シェーラーは『形式主義』の第四章「価値倫理学と命法倫理学」の一節である「能為と当為」(Können und Sollen) という節において、いかなる条件のもとでなら、徳概念が「独立の倫理学的カテゴリー」(II, 244) でありうるかという問題を視野に収めながら、当為と能為の関係を考察している。シェーラーの主張する結論を先取りするなら、当為、つまり「べし」の体験と、能為、つまり「できる」の体験が、互いに還元不可能な体験であり、「等根源的にかつ相互に独立的に、究極的な直観に基づく」(II, 244) 体験である場合にのみ、徳概念は「独立の倫理学的カテゴリー」たりうる。それゆえ能為の意識をより根源的なものと見て、これに当為の体験を還元する立場も、また逆に当為の体験こそ根源的であるとして、自由や能為の体験をこれに依存すると考える立場も、ともに倫理学において徳を独立した主題として扱うことができないとされるのである。

シェーラーは従来の倫理学説のうち、前者の立場、つまり何ごとかをなすべきであるという当為の意識を、その何ごとかをなしうるという能為の意識に還元するという立場にあたるものとして、アリストテレス、ルター、スピノザ、ギュイヨーなどを挙げている。このようにここには様々な発想が包摂されているが、徳の概念との関係においてこの立場の問題点として指摘される点は明快である。つまり、当為についての意識が、何かをできるという能為の意識に還元されうるものにすぎないなら、徳の概念はたんなる「有能さ」(Tüchtigkeit)一般と区別できなくなってしまう。しかし徳は、それが人格にのみ属する価値であるかぎり、たんに「何かあること」について有能であることにではなく、なされる「べき」ものとして体験されたことを、「意欲し行うこと」ができる主体に属する価値でなければならない(II, 245, Vgl., II, 213.)。シェーラーは、有能さや卓越性一般と徳とのあいだに、意識的に区別を設ける。徳があくまで人格にのみ属する価値であるかぎりで、有限な人格の意欲や行為につねに相関する「べし」の体験が、徳の体験の不可欠な契機をなすのである。

他方では能為の、つまり「できる」の意識を消極的なものとのみ見る立場も、本来的な徳概念と相容れないものとされる。ここで批判の対象となるのはもっぱらカントである。カントは周知のように、直接には知られえない自由を、確実に与えられた認識根拠としての道徳法則の意識が証明すると考えた。だがシェーラーの見るところでは、能為がたんに、直接体験される当為からいわば「要請される」ものにすぎないのであれば、徳は義務に従属する下位のカテゴリー、つまり「義務を行うための性向(Disposition)」にすぎないことになる(II, 244)。つまり当為の意識とともに、能為の意識も直接的に与えられるのでなければ、徳は徳として体験されえない。能為の「できる」という直接的な意識を欠く主体に見いだされるのは、せいぜい「自分の一度なした義務を繰りかえし行う」という「熟練」(Fertigkeit) にすぎない (II, 214)。そしてそうした「熟練」ならば、「習慣」に還元されうるけれども、直接に体験されうる本来の徳は、決して習慣には還元されえないとシェーラーは主張する (II, 245 Anm.)。それゆえこうした見方をとるなら、たとえカントが随所で「徳」について語っていたとしても、そこに見いだされるのは本来的な「徳」ではありえず、せいぜい「性向」や「習慣」であるにすぎないことになるだろう。論文「徳の復権のために」でも、シェーラーは徳を、自分の存在から自由に湧き出る「力の意識」であり、本来は「すべての習慣とはまったく反対のもの」であることを説く。そして徳を「習慣づけられうる」ような、規則に従う単なる「性向」へと引きおろし、徳からその魅力を奪い去ったとして、カントを代表とする近代の哲学者が批判されるのである (III, 15f.)。

以上のように、シェーラーによれば、「当為」つまり「べし」の体験と、「能為」つまり「できる」の体験が、等根源的な所与であるかぎりでのみ、徳はそれとして体験されうる、倫理学における独立したカテゴリーであることができる。もちろんシェーラーにとって、当為はそれ自体として根源的な所与でなく、価値によって基礎づけられている。つまり積極的な価値、より高い価値こそが存在する「べき」であり、消極的な価値、より低い価値は存在する「べき」でないのだから、「すべての当為は諸価値に基づいている――これに対して、諸価値は決して理念的な当為に基づいてはいない」(II, 214) という、価値が一方的に当為を基礎づける関係が成立している。徳の体験において不可欠な一方の前提である、当為の体験も、それが最終的に依拠しているのはあくまで、諸価値の秩序なのである。

これに対して能為の体験は、シェーラーにとって、それ以上遡ることのできない根源的な体験である。「能為」とは、「究極的で解消しえない努力の様態」であり、体験作用としてのこうした「能為」において、「私たちに努力内容が「私は或ることをなしうる」というかたちで根源的に与えられうる」(II, 239)。それゆえ能為の体験を、想起や期待といった、知性的な作用の結合に還元することはできない。つまり能為の体験を、かつて何かをなすことができたという想起に裏打ちされた、今度もそのことをできるだろうという期待に解消する見解は、事柄の秩序を取り違えている。能為の意識が何らかの期待を前提とするのではなく、むしろまず自分が「或ることをなしうる」と直接的に意識しているがゆえに、自分が必要とあればそのことを「行うであろう」と期待するのである(II, 239)。

こうした能為の分析を含めた自由論は、『形式主義』では十分に展開されていないが、自由をめぐるシェーラーの思考は、『形式主義』成立の時期に書かれた遺稿「自由の現象学と形而上学のために」にも書き遺されている。この遺稿では冒頭で、「意志の力の意識」や「自発性」という意味での自由と、「他の仕方でできる」(Anders-Können)や「選択意識」の意味における自由とが区分され、前者が後者を基礎づけるものとされている。つまり自発的な力という意味での自由が、選択可能性という意味での自由を基礎づけるのであり、「選択とともに意欲の力が増大するのではなく、力とともに選択(選択の自由の意味での)が増大する」(X, 157)。このようにシェーラーの行為的自由の概念は、五十嵐靖彦氏も指摘されるように、「意志力そのものの自由」や「能為そのものの自由」と、「選択の自由」とに区分することができ、両者は前者が後者を基礎づけるという関係にある。[13] そして「能為そのものの自由」こそ、徳価値を担うところの自由であるが、こうした自由は体験の順序においても、「選択の自由」に先立って体験される。自発性の作用は、選択の意識が欠けている場合であっても、「作用の遂行そのものにおいて、「私」によって「私」を通じて遂行された作用として体験される」(ibid.)のである。

こうした「能為そのものの自由」は、それが根源的な所与であるかぎり、直接に体験されるよりほかない。「自由とは何かを、私たちは私たちの意志の生そのもののただなかでのみ理解するのであり、決して理論的な考察によって理解するのではない」(ibid.)。それゆえシェーラーの「能為の自由」論は、能為を他の事象から派生したものとして解明しようとする、異なる理論的考察の立場への批判が基調となる。『形式主義』でも主張されているように、能為の体験をなしうることの期待に還元することはできず、また能為の意識は、すでになされた行為と結びついていた意識事実の「コピー」や「再生」ではない(II, 240)。あるいは能為そのものは、すでになされた行為やその想起を媒介とした、知ることの対象としてではなく、「努力する意識」の一様態として「現象的に与えられている」(II, 144)。このように、能為が直接的に、想起や期待などの知的な作用を媒介とすることなく与えられているということが、シェーラーの自由論の一貫した主張の一つになっている。

もちろんシェーラーの自由論は、公刊された著作と遺稿を見渡しても、十分に展開されたものとはいいがたい。またしばしば指摘されるように、善き意欲は善きものの認識(たんなる知ではなく、価値の感得によるものであるにしても)に、悪しき意欲はもっぱら錯誤や迷妄に基づくとする、シェーラーの一種のソクラテス主義(Vgl. II, 87f.)が、意欲や意志のレベルで自由の問題を展開するうえでの原理的な障壁ともなっている。[14] ただここで確保しておきたい論点は、能為(できる)という意味での自由が直接的で根源的な所与であることが、徳が「独立の倫理学的カテゴリー」であることの前提であるとするシェーラーの主張と、そうした能為の与えられかたに関する、シェーラーの一貫した態度である。レオナルディも指摘するように、「現象学的な考察様式だけが、私たちに自由の本質を「内側」から示しうる」のであり、シェーラーの自由論が示唆しているのも、「私たちの意志の「生」そのもののただなかで理解する」という、シェーラーの「考察様式の根本態度」[15]なのである。シェーラーの説くように、「できる」という意味での自由の体験が、徳の体験の不可欠な契機であるなら、こうした考察様式は倫理学一般にとっても重要なものであるだろう。

ところで自由が徳の不可欠な契機であることは、シェーラーによって自由論の観点からその徳の理論が批判されているカントも、実際は一貫して強調している。また習慣や熟練としてのみ徳を理解することへの批判も、カントの徳理論の一貫した論点であった。たとえば『実用的見地における人間学』では、「習性」(habitus) とも等置される「熟練」(Fertigkeit) として、徳を説明することはできず、さらに徳は「決して習慣とならない」ことが主張されている。カントによれば徳は、「つねにまったく新たに、また根源的に、思考様式から生じるべき」ものだからである (Kant, VII, 147)。また『人倫の形而上学』の「徳論」によれば、徳はたんに「訓練により獲得された、道徳的に善き行為の久しい習慣」とみなされてはならず、つねに同時に「熟慮された、堅い、そしてますます純化された原則の結果」でなければならない (Kant, VI, 383)。というのもカントにとって「徳の格率」は、「それぞれの人間の、実践理性の主体的な自律」において存するものだからである (Kant, VI, 480)。

このようにカントの徳理論においても、またカントには本来的な徳論が欠けているとするシェーラーの徳理論においても、不可欠な前提とされているのは、人間的主体の自由である。もちろんシェーラーは周知のように、その人格論の枠内で、カントの説く「自律」の行きつく先は、「理律（Logonomie）であり、同時に人格の極端な他律である」（II, 372）と批判しており、ここで立ち入る余裕はないが、自由の意識への与えられかたに関してばかりでなく、そもそも自由とは何かをめぐっても、両者の見解には大きな相異がある。それでも、徳を習慣にもとづけることを批判し、また自由が徳の不可欠な前提であることを強調する両者の一致点は、今日において徳という主題を倫理学の枠内で考えるうえで、避けて通ることのできない重要な課題を示唆しているのではないだろうか。人間のふるまいの全体的なあり方を問題とするうえで、習慣がいかに重要な問題であるにせよ、主体的な自由の余地を排除するほど、あまりに習慣の重要性を強調する徳理論は、近代以降の人間観と調和しがたいように思われる。カントとシェーラーの徳理論は、それぞれが問題を内包しながらも、自由な主体という人間理解に徳という古来の倫理学の主題を統合するという、困難な課題と向きあっている。そしてシェーラーにあって、そうした課題に取り組むうえでの基盤をなしていたのは、能為（できる）の体験を、意欲し行為する主体の内側から把捉する、現象学的な考察様式であったのである。

結　「現代哲学」としての徳理論と現象学的倫理学

本章ではシェーラーの徳理論を、カント倫理学の視点の継承とその批判という側面に重点を置いて考察してきた。こうした検討の狙いは、冒頭で述べたように、徳という古くて新しい倫理学の主題をめぐって、カントと現代倫理学のあいだにシェーラーの倫理学説を位置づけ、その今日的な意義を探ることであった。最後に、カントとシェーラーが共有する論点と、またカントを越えて進もうとするさいの、シェーラーの考察を支えている方法的な基盤を確認し、本章のまとめとしたい。

カントとシェーラーに共通するのは、倫理学における相対主義を退け、倫理学の原理はアプリオリなものであるとするアプリオリ主義であり[16]、また徳理論に関しては、もっぱら習慣としてのみ徳を理解することを批判し、自由の契機の強調する徳理解である。これらの点は近代以降の徳倫理学の可能性を考えるうえで、ともに重要な論点であるようにおもわれる。特殊的な経験に依存しない絶対的な原理の探究を完全に放棄して、比較的狭い共同体にのみ通用する慣習に立脚することは、徳をどのようなものとして考えるにしても、倫理学の原理的な立場としては、大きな問題を抱え込まざるをえないように思われる。また人間における自由の契機を正当に評価して位置づけることなく、人間の倫理的生における習慣の重要性のみをあまりに強調する徳理論もまた、近代以前の地点への単なる後退にすぎないのではないだろうか。主体に応じて相対的な経験に依存しない、原理の絶対性と、自由な人間的主体という、近代とその倫理学がとくに鋭く突きつける主要な論点を回避するのではなく、むしろ正面から受けとめたうえで、徳という古来の倫理学のテーマをあらためて考えること――こうした課題に取り組むにあたって、カントとシェーラーの徳理論は、なお参照されるべき重要な視点を提供するものであるように思われる。つまり両者の徳理論が示唆しているのは、自由な主体という人間観と両立し、またあらゆる人間的主体へと開かれた、カント以降の「現代哲学」としての、徳倫理学の可能性なのである。

そしてそうした徳理論の実際の展開において、重要な方法的な基盤たりうるように思われるのが、現象学的な分析である。カントの形式主義と、義務概念を中心に据えるその理論構成を乗り越えようとするにあたり、シェーラーの理論的な支えとして機能したのが「現象学的経験」であった。カントも言及はしていながらも、体験の問題としては十分に取りあつかうことのできなかった、徳と幸福の内的連関や、徳を支える自由の問題を、シェーラーは自身の現象学的な方法を拠りどころとすることで、内在的な分析が可能な領域へと繰りこんでいく。人間的主体についての、こうした拡大された経験と体験の理解が、価値ある事物とその実現にではなく主体の側に、カントと同じく倫理学の主要な問題領域を見定めつつも、カントより踏みこんだかたちで徳理論を展開することを可能にしたのである。カントは主体の認識の方法として、内官による経験的直観に基づく、経験的心理学の方法しか持ちあわせていなかった。そしてそうした方法からは、アプリオリな本質連関の洞察の可能性も、自由という非感性的なものの認識の可能性も、原理的に排除されている。しかし徳という人間的生の全体としての善さ——習慣の束に解消しつくすことのできない自由な側面を有し、倫理的なものの絶対性が何ほどか切実な問題であり、また幸福がつねに自分自身の問題であらざるをえない、人間の生そのものをめぐる善さ——が倫理学にとって、つねに変わらぬ主題であるかぎり、つねに新たに、人間という主体にアプローチする方法が練りあげられねばならない。そしてカントの経験的心理学でも、またその他のいかなる心理学的な分析でもなく、「現象学的倫理学」こそがそうしたアプローチにおいて貢献しうる領域は、シェーラーの徳理論が示唆しているように、広く開けているように思われる。

註

（1）カントからの引用・参照は、記号（Kant）とともに、本文中にアカデミー版全集の巻数（ローマ数字）と頁数（アラビア数字）を示す。

（2）現代の徳倫理学の動向への比較的早い時期の応答でもある、この点をとくに強調する論稿として、Onora O'Neill, Kant after Virtue, *Inquiry 26* (1983), p. 387-405. を参照。またオニールのこの論稿を受けつつ、より穏当にカント倫理学における徳概念の位置と意義を明らかにする論稿として、Robert B. Louden, Kant's Virtue Ethics, *Philosophy 61* (1986), p. 473-489. を参照。

（3）Nicolai Hartmann, *Ethik*, 4. Aufl., Berlin 1962, S. VI-VII. Vgl., S. 136-8.

（4）以下シェーラーからの引用・参照は、著作集（Gesammelte Werke）の巻数（ローマ数字）と頁数（アラビア数字）を本文中に示す。なお訳出に際して、『シェーラー著作集』（全十五巻、白水社）に収録されている作品については、その訳文を参照させていただいたが、訳語・訳文を変更させていただいた箇所もあることをお断りしておく。

（5）同様の規定は一九一一～一九一二年の遺稿「三つの事実についての教説」にも見られる（X, 433）。なお現象概念と現象学的経験についてのシェーラーの理解については、Eberhard Avé-Lallemant, Schelers Phänomenbegriff und die Idee der phänomenologischen Erfahrung, *Phänomenologische Forschungen 9* (1980), S.90-123. を参照。

（6）『人間における永遠なもの』に収録された論考「哲学の本質と哲学的認識の道徳的制約について」において「謙虚」は、ひとを偶然的な現存在から脱せしめ、世界の純粋な本質へ導く、哲学的認識のための道徳的な前提とされている（V, 90）。こうしたシェーラーによる哲学と現象学的態度の理解の特有性については、田中熙『マクス・シェーラー』（弘文堂書房、一九三七年）十九〜二七頁を参照。田中は、「謙虚」など特定の精神的態度を哲学者であることの前提とするシェーラーにあっては、「本質直観とは人間の裡なる精神若しくは人格といふ主体に発し、そのような人格にとっては固有必然なる在り方である」が、フッサールにおいては「現象学的態度とは結局、無主体的で抽象的な即ち純観念論的な立場に止まってゐた」（十九〜二〇頁）と指摘する。後者のフッサール理解は、今日から見れば一面的であろうが、本書第一章の吉川論文をご参照いただければ、より興味深い両者の一致点と対立点を見てとることができるかもしれない。またシェーラーの「謙虚」論のモチーフを存在論の観点から展開した論考として、Manfred S. Frings, Demut und Existenz, in: N. Huppertz (hrsg.), *Die Wertkrise des Menschen. Philosophische Ethik in der heutigen Welt,* Meisenheim am Glan: Hain 1979, S.3-7. を参照。

(7) こうした徳価値の位置については、五十嵐靖彦『愛と知の哲学　マックス・シェーラー研究論集』（花伝社、一九九九年）七六〜七七頁を参照。つまりシェーラーにとって徳とは、「人格自体と諸作用との中間段階」を占める、「人格の一定の恒常的（不変ではないが）性質にかかわる」（七六頁）ところの道徳的価値である。

(8) Otto Friedrich Bollnow, Konkrete Ethik. Vorbetrachtungen zu einer philosophischen Tugendlehre, *Zeitschrift für philosophische Forschung Band VI* (1952), S.321-339. 以下この論文の頁数を、記号（Bollnow）とともに本文中に示す。

(9) 実際に展開されたボルノー自身の徳論としては、Bollnow, *Einfache Sittlichkeit*, 2. Aufl., Göttingen 1957.（邦訳：岡本英明訳『道徳の人間学的エッセイ』玉川大学出版部、一九七八年）、*Wesen und Wandel der Tugenden*, Frankfurt/M 1958.（邦訳：森田孝訳『徳の現象学』白水社、一九八三年）を参照。とくに徳の多様性と歴史的変転に開かれた「諸徳の現象学」の課題と方法については、後者の序論第四節を参照。

(10) カントの幸福論における「道徳的幸福」の、体系的・発展史的観点から見て微妙な位置については、牧野英二『遠近法主義の哲学』（弘文堂、一九九六年）一三五頁～一三八頁と一四九—一五〇頁の註二七を参照。また一般に、カントの幸福論が孕む諸問題と、その倫理学的な意義については、城戸淳「カントにおける幸福のパラドクス」（日本カント協会編『日本カント研究11』二〇一〇年、七～二三頁）を参照されたい。

(11) Hartmann, a.a.O., S.95. そもそもハルトマンは、シェーラーのように価値の高さと満足の深さのあいだに、単純な対応関係を見ることに対して否定的である（S. 279f.）。

(12) なおフッサールの場合については、「徳と幸福」や「浄福」というカント・フィヒテの主題の継承と、「感情の現象学」によるその展開をめぐり、吉川孝「フッサールにおける生の浄福——感情の現象学のために」（日本哲学会編『哲学　第五八号』二〇〇七年、二七一～二八九頁）を参照。

(13) 五十嵐、前掲書、一二九頁、一三七～八頁の註一八。

(14) この点については、五十嵐、前掲書、一二〇～二頁を、また Heinz Leonardy, *Liebe und Person. Max Schelers Versuch eines “Phänomenologischen” Personalismus*, The Hague 1976, S.161. を参照。

(15) Leonardy, a. a. O., S.160.

(16) もちろん、シェーラーの提示する価値の秩序が、はたしてアプリオリで絶対性を持つものであるかについては争う余地がある（あるいは大方の見方は否定的かもしれない）。ただここで執筆者にとって問題であるのは、シェーラーの特定の主張が実際に絶対性を持つか否かである以上に、シェーラー（およびカント）の絶対的な原理の探究という姿勢が、たとえ徳を問題とするにせよ、倫理学一般に欠かせないのではないかということである。上妻精氏は、「われわれの倫理的認識が常に歴史、社会、個人の制約の下に相対的であって絶対的ではないということは、まさに絶対不変である価値段階序列の存在を前提としての故にほかならない」として、シェーラーの説く絶対的な価値段階序列も「価値志向作用を遂行する主体の立場にとっての志向作用を統制するイデーとして前提されるものと解されるべきものでなくてはならない」というかたちで、シェーラーによる価値序列の客観性についての主張の意義を認めている（上妻精「M・シェーラーの実質価値倫理学の一考察」『一橋論叢　第六十巻』一九六九年、一四〇頁）。本章がシェーラーの議論に求めているのも、上妻氏の指摘されるような、相対性を見据えるための倫理的認識の絶対性であり、また「主体の立場にとって」の理念という意味での価値の秩序の客観性である。

第3章　責めの存在論的‐現象学的分析による道徳的懐疑の克服

――M・ハイデガー『存在と時間』第二篇における議論

池田　喬

序　自己統制的主体と道徳的懐疑

本書のタイトルである「生きることに責任はあるのか」という問いを「人は自らの生き方に責任があるのか」と言い換えて、まず考えてみよう。例えば、盗みを繰り返しついには強盗殺人まで犯した人物がいるとする。彼には心神の喪失状態などは確認されず、その行為は意図的であり、この行為に対して責任を問えると認められ、重い刑罰が科せられる。しかし、彼が主張するところによれば、そもそも彼が盗みを行うようになったのは、家庭が貧しく、親が盗みをするのを見て育ったからであり、もしそれなりに裕福な平均的家庭に生まれたとすれば、強盗をしでかすに至るなどということはまずなかった。長い目で見てみれば、今あるような生き方は言わば強いられたものであって、自分の意志によるものではない。だから自分に責任はないのだ、と彼は主張する。少し理論的に言い直せばこうなる。ある人の生き方の責任をその当人に帰属することができるのは、その生き方が、状況や環境によって強いられたものではなく、みずからの意志によって選択されていた場合である。しかし、実際のところ、人がどういう人物であるのかは状況や境遇に委ねられている部分があまりに多い。だから、厳密に考えれば、善であれ悪であれ、「人は自らの生き方に責任がある」ということは原則として言えないのではないか。

こうして素描した責任への懐疑は、現代の倫理学的議論において、時として「道徳上の運（Moral luck）」と呼ばれる問題に対応している。論文「道徳上の運」において、T・ネーゲルは、私たちの道徳的評価の対象がさまざまな運に左右されることを指摘し、その中に、「人がどういう種類の問題や状況に遭遇するかという環境上の運[1]」を数えいれ、次のように述べている。

私たちの行うことは、私たちが直面する状況・機会や選択範囲によって限定されているが、それらの状況・機会や選択範囲は多くの場合、自分には意のままにならない要因によって決定されている。強制収容所の役人であった人は、仮にナチスがドイツで政権をとるに至らなかったとすれば、穏やかで無害な人生を送ったかもしれない。また、アルゼンチンで穏やかな無害な一生を送った人は、仮に一九三〇年代にビジネス上の理由でドイツを離れることがなかったとすれば、強制収容所の役人になっていたかもしれない。[2]

「意のままにならない要因」によって私たちの行為や人物としてのあり方が決定されているという実

情は、あまりにも明白である。しかし、この一種の決定論を人間の基本的な存在の秩序として認めてしまうならば、たちまち、どれほどの殺人に関与していたとしても、その責任は問えないことになり、道徳に対する全面的な懐疑論が生じるのも時間の問題ということになる。

こうした道徳性の危機から人間を守ろうとする通例のやり方は、人間は外的要因によって決定されるような自然事物なのではなく、むしろ、外的要因に左右されずに、自らの意志に従って自己を統制し、自由に行為する主体でありうるという描像を堅持することである。しかし、道徳的存在者に完全なる自己統制力を求めれば求めるほど、この要求に反し、自己統制下に収まらない要因を見つけ出すことは容易かつ頻繁になるだろう。道徳を懐疑することと主体として人間を把握すること、責任概念を無効化することと完全なる自己統制を要求することは、共犯と言うべき関係にある。

このような関係を前にして私たちはどうすれば良いのだろうか。ネーゲルは、「ある意味でこの問題には解決がないと私は信じている[3]」と言うが、道徳的懐疑を野放しにするべきでないとすれば、解決を探ることは必要である。本章では、『存在と時間』第二篇において、M・ハイデガー（一八八九〜一九七六）が、上述した自己統制的主体と道徳的懐疑を同時に覆し、両者の共犯が生み出すジレンマを克服する道筋を示していることを明らかにしたい。

よく知られているように、ハイデガーは従来主体や主観と呼ばれてきた存在者を現存在として存在論的に把握し直すことを主張したが、その眼目は、現存在を、自己統制的な能力の主体としてではなく、逆に、自らの存在を意のままにしていないことをその存在様式とする存在者として概念化することにある。（B・ウィリアムズの言葉を借りて言えば）「自分の一切の傾向性に関する完全な熟慮的統制」とはおそらく一つの「理想」にすぎないのであって、[4]まず先入観なしに考察してみるならば、「自分の意のままにならない要因」によって自分のあり方が左右されること――完全に自己統制する主体ではないこと――は、言わば私たちの存在の事実として現われるだろう。この点は、ハイデガーが「責めある存在（Schuldigsein）」としての現存在を、自己統制する能力ではなく、みずからの存在を根底から支配できない「非力さ（Nichtigkeit）」という点から特徴づける時に意図していることである。

このハイデガーの「責めある存在」の概念は、一見、道徳的存在者に必須の能力を覆し、道徳性の破壊や懐疑を引き起こすもののように見えるかもしれないが、事情は逆である。道徳的懐疑が生じるのは、行為者を完全な自己統制の主体として存在論的に前提する場合であり、非力さによって規定された責めある存在がむしろ道徳性に基盤を与える。少なくともハイデガーはそう考えている。「本質上の責めある存在が、等根源的に、〈道徳的〉な善悪に対する、すなわち道徳性一般とその事実的に可能な諸形成物に対する可能性の実存論的条件である」[5]（SZ, 286）。そうだとすれば、責めある存在を実存論的――存在論的に探求することで、例えば、「生き方の責任」という道徳性の一形態も懐疑から救われるはずである。このことを、以下では、責任（責め）（第一節）、良心（第二節）についてのハイデガーの分析を再構成することで明らかにしていく。そして、最後に、この存在論的探求が方法論的に「現象学」と呼ばれることの意味を問い、「現象学的倫理学」の一つの可能性を示したい（第三節）。

一　責任の実存論的‐存在論的解明——欠如から非力さへ

1　責任概念の存在論的吟味

まず、ハイデガーが、「責め（Schuld）」についての日常的用法を存在論的に吟味することで、生き方の責任が帰属されるような存在者を、自己統制的主体から非力な現存在へと書き換えていく仕方を確認する。

責めという概念は、その通常の用法から解されるなら、「〈誰かに借りがある（Schulden haben bei……）〉」（SZ, 282）および「〈何かに責任がある（Schuld haben an...）〉」（ibid.）という意義をもっている。前者は、例えば借金において、「他者がそれに対する請求権をもつものはその他者に返却すべきである」（281）という理解に対応する。後者は、何らかの出来事の「原因あるいは張本人」（282）であるという理解を含んでいる。そして、この両者は区別できる。例えば、他の誰かが私の代わりに他人に借りを作った場合、私は「誰かに借りがある」がその借りの「原因」ではない。他方、両者が一致する場合もある。この時、責めがあることは、「〈罪過を犯す（*sich schuldig machen*）〉」（ibid.）と呼ばれる状態として特定可能になる。つまり、「借りがあることに責任があることによって、法に違反し、刑罰を受けるようになる」（ibid.）ような状態になりうる。この場合、罪過を犯した人は、満たすべき他者からの「要求」をまだ満たしていないという状態にある。

ただし、ハイデガーによれば、他者からの「要求」が生じ、他者に対する責任が問題になる状況は、所有権や請求権をめぐる場合にだけ現れるのではない。また、罪過を犯すことは、「〈他者に対して責めを負うようになる（*Schuldigwerden an anderen*）〉」(ibid.) という性格をもつが、しかし、他者に対して責めを負うことは、法に違反することと全く重なるというわけでもない。他者に対して責めを負うことは、「法への違反そのものによって生じるのではなく、他者がその実存において危険にさらされたり、道を迷わされたり、それどころか破滅させられたりすることに、私が、責任があることによって生じる」(ibid.)。例えば、他者を精神的に追いつめ、この他者をその実存において危険にさらすことも、他者に対して責めを負うようになるという性格をもちうる。しかし、他者に対するこの責めは、全く発覚しない場合のように法への違反とは独立に存在しうるし、発覚した場合にも、被害者の「要求」は法が定めるものよりも大きいかもしれないし小さいかもしれない。

　こうした責め（責任）の用法の整理に基づいて、ハイデガーは、「他者に対して責めを負うようになるという意味での責めある存在の形式的概念」(ibid.) を、「何らかの他者の現存在における何らかの欠如（Mangel）に対する根拠であること」(ibid.) と定式化する。この形式的概念は、「〈人倫的要求〉への違反」(ibid.) としての責めある存在という「現存在の一つの存在様式」(ibid.) を表示するものである。この存在様式は、借金や強奪、肉体的あるいは精神的暴力による実存的危険に関するものも含めて、一般に、現存在の道徳的責任を包括するものである。

　以上は、ハイデガー独自の術語で表現されているとは言え、通常の責めや責任の用法を分析した結果である以上、日常的な責任概念の理解に概して適合するものとなっている。他人に与えた損害を、物品を返済したり、刑罰に服したり、あるいはまたは別の手段によって埋め合わせることが、責任を負い、責任を取ることの基本的場面として考えられているのである。ところが、ハイデガーは、ここから進んで、こうした日常的な理解が責任概念の歪んだ解釈を導いていると論を展開する。「責めの理念は、差引勘定する配慮の領域を超えて高められなくてはならないのみならず、誰かがそれに背いたがために責めを背負い込むような当為や法律との関連からも解かれなくてはならない」(283) とされる。例えば、他者を精神的に苦しめ、その実存を危険に陥れることで他者に責めを負うという事態は、物品や金銭の支払いによってすべて完了するものではないし、法や規範による刑罰がなければ生じないということもない。実際、罰金を支払えば全て済むという考えや、合法であれば何をしても良いという考えを体現している人は、他者に対して負うべき道徳的責任に(時には罪深いほどに)鈍感であると私たちは感じるものである。こうした意味において、責めの概念は、決済する配慮の領域を超え、また、それを犯した場合に罰を課してくる法や当為の関連から解かれたところで論議される必要があるとも言える。

ハイデガーは、こうした直観に対してさらに存在論的な論拠を提出している。「何らかの他者の現存在に対する何らかの欠如に対する根拠であること」という先の形式的概念は、責めや責任を何らかの「欠如」として事物的に表象することに基づいていると言うのである。この場合、「責めは必然的に欠如として、すなわち存在するべきであり、存在しうる何かが欠けていることとして規定されるが、しかし、欠けていることは事物的に存在しないことを意味する」(ibid.)。欠けたものの決済はもちろん、当為であっても、本来、存在するべき行為が存在していないのであり、この行為をなすべきものとして義務づけるとすれば、それは欠如を埋め合わせるという表象の延長線上にある。「存在するべきものが事物的に存在していないこととしての欠如は、事物的存在者の存在規定であり」(ibid.)、現存在の存在様式には的中していない。

実存する現存在と事物的存在者を厳密に区別する、ハイデガーの存在論的議論は、唐突に思えるかもしれないが、そうではないだろう。なぜなら、私たちは、実際、道徳的責任を人間的な現存在に求めることはあっても、事物的存在者に求めることはないのであり、つまり、道徳的責任をめぐる言説において、現存在と事物的存在者の区別は――I・カントの人格が物件から区別されるのと同様――前提されているからである。そうだとしたら、現存在の責めある存在を、事物的存在性にもとづいて解釈することを拒否するのはもっともな方針である。決算する配慮や法や当為を基本的なモデルとして、「欠如」の表象によって責任を概念化することは、それがどれ程一般的なやり方だとしても、責任が帰属される存在者を算定可能な事物的存在者として存在論的に把握する点で、道徳性に対する挑戦を招いてしまうのである。

こうした問題意識にもとづいて、ハイデガーは、「〈借りがあること〉や法に違反することに必ずしも関係しない責めの現象を明確化すること」(283) を課題として立てる。もっともハイデガーは、「何らかの他者の現存在における何らかの欠如に対する根拠であること」という先の形式的規定が全く的外れだとは考えていない。たしかに、欠如と表現される通り、「〈責めがある〉という理念には、無い(*Nicht*) という性格が存している」(ibid.)。重要なのは、この「無い」という性格を、返却すべき物品、受けるべき刑罰、完全であるべき自己統制の能力など、とにかく何かが「欠けている」という事物的表象にもとづかずに理解することである。また、「何かに責任がある」という用法に表され、先の規定にも見られる、「何かに対する根拠であること」（ibid.）も責めの概念には含まれる。ただし、この根拠存在を「欠如」に対する根拠存在として把握することは、現存在を存在論的に誤認することになる。そこで、ハイデガーはこうした事物的存在性の含意を払拭し、「〈責めがある〉の形式的で実存論的な概念」（ibid.）を、「何らかの〈無い〉によって規定された存在に対する根拠であること」（ibid.）、言いかえれば、「何らかの非力さ（*Nichtigkeit*）の根拠であること」（ibid.）として定式化する。他者に対して責めを負いうるような道徳的存在者の存在様式は、この存在者を事物的存在者と区別するという原則に従うならば、「何らかの非力さの根拠であること」として存在論的にまずは規定しておく必要があるとハイデガーは提案しているのである。

2　責めある存在——非力さに基づく議論

それでは、現存在が非力さの根拠であるとはどういうことなのか。注意を促しておくとすれば、この問いは、責めを負いうるような存在者は一般にどういう存在様式をもつのかという点に関わっており、実際に、罪過を犯した人の心理状態や傾向性についての経験的な問いではない。問題は、本章冒頭で述べたように、行為者を、自己基礎づけ的な主体（主観）として概念化するのではなく、むしろ、自らの存在を意のままにできない現存在として把握することこそが、道徳性の実存論的条件を解明することになるという主張である。

まず、「何らかの非力さの根拠であること」は、ハイデガーが現存在の「被投性（Geworfenheit）」と呼ぶものを表している。「存在しつつ現存在は、被投されたものであり、自分自身によって自らの現にもたらされたのでは無いのであって」（SZ, 284）、「自分自身に属しているにもかかわらず、現存在自身として自分に授けておいたのでは無いような、存在できることとして規定されている」（ibid.）。あるいは、「根拠であるということは、最も固有な存在を決して根底から意のままにすることは無いということである」（ibid）とも言われる。いずれにせよ、これらの「無い」は被投性の実存論的意味に属している」（ibid.）。

このような被投性が現存在の存在様式に属しているということは、すなわち、環境や状況の運によって自らが存在しているあり方や、存在できるあり方が決定されていることを、そのまま存在の事実的性格として認めることを意味する。このようなことは、道徳的な行為者を自己統制的な主体として前提する場合には不可能な措置である。というのも、もしみずからの存在を根底から支配する力をもっていないのだとすれば、その存在の根拠は自分以外の何かにあることになり、それでは、自分が存在するあり方に自分は責任を負うことはできない、という懐疑的結論が出てきてしまうからである。ところが、ハイデガーは、現存在の被投性や非力さを、ほかでもない「責めある存在」に本質的に属する性格として論及しているのである。

すると問題は、みずからの存在を決して支配できないことが認められた上でなお、「何らかの非力さの根拠である」と言う場合の「根拠である」ということの意味である。ハイデガーは、「根拠である」

ということを現存在の被投的な「企投（Entwurf）」の構造として論じる。何らかの非力さの根拠であるとは「被投された根拠」（ibid.）であるということだが、それは、現存在が、「その内へと被投されてしまっている諸可能性に向けて自らを企投する」（ibid.）ということである。たしかに、現存在には、自分が存在するあり方を諸可能性に向けて企投するという自由があるのだが、しかし、自己企投と言っても、現存在は、「みずからの被投性の背後に立ち返ることは決してできない」（ibid.）以上、純粋にゼロからの企投というものは存在しない。どういう環境や状況にみずからを見出しているかという要因から全く切り離された仕方で、みずからの第一原因になるということは有限な現存在には閉ざされた可能性である。ということは、しかし、現存在が諸可能性へとみずからを企投するとは、みずからが意のままにしていない「被投された根拠である」ことを、とにもかくにも、引き受けるしかないということである。「自己は、自己である限り、自分自身の根拠を置かざるを得ないけれども、その自分自身の根拠を意のままにするに至ることは決して無いものであり、それにもかかわらず、実存しつつ、根拠であることを引き受けるしかないのである（das Grundsein zu übernehmen haben）」（ibid.）。

実際、もしそうでなければ、その存在者はもはや実存する現存在の「自己」と呼びうるものではなくなるだろう。もし別の存在者がこの存在者の存在の「根拠である」とすれば、この存在者は別の作者によって制作されたものだということになる。ある存在者が、別の存在者によって制作された完成品――道具的あるいは事物的存在者――であるとすれば、未完の存在可能性へと自らの自己を企投することはできない。したがって、現存在は第一原因ではありえず、被投性の背後に遡ることはできないと言っても、やはり、自己を企投する存在者である限りは、被投的な根拠であることを引き受けるしかないのである。

こうしてみると、本章冒頭で見た殺人者の言い分や道徳的懐疑の説は、自らを存在論的に誤認していることが発覚する。偶然的環境であれ、神であれ、目的論的歴史であれ、自らの存在の根拠を自分以外の別の存在者に完全に委ねることは、現存在を制作済の道具的あるいは事物的存在者へと歪曲して解することである。しかし、道具や事物は、責任や道徳的善悪を問題にできるような自己性をもつ存在者ではない。仮に、本当に、全ては自分がやっていることではなく、強いられてやらされているだけなのだと首尾一貫して主張できるのだとしたら、例えば思考吹入を被った統合失調症の患者のように、その人は、責任を回避しているのではなく、そもそも責任を帰属できるかどうかが疑われる境界事例と見なされるだろう。自己性を欠いた没道徳的な(a-moral)存在者であることを自ら証立てているということになると、結局、善悪の帰属対象であるという前提が成り立たなくなり、責任回避という行為自体から道徳的意味が失われるかもしれない。

以上のように、ハイデガーは「責めある存在」を引き受ける存在者を、自己統制力をもつ主体としてではなく、その存在を意のままにすることのできない非力な現存在として把握している。そして、完全な自己統制力を要請することが、統制下に収まらない外的要因を見出すたびに道徳的懐疑を引き起こすのに対して、被投的で非力な存在は、むしろ逆に、みずからの存在の根拠を他の存在者に委ねることを端的に禁じているのである。つまり、どれほど自らの生き方が環境上の運に左右されたものだとしても、存在している限り、この被投的な存在の根拠であることを引き受けるしかない。現存在の実存は、その非力さゆえに、F・ラフールの言葉を借りれば、いわば無条件的な「〈究極の要求〉」を課すことができるのである[6]。この意味で、責めある存在こそが道徳性一般の可能性の条件を成すという発言通り、ハイデガーは、カントの道徳の基礎づけのプログラムを非力な実存にもとづいて再展開していると考えることは妥当だろう[7]。

　ハイデガーの読者の多くは、現存在の非力さに責めある存在の本質が見定められる様子を目の当たりにするや否や、責任という観念の要塞となるべき主体性の圏域が崩れ去ることに恐れを抱いてきた。しかし問題は、意志による自己統制力を道徳的存在者の根本能力として定立する以上、私たちの生が環境や状況に左右される非力な存在であるという実情を、道徳的存在者の存在解明に取り込む可能性は繰り返し閉ざされるということなのである。その分、「そもそも人はかつて非性の存在論的根源を問題にしたことがあるのだろうか」(286)というハイデガーの問いかけは耳を傾けるに値する。「現存在は現存在である限り責めがある」(285)ことを、いかなる道徳的理想にも一定の法や規範による権威にも訴えずに、被投的企投という現存在の存在構造のみに基づいて明らかにすることで、「生き方に責任はあるのか」という冒頭の問いを懐疑的議論から救済する道を示しただけでも、このことは確証されていると言えるだろう。

二　良心の存在論的 - 時間論的解明

ところで、ハイデガーによれば、存在論的 - 実存論的に分析された「責めある存在」は「良心（Gewissen）」と通常呼ばれる現象を可能にしている。逆に言えば、現存在が責めある存在である限りで可能な良心は日常的にも熟知な現象であり、しばしば道徳哲学的な考察の主題にもなってきたものである。ところが、ハイデガーは良心の日常的・理論的解釈は、現象を誤認する結果になっていることをまたも説得しようとする。この点はあらためて主体（主観）を現存在へと存在論的に再把握することの意味を明らかにするだろう。

ハイデガーによれば、「あらゆる解釈において、〈やましい〉良心、〈悪い気のする（schlecht）〉良心が、優位を占めている」（SZ, 290）。日本語においても、良心は、「良心が痛む」ような罪悪感などとして、「悪い気がする」という意味で用いられることが通例である。この場合、良心は、それゆえに責めを負うことになった出来事に立ち戻り、やましさや悪い気を感じることだと解釈される。

「〈悪い気のする〉良心」が「〈悪であること〉」（291）を告げるのだとすれば、「〈満足した（gut）〉良心」（ibid.）とは「現存在の〈善であること〉」（ibid.）を告げるものだということになるだろう。しかし、ここで問題が生じる。というのも、〈悪い気のする〉良心が私は「悪である」と自身に言い聞かせるのに対応して、〈満足した〉良心は、「人に、〈私は善人である〉と自身について言い聞かせることになるはずである」（ibid.）が、そのように自分を善人として自称することは「パリサイ主義（独善）の奴隷」（ibid.）になることを意味するだろうからである。実際、M・シェーラーは、パリサイ主義に陥ることを避けようとして、「最善の者たちとは、自分が最善の者であることを知ることのない者である」と述べている。[8]しかし、こうしたシェーラーの議論を参照指示しつつ、ハイデガーが述べるところによれば、するど今度は、まさに「良心の欠如」こそが良心体験であるという奇妙な議論に陥ってしまう。

ここでハイデガーは再び「欠如」という事物的表象で道徳的存在者を把握しようとすることを問題視している。「責めという実存論的現象には、善の欠如としての悪（malum als privatio boni）という、悪の理念に定位していては決して接近できない」（286）。というのも、「善も欠如したものも事物的存在者の存在論に存在論的な由来をもつ」（ibid.）からだとされる。この指摘は、実際、現代の倫理学説に対しても有効性を保っているように思われる。良心を「〈悪い気のする〉良心」として第一に捉えることで、結局、良心の現象が道徳性の中に然るべき位置づけを得ることができないでいることは、例えば、現代のカント主義的倫理学の代表的論者であり、典型的に自己統制の理念にもとづいて議論構築するC・コースガードに現れている。

彼女によれば、「責め、後悔、良心の呵責、自責の念」などにおいて「私たちは自らを罰する」のであるが、この現象は「主意主義」の正しさを立証するものである。[9]上のように名指される感情は、「行為する自己が思考する自己に統制の権利を譲る」[10]ことによって生じるとされる。「人間の意識の反省的構造は、自分の選択を統制する何らかの法則や原理に自分自身を同一化することを要求する」[11]ものであり、「思考する自己」がこの意味で「可能な限り統制しようとする」[12]。ところが、「行為する自己」は必ずしもこの統制的原理に従うわけではなく、それに反した行為の選択をしてしまうことがある。「思考する自己」は、「反省によってそうするべき理由があると結論したことをするべきだと考えないわけにはいかない」[13]のだが、この「思考する自己」にそれをしなかった「行為する自己」が権利を譲ることで、責め、後悔、良心の呵責などが生じる。要するに、「自分自身の心や意志の権威」[14]が「〈悪い気のする〉良心」とハイデガーが呼ぶものの源泉なのであるが、この考えに従えば、良心感情は単に自己を罰するという以上のものではない。もし完全に自己統制できるのであれば、こうした感情は生じなくてもおかしくはない。コースガードが依拠するカントの言い方では、後悔のような感情は、実践的には無意味であり、不合理でさえある。[15]

こうした「〈悪い気がする〉良心」に定位していては責めの実存論的現象にはたどり着くことができないとハイデガーが言うときに問題にしているのは、まずは、この場合、良心が「善の欠如」という程の意義しか獲得できなくなるからである。この実りのない帰結は、別の見方をすれば、良心の声は、「突然現われ出て、事物的に存在する諸体験の連続の中に位置を占め、行為の体験に後続する何かである」(SZ, 290-291) という予断に根をもっている。良心の呼び声が現存在に理解させるのは、ハイデガーによれば「責めある存在」であるが、ここで「存在」という表現に注意する必要がある。「良心は気づかいの呼び声としてみずからをあらわにする」(277) とハイデガーは述べているが、この気づかいとは『存在と時間』において「現存在の存在」をその全体性において名指す術語であり、この存在の意味は「時間性」として解明されるものである。

要するに、良心の呼び声が現存在に理解させるのは、特定の行為と感情という断片的なエピソードではなく、自己の既在性・現在・到来へと方向付けられた時間的地平において統一された現存在の存在の全体である。「声はたしかに呼び戻すのだが、それは起こった行為を超えて、被投された責めある存在の内へと呼び戻すのであり、この被投された責めある存在は、いかなる罪過よりも〈以前に〉ある」(291)。すでに見たように、被投された責めある存在へと呼び戻すということは、同時に、被投された存在の根拠であることを引き受けるしかないという仕方で、すなわち自己を諸可能性へと企投するという仕方で到来的である。呼び声において、「現存在は、自分自身に先がけて〈存在〉しており、しかも同時に、みずからの被投性へとみずからを向け返すというように存在している」(ibid.)。だからこそ、責めある存在の開示と共に、過去の罪を背負って今に行為しながら今後を生きていくような決意も可能になるであろう。そしてこれこそ、「生き方の責任」をその生の全体に渡って引き受けることの一形態でなくて何だろうか。ハイデガーによれば、「悪い気がする良心」が現存在を呼び開く射程は、到底、罰されるべき過去の行為に制限されてはいない。悪い気がする良心は、「根本においては、罰しつつ過去を指示するものであるどころか、むしろ、それは先へと指示しつつ被投性の内へと呼び戻すものである」(ibid.)。

たしかに、良心の呼び声が、連続する諸体験の中に位置を占め、行為に後続する一つの体験にすぎないとすれば、みずからの存在を時間的な全体性の中で照明するようなことはできないだろう。のみならず、現存在の存在の意味を時間性として解明する『存在と時間』の企図を考慮することで、さらに存在論‐時間論的な問題があからさまになる。つまり、行為と感情の二つの体験を取り出してきたとしたら、それらの体験の前後関係を認識する自己がもう一人必要になるという問題である。つまり、「自己は、関与することのない傍観者として、これらの体験経過の〈かたわらに〉立っていることができる」(293)という想定が生じるほかないように思われるのである。実際、コースガードが、行為と良心の呵責のような感情を抱く自己を「行為する自己」と名指した時には、この自己を罰する「思考する自己」が別に生じていた。しかし、この体験経過のかたわらに立っている傍観者的で裁判官的な「自己」がどういう時間性を生きうるのかが不明なのである。

この点はコースガードが依拠しているカントの「自我(Ich)」批判としてハイデガーが問題化したものに対応している。ハイデガーは、「自我」の現象的内実を「私は考える」という表現において理解しようとするカント『純粋理性批判』の方針を、「自我を何らかの実体へと存在者的に還元することの不可能性」(319f.)を洞察し、あらゆる表象されたものに付随する「私は思考する」という表象作用の形式として確保した点で、ひとまず評価している。しかし、「自我を主観として存在論的に規定することは、自我をつねにすでに事物的に存在するものとして発端に置くことを意味する」(320)とも述べる。要するに、「主観という存在論的概念は、〔中略〕つねにすでに事物的に存在するものの自同性や恒常性を性格づけるものであり」(ibid.)、こうしてカントは、「〈主観〉すなわち実体的なものに逆行せざるを得なかった」(320-321)とされるのである。ハイデガーによれば、事情はカントの倫理学においても同様であり、「カントは、人格の自己の存在論的性格を、根本においてはやはり世界内部的な事物的存在者の存在論という不適切な地平の中で〈実体的なもの〉として捉えていた」(320 Anm.)。もっともこのカントの時間性に対する評価は単純化されたものであり、実際、ハイデガーは、しばしば『存在と時間』以外の講義や二年後の『カントと形而上学の問題』などで、カント哲学をまさに主観の主観性を時間性から思索したものとして積極的に解釈しているのだが、それについては、今は置いておく。

いずれにせよ、目下重要なのは、例えば過去の罪を背負いながら人生をやり直しているような存在者が、行為する自己から区別されたもう一人の傍観者であるわけがないということである。ハイデガーにおいては、自己理解のもつ被投的企投の構造のなかにおいて現存在の存在は既存性と到来へと向けられており、この既存性と到来の方向づけのなかで行為の瞬間も時熟すると考えられている。このような時間的統一のなかで、現存在は唯一の存在者として、現に行為することができるのである。存在論的に言えば、物件から区別されるはずの「人格の自己」を事物的存在性のほうから理解することは自己論駁的であり、不可能な企てである。「経過する諸体験の継続順序によっては実存することの現象的構造は与えられない」(291) とハイデガーは言うのは、これらの諸体験に付随しつつ、恒常的に事物存在する傍観者として現存在を解することはできないからである。

三　現象学的存在論の意義——現象学的倫理学の可能性へ向けて

さて、以上見てきたように、責めある存在や良心についてのハイデガーの説明は、原則的に、現存在の存在を道具的または事物的存在者の存在性格のほうから誤って解釈することへの抵抗と一体化して練り上げられている。そして、この存在論的考察は、責任を道具や事物には帰属しないことが人間事象としての道徳現象を理解する上での鍵である以上は、一定の重要性をもっていると言える。

ところで、こうした分析の成果は『存在と時間』の「存在論」の一部であるが、ハイデガーは、存在論は同時に現象学でもあると述べている。「事象内実から言えば、現象学とは、存在者の存在についての学、つまり存在論である」(SZ, 37)。もしそうであれば、この現象学と存在論の共属の意味を確認することで、私たちは、これまでに見てきた責めや良心の実存論的‐存在論的分析を、現象学、あるいは現象学的な倫理学の可能性として提示できるはずである。

では、現象学とは何か。ハイデガーは、「現象学の名を自らに冠する研究の形式的意味」(34)を「アポファイネスタイ・タ・ファイノメナ」(ibid.)というギリシア語の表現に求め、「みずからを示すものを、それが自分自身のほうからみずからを示す通りに、自分自身のほうから見えるようにさせる」(ibid.)と翻訳している。或るものがみずからをあるがままに示す通りに提示することが現象学の課題だと言うのであるが、これだけでは持って回った言い回しだけで中身が無いように思われるだろう。事実、ハイデガーは、「何を顧慮すれば、形式的な現象概念が現象学的な現象概念へと脱形式化されるのか」(35)を問う。問題は、或るものを、それがみずからを示す通りに表立って提示するというようなことが何に関して要請されるのか、である。ハイデガーの回答は明快であり、「さしあたりたいていはみずからをまさに示さないもの」(ibid.)に関して、である。すなわち、「さしあたりたいてい自らを示すものに対して隠されているが、しかし同時に、さしあたりたいていみずからを示すものに本質上属しており、しかも、このものの意味と根拠をなすもの」(ibid.) があり、これを、それが表立ってみずからを示す通りに見えるようにさせることが、現象学には特に求められている。簡略に言えば、現象学的な現象とは、現れているものに対して隠されているものであるが、ハイデガー存在論の術語法においては、前者が「存在者」であり、後者は「存在」である。すでに本論の論述からも明らかなように、「存在」とは、あるがままに示されている何かなのではなく、むしろ、隠蔽されたり、歪曲されたりしながらみずからを示さない何かなのである。以上のような次第により、現象学は、事象内容からすれば、存在論だとされるのである。

こうした現象学的存在論の理念は、実際、「存在者的 (ontisch)」と「存在論的 (ontologisch)」という対概念でしばしば表示される研究の二つの位相において、『存在と時間』における研究の遂行に具体化している。前者の存在者的な研究は、現存在・道具・事物といった存在者をそれぞれそのような存在者として研究する。この場合、それぞれの存在者が何らかの意味で存在していることは前提されており、そもそもそれらの存在者がそれぞれどういう意味で存在すると言えるのかが探求されるわけではない。後者の存在論的な研究は、言うまでもなく、存在者の存在をその意味に関して問うものである。上述した現象学の規定に重ねて言うならば、存在論的研究とは、さしあたりたいていみずからを示す存在者に対して隠されてはいるが、これの意味と根拠をなす存在を主題化するものである。

こうした現象学的存在論の遂行形式は、前節までに見てきた責めある存在や良心の存在論的分析においてもそのつど維持されていた。例えば、責めの概念を日常的用法から、実存論的に形式化していく過程は、さしあたりたいていみずからを示しているもの（決済、法、規範、欠如など）から、それに即してさしあたりたいていは隠されているがその根拠をなしている存在・現象（責めある存在、非力さ、時間的地平など）へと問い進めるものである。そして、決済、法・規範、欠如などの自らを示しているものをモデルとして現存在の存在を主観や思考する自己など規定してしまった時、現存在の種別的な存在が示される代わりに、その存在は道具的または事物的存在性のほうから誤って解釈されて——隠蔽ないし歪曲されて——しまうのである。

以上のようなハイデガーの現象学的存在論を、現象学的倫理学の可能性として提示しようとするならば、これに固有な視座として次のようなものを挙げることができるだろう。第一に、日常的な語の使用法や通念をそのまま前提して議論を進めることの危険性を指摘することができる。道具的または事物的存在性の表象に主導されて、人間と道具や事物の区別という道徳性の存在論的基礎が損なわれていることは、これまで示してきたように、日常的解釈においても理論的考察にも珍しいことではない。そうだとすると、そのような解釈や考察には修正すべき点があるはずである。第二に、これは第一の点の一部であるが、特に道徳理論を進める上で重要な事柄として、何をなすべきであるかを命じる法や規範をモデルとして考察を進めると、良心の現象を大幅に見損なうということを指摘できる。良心の呼び声とは、過去の行為を罰してそれを別の行為で埋め合わせるというような諸体験間の関係をはるかに超えて、現存在の存在の全体性を開示する程の射程をもつものである。罪を背負ってやり直して生きていくような人の有様は、所定の刑罰を受けて欠如を埋め合わせれば良いというような計算を超えており、法化することのできない人の存在様相を分析することなしには接近できない。実際、この存在様相を分析の内に取り入れなければ、「一生罪を背負って生きる」ことが「命で罪は拭えない」といった主張と相俟って、例えば死刑を回避するという仕方で、減刑を導くといった現象を捉えられないだろう。そこには、何をなすべきであるのか、どう生きるべきであるのかということは、刑罰によって定められるものではなく、積極的な意味で全く当人の責めある存在の被投的企投に委ねられるしかないという考えが実際に含まれている。

これらの視座は、繰り返せば、道具的・事物的に表象可能な仕方で自らを示しているものに引きとどまらずに、それらに対して隠されているがそれらの意味と根拠としてそれらに属しているもの——現存在の(非力な根拠)存在——へと問い進める中で見えてきた事柄である。「生きることに責任はあるのか」という問いに対する懐疑から自らを救い出すことが、まずは、こうした仕方で責任を現象学的‐存在論的に考察することの一成果だと言えるだろう。本論ではこの成果をもって、ハイデガーによる現象学的倫理学の可能性としたい。存在論の全面的支配のもとで倫理学の固有領域を奪う危険思想家としばしば見なされているハイデガーの倫理学的解釈を今後さらに展開していくきっかけになれば幸いである。(16)

凡例

原文における強調は、訳出して引用するにさいして傍点を付す。本文中の傍点は、論者による強調である。

註

（１）T. Nagel, “Moral Luck”, in : *Mortal Questions,* Cambridge University Press, 2002 (first published in 1979), 28.（T・ネーゲル、「道徳上の運」、『コウモリであるとはどのようなことか』所収、永井均訳、勁草書房、四六頁）

（２）Ibid., 25- 26.（同書、四三頁）

（３）Ibid., 37.（同書、五八頁）

（４）B. Williams, “Voluntary Acts and Responsible Agents”, in : *Making Sense of Humanity,* Cambridge University Press, 1995, 27.

（５）以下、ハイデガー『存在と時間』（M. Heidegger, *Sein und Zeit,* Max Niemeyer, 11. Aufl., 1967）からの引用箇所については、略語 SZ を用い、本文中にドイツ語版の頁数と併記して示す。同じ節の内部で連続して引用する際には原則として略号を省く。なお、『存在と時間（*Sein und Zeit*）』には複数の翻訳があるが、原著のページ数が併記されているものが大半であるので、いちいち邦訳のページ数を記すことはしない。

（６）F. Raffoul, “Heidegger and the Origins of Responsibility”, in : *Heidegger and Practical Philosophy,* edited by F. Raffoul and D. Pettigrew, State University of New York Press, 2002, 207.

（７）この見解は頻繁に提出されている。例えば以下を参照。C-F. Gethmann, “Die Konzeption des Handelns in *Sein und Zeit*”, in : *Dasein: Erkennen und Handeln. Heidegger im phänomenologischen Kontext,* Walter de Gruyter, 1993, 315（C・F・ゲートマン、「『存在と時間』におけるハイデガーの行為概念」（吉本浩和訳）、『ハイデガーと実践哲学』所収、法政大学出版局、二〇〇一年、二〇〇頁）；F. Dastur, “The Call of Conscience: The Most Intimate Alterity”, in : *Heidegger and Practical Philosophy,* 2002, 93.

（8）M. Scheler, *Der Formalismus in der Ethik und die materiale Wertethik. Neuer Versuch der Grundlegung eines ethischen Personalismus* (1913/1916), Bouvier, 2000, 192.（M・シェーラー、『倫理学における形式主義と実質的価値倫理学（中）』（シェーラー著作集2）、吉沢伝三郎・岡田紀子訳、白水社、一九七六年、四五頁）

（9）C. Korsgaard, *The Sources of Normativity*, Cambridge University Press, 1996, 104.（C・コースガード、『義務とアイデンティティの倫理学――規範性の源泉』、寺田俊郎ほか訳、岩波書店、二〇〇五年、一二二頁）

（10）Ibid.（同書、同頁）

（11）Ibid., 103-104.（同書、同頁）

（12）Ibid., 104.（同書、同頁）

（13）Ibid.（同書、同頁）

（14）Ibid.（同書、同頁）

（15）I. Kant, *Kritik der praktischen Vernunft*, Felix Meiner, 1990, 98.〔注記：慣例に従って、アカデミー版の頁数を記した（I・カント、『実践理性批判』、『カント全集』第七巻所収、坂部恵・伊古田理訳、岩波書店、二〇〇〇年、二六六頁）〕ただし、カントが、後悔のような経験的感情ではなく、法廷としての内面の良心について考えている局面については事情が複雑になるだろう。一方では、第一節で触れたように、責めある存在の無条件的性格に関してカントとハイデガーには親近性が認められるが、他方で、原告と被告という自己の二重化に関しては本節で後に述べるようなカントの人格概念への存在論的・時間論的な批判がハイデガー側からは繰り返されると考えるのが妥当と思われる。しかし、本論ではこの問題についてはこれ以上立ち入ることはできない。カントとハイデガーの良心概念については以下を参照。石川文康、『良心論――その哲学的試み』、名古屋大学出版会、二〇〇一年、第三章第六節。

(16) ここで示されたハイデガーによる現象学的倫理学の可能性については、本書収録の拙論「和辻哲郎とM・ハイデガー――「ポリス的人間」と「隠されたる現象」の倫理」において、和辻の解釈学的な倫理学との比較の中でも言及されている。

第4章　間ロゴスと応答可能性

——M・メルロ＝ポンティ現象学による倫理学序説

大森　史博

序

世界内存在（être au monde）とはメルロ＝ポンティにとって、意識の志向的な世界関係を意味するばかりでなく、生きられる世界に内属する知覚の主体を捉えた言い方である。客観的、上空飛翔的な思考をしりぞけ、身体‐知覚的な経験に立脚することによってのみ捉えることができる生の意味＝方向、それこそが彼の実存了解の要をなしている。感じ‐感じられる身体経験の水準に身をおき、この「自己の身体」が内属する世界を記述しようというこころみは、前期の主著『知覚の現象学』から、後期の遺作『見えるものと見えないもの』にいたるまで、メルロ＝ポンティが一貫して追求する課題であった[1]。

内部存在論とも呼ばれる彼の後期思想は、世界に内属しつつ（être-à）そこから存在する（être-de）自己の身体の把握を一般化し、普遍化する存在論的な「肉」という概念によって特徴づけられる。本章では、その後期思想にみられる「全体的な部分」という特異な構造把握に注目し、「見る‐見えるものとしての身体」がとりむすぶ世界関係と表現の問題を検討していく。この考察をとおして、課せられた問い、生きることの責任＝応答可能性（responsabilité）のありようをみきわめ、内部存在論に懐胎されている倫理学的な射程をはかることが目的である。

一　見えるものとしての身体

後期思想の『眼と精神』や「絡み合い―キアスム」の記述は、可視的、可感的な自己の身体の経験を軸にしている。ここでは、まず自己の身体の表出的な機能に注目したい。まずもって自己の身体の経験には、メルロ＝ポンティによれば、いままであまり注意されずにきた不思議がある。『眼と精神』の言葉をもちいて言えば、自己の身体の経験は謎をはらんでいるのである。すなわち、「謎は、私の身体が見るものであるのと同時に、見えるものでもあるという点にある」（OE.18）、という。この謎は、上空飛翔的な思考、客観的な思考を採用するかぎりでは経験することができない。言いかえれば、知覚の主体を世界に内属するもの、身体とすることによってのみ経験しうる事態なのである。

自己の身体の表出的な機能という着想は、前期の『知覚の現象学』にも遡ることができる。そこでは、他者のまなざしに曝される経験が、相剋の関係を帰結することになるサルトルの解釈とは別様に、おおよそ次のように語られていた。(2) もしわれわれが相互に他に対して存在しているのだとすれば、われわれはお互い他に対して現象するのでなければならず、彼の方も私の方もある外部をもたなければならない。他者に向かう私のパースペクティブと私に向かう他者のパースペクティブという、これら二つのパースペクティブは、われわれの各々において併置されていることはありえないはずであり、私とは私の外部であり、他者の身体は他者自身だということでなければならない。つまり、「他者」という了解が可能であるとすれば、私の実存は、私のもっている実存するという意識に還元されるものであってはならず、私の実存はなんらかの仕方で、私の実存についての他者の意識を含むものでなければならない。

こうした事態の根本にある条件を、メルロ＝ポンティは、身体＝主体として世界に内属することによる状況の規定、状況可能性の開けにあると考えている（PP.VII）。そしてこれを、デカルトが目指していた堅固なコギト、主知主義的な私がもっている私自身についての自存的な思考と対比するように、私のなかには「ある種の内的な脆弱さ」が見出されるというのである。この脆弱さのために、私は絶対的に個人であるというわけにはいかず、私は人間たちのあいだの一人の人間として他者のまなざしに曝されることになるだろう。他者と私の実存は、相互に他己のもちうる自己の実存についての意識を含み含まれるという仕方で、おなじ一つの世界に内属しているのでなければならない。こうした、「自然のなかでの私の受肉」（ibid.）とメルロ＝ポンティが呼んでいる身体＝主体の了解は、世界内存在の両義性として、私の実存が状況によって規定されるのと同時に、あらたな状況可能性の開けを含むものと解される。

この「受肉」という思想は、後期思想における肉の存在論、内部存在論に結実する萌芽の一つと考えられる。例えば、私の身体は、或る種のしかたで見ている自分を見、触れている自分に触れることができきる。すでにフッサールが二重感覚と呼んでいた事態である。[3] このようにして形成されるナルシシズム的な関係が示しているのは、単に対象（objet）に同一化する主体（sujet）ではないし、知覚するものと知覚されるものが並置された表裏反転の回路をあらわにするというだけではない。触覚、そして視覚もまた、物のただなかから取り出され、物のただなかでみずから生起する、ということである。身体が物に触れたり、見たりするというのは、身体が物の仲間であり、それ自身が見えるものであり、触れうるものだからである。そして、おなじ身体が物を見て、物に触れている以上、見えることと触れうることはおなじ世界に属する事柄である（VI. 177）。いわば、それが見えるものであり、触れうるものであるのは、身体の機能なのであり、身体はその存在を物の存在に参加するための手段としてもちいるのである。これをメルロ＝ポンティは、「見られるための器官としての私の身体」（VI. 298）と、遺稿の「研究ノート」に端的に書き記している。このように「感覚される感覚するもの」（sentant sensible）である自己の身体は、存在者一般の典型となる。見る‐見えるもの、触れる‐触れうるものである自己の身体は、「範例的な感覚されるもの」（sensible examplaire）として、肉から多形的に現出する感覚的な存在者一般のヴァリアントであり、また、それら多形現象の母胎をなすただ一つの肉なる〈存在〉の一原型（prototype）とみなされもするだろう。

二　全体的な部分

後期思想の論考、『見えるものと見えないもの』や『眼と精神』のなかには、「全体的な部分」（partie

totale）という特異な概念がみられる。この概念が特異であるというのは、まずもって全体に含まれるはずの部分が、それ自身、全体をつつむものとして規定されるからである。また、そもそも上空飛翔的、客観的な思考をしりぞけ、世界に内属した身体＝主体の経験に立脚するメルロ＝ポンティにとって、それが世界や存在者の全体性であれ、過去・現在・未来という時間の全体性・永遠性であれ、これを肯定的なニュアンスで語ることはさしあたり逆説的ともいえる。全体性を語ることは、その全体を俯瞰する視点を暗黙にも前提とするからである。こうした疑問は、あらためて問いかえしてみる必要があるだろう。通常、世界や存在者の全体を語るためには、われわれの経験を超出する視点に立つことになるはずである。だが、こうした「全体的な部分」といった、一見矛盾しているかにみえるメルロ＝ポンティの概念把握の特徴は、既存の事象の了解を乗り越えようとするところにある。つまり、あくまでも身体＝主体的な世界への内属において、独自の全体性を捉える構造が見出されるのである。それでは、メルロ＝ポンティの内部存在論において、自己の身体の把握はどのような意味で一般化され、肉的存在の把握として普遍化されるのだろうか。『眼と精神』においては次のように記されている。

> 私の位置の移動はすべて、原則として私の視野の一角になんらかの形で現れ、見えるものの地図に描きこまれる。そして、私の見るすべてのものは、原則として私の射程内に、少なくとも私のまなざしの射程内にあって、〈私がなしうる〉ことの地図の上に転記される。二つの地図はそれぞれ完全なものである。見える世界と私の運動的な投企の世界とは、おなじ〈存在〉（Être）の全体的な部分なのである。（OE. 17）

まず、ここに記されているのは、見えるものや触れうるものといった諸々の感覚の世界が、そして運動的な投企の世界もまた、それぞれ共通の〈存在〉を覆う「地図」をなしているということ、それぞれが部分として一つの完全な「地図」をなしつつも、ともに属する共通の〈存在〉の部分として、それぞれのあいだに転記の関係があるということである。それでは、この「転記の関係」はどのように理解されうるだろうか。

私の眼のいかなる運動も、それゆえ私の身体のいかなる移動も、私が眼の運動によって仔細に観察し探索している、そのおなじ見える - 触れうる宇宙に場所を占めている。また逆に、いかなる視覚や触覚も運動的な空間のどこかで起こっている。さらに言えば、見えるものはすべて触れうるもののなかから切り取られるのであり、触覚的な存在はすべてなんらかの仕方で可視性（visibilité）を約束されているのである。そして、触れうるものと見えるものの間には、蚕食や跨ぎ越しという相互内属的な関係、二重に交叉した相互反転的な関係がある。『見えるものと見えないもの』の「絡み合い―キアスム」の章には、次のように記されている。

触れうるものへの見えるものの、見えるものへの触れうるものの二重の交叉した転記があり、二つの地図は完全であるが、それでもそれらは混ざりあうことはない。それら二つの部分は全体的な部分なのであるが、それでもそれらを重ねあわせることはできない。（VI. 177）

この記述にみられる構造、おなじ一つの〈存在〉、知覚される世界という全体にあって、触れうるものと見えるものは、転記されるとしても重ねあわせることはできないという、その構造に注目しなければならない。例えば、世界の視像（vision）は、私にとって来し方と行く先、為すべきことと忌避すべきことを知らせているのだから、私の可能的な行動の射程を反映している。視覚的な存在もまたなんらかの仕方で触れうるということ、運動的に投企されうるということを約束しているのである。ベルクソンがかつて記していた言葉をもちいるならば、「私の身体は星にまでも届く[4]」のであり、あるいはメルロ＝ポンティ自身の言葉によるならば、「或る意味では世界とは私の身体の延長にほかならない」（VI.83）とも、「世界は身体とおなじ織地からなっている」（OE. 19）ともいうべき事態がここにある。

視覚は私に、行動の地平を開き、彼方におよぶまで為しうることの可能性を知らせている。しかし、私に見える色は、聞こえてくる音と混ざりあうことはないし、触れる感覚に重ねあわせることはできない。それぞれの「感覚」は一つの「世界」なのであり、ほかの「感覚」とは交流しえない。それでもなお、医師の手は患者を触診するのであるし、私のまなざしは滑らかさや粗さといった物の手触りをもとらえるのである。一つの「感覚」は、ほかの諸々の感覚の世界に開かれており、それらとともにただ一つの〈存在〉をなしている。これをメルロ＝ポンティは、「〈世界〉とは、それぞれの部分がそれだけで捉えられると、突然に無際限な諸々の次元を開くような——全体的な部分になるような、その全体のことである」（VI. 271, cf. VI. 270）、というのである。

私の身体は見ている自分を見、触れている自分に触れる。ここに形成されるナルシシズム的な関係は、触れうるものから見えるものへ、見えるものから触れうるものへの相互に二重の交叉した関係でもある。自己に触れるという経験は、自己に開かれているのと同時に、すでに触れうるものの全体へと開かれており、こうした二重の交叉という関係にあっては、見えるものの全体にも開かれているのである。そして、諸々の感覚のあいだにも相互に内属する転記の関係があるのだから、触れることや見ることと、ほかの諸々の感覚もまた、それぞれが相互に媒介しあう転記の関係によって、それぞれの部分は知覚される世界の全体にもおよび、ただ一つの〈存在〉を射程に入れることになるのである。

ところで、メルロ＝ポンティはまた、画家の世界は目に見える世界であり、目に見える世界以外の何ものでもないが、それは「部分的であることによってしか完全たりえない」(OE. 26)、と記している。このことにも目を向けなければならない。画家によって描き出される奥行も色彩も形も線も、それぞれがおなじ一つの世界の「存在の支脈」なのであり、それぞれが「存在の茂み全体」をよみがえらせる全体的な部分をなしている。「部分的であることによってしか完全たりえない」というのも、例えば、見える絵画は触覚的な価値といったものを「喚起する」わけではないからである。むしろ視覚は視覚的な所与を超えて、見えないものである意味の源泉、存在の組成に向かって開かれているのであり、通常の意味においては視覚によって見ることのできない奥行きとヴォリュームをこの見える世界に与えているのである。この意味において、メルロ＝ポンティが「全体的な部分」と呼ぶその全体とは、ほかならぬ身体とおなじ生地で仕立てられている世界の肉的組成一般を、可視的な世界の裏面たる見えないもの(l'invisible) 一般を指し示している、と解することができるだろう。

まなざしは、視覚（vision）という部分をとおして肉的な全体へと向かうものであるとすれば、これをライプニッツの言葉をもちいて、視覚は「宇宙の鏡ないしは凝集」であるということができるかもしれない。じっさい、「全体的な部分」という発想そのものは、ライプニッツの論考「事物の根本的な起源」にも遡ることができる。それによれば、「精神は宇宙そのものと同様に長く存続し、自身のうちに全宇宙を表出し集約する。そこで精神は全体的な部分（partes totales）だと言いうる」(5)、ということである。メルロ＝ポンティは、われわれのうちなる世界の表出やそれらパースペクティブの相互表出の関係といったライプニッツの観点を保持しようとするが、もちろん上空飛翔的な精神をみとめるわけではない（cf. VI. 276）。精神ないしはモナドのうちにすべての事物の観念が現前しているとするのは素朴な思考であろう。メルロ＝ポンティのいう「見えないもの」とは、世界を表象する精神の襞に折りたたまれた来るべきものというより、知覚される世界がまなざしの問いかけによって展開する、その汲み尽くすことのできない多形的現象の母胎である。そして、モナドには窓がないと語ったライプニッツに対して、予定調和とそれが要請する〈即自〉の考え方を放棄し、一人ひとりの世界（ἴδιος κόσμος）が共通の世界（κοινὸς κόσμος）へと開かれてゆくことを可能にするような、身体を携えた視覚こそを捉えなそうとするのである（cf. OE. 28, VI. 24）。

三　パロールと反転可能性

メルロ＝ポンティが『眼と精神』や『見えるものと見えないもの』のなかで言及している印象ふかい

事例がある。森のなかで画家アンドレ・マルシャンが感じたという、私が森を見ているのではなく、樹々が私を見つめ、私に語りかけているという経験である（OE. 31, VI. 183）。こうした経験は、文字どおりにとらえるならば、見ることに卓越した画家に特権的なものだと思われるかもしれない。だが、くりかえしみてきたように、見える‐見るものとして世界に内属している自己の身体の経験にそくするならば、かならずしも特権的なものとはいえない。触覚の水準においては、私は左手で、触れようとしている私の右手に触れることができる。そして、この触れようとしている右手とそれに触れるものとしての左手は、相互にそのはたらきを反転することが可能である。視覚の水準においても同様に、見るものと見えるものとの反転可能性（réversibilité）というものがあることを、われわれはみとめなければならないだろう。

通り沿いの建物の窓から、なかで働く人びとの様子が見える。私は、通りの向かいにある自分の部屋から窓越しにその様子を見ているとしよう。ここでの窓枠は、見るものと見られるものの相互反転性をきわだたせる格好の装置となるだろう。私は見るものであり、窓をさかいにして彼らが見られているのだとしたら、同様に、私の部屋の窓もまた、これをさかいにして私を見られるものにする。窓をさかいに見るものと見られるものは相互に反転しうる。ここでの窓という装置は、もちろん、見るものと見えるものを浮きたたせる枠組みにすぎない。なにが見て、なにが見られているのかが不分明なものとなるこうした状況を語るために、じっさいのところ窓枠はそれをきわだたせる装置でしかない。見るものとしての私の身体は、はじめから見えるものでもあるのだからである。そして、こうした相互に反転する関係は、言語と表現の経験においても、いくつかの異なる事象にみてとることができる。発話の行為における遂行態と沈澱態の関係、意味するもの（signifiant）と意味されるもの（signifié）の関係、そして話者と聞き手の関係である。

じっさい言語の現象においては、〈意味されるもの〉による〈意味するもの〉の乗り越えや、そうした〈意味するものの力〉という作動性が見出だされるし、すでに語られたパロールの沈澱態と語るパロールの遂行態とのあいだには相互に働く表裏の関係がある。また、パロールの遂行は共時態の指示連関だけでなく通時態の指示連関にも依拠している。「共時的観点は瞬間的である必要はない。パロールの各部分の全体への跨ぎ越しは、また、ある時間の他の時間への跨ぎ越しであり、実存的永遠性でなければならない」（PM.34 note）、とメルロ＝ポンティはいう。そのつどのパロールの遂行は、現在のなかに過去を引き入れつつ、あらたな意味へと向かう未来への開放性（ouverture）であり、一つの指示連関からあらたな指示連関への移行を促し、共時‐通時的な全体の変動をひき起こすような部分の全体への跨ぎ越しである。この点において、さきに検討した概念をもちいていうなら、パロールの遂行とは言語の「全体的な部分」をなしているのである。そして言語とは、われわれを語る人（homo loquens）と定義するように、その存在にとって必要不可欠なもの、その境域や媒質を言い表しているとすれば、言語はわれわれ人間の生と存在にとってエレメントをなしているということができる。――『シーニュ』の序文には、「魚にとっての水のように、言語はわれわれにとってエレメントをなしている」（Si. 25）という言及がある。――例えば、一つの言語の習得は、世界に内属する語る主体にとって、共時‐通時的な指示連関のなかに身をおくことにほかならない。そのさい、世界内存在の両義性は、一つの言語によって規制される状況にあるのと同時に、それによって獲得される表現の可能性を開くことになるだろう。伝統的に哲学者は、われわれの出自や源泉である地水火風といったものをエレメントと呼びならわし、つねにいたるところにあるはずのものを指し示してきた。〈肉〉(chair) というエレメントから多形的に現象する可視性、可感的な意味、前言語の誕生を捉え、ソクラテス以前の自然哲学にも比肩するような「見えるもののコスモロジー」を再興すること、それこそ晩年のメルロ＝ポンティが意図することである。それを踏まえていえば、共時‐通時的にも間主観的な指示連関、その全体同時性こそ言語の肉とも、時間の肉とも呼びうる、われわれのエレメントをなすものといえよう。

純粋な理念性と思われているものも、もちろん肉を欠いているわけではなく、諸々の地平的構造から解放されているのではない。それはあたかも、可感的な世界を生気づけている可視性が、身体の肉をすてて言語の肉をとるかのように、それほど鈍重ではない、もっと透明な別の身体へと肉を換えるようなものだ、とメルロ＝ポンティはいう (cf. VI. 200)。沈黙の世界から語る世界への移行を養っているもの、つまり、生きられる世界の可感性からパロールの意味へと、さらには本質や理念といった可知性へと高進してゆく、そうした多形的な現出の源泉・母胎こそが〈肉〉である。知覚が生起するところに、触れるもの―触れうるもの、見るもの―見えるものという相互の内属と交叉、反転可能性があるように、見えるものと見えないものとの反転可能性、無言の知覚とパロールを支えている反転可能性がある。メルロ＝ポンティは、「この新しい反転可能性と表現としての肉の出現こそ、話したり考えたりする作用の沈黙の世界への挿入点である」、というのである（VI. 190）。

ところで、ソシュール以来の言語論にそくするならば、パロールとラングの区別と対照を想起することだろう。もちろん、メルロ＝ポンティによるソシュール理論の受容や誤認をめぐる問題は、周知のようにさかんに議論されてきた(6)。ここで注目するべきことは、動詞的な意味でのパロールを強調するメルロ＝ポンティの見方である。すでに前期の『知覚の現象学』において、メルロ＝ポンティは遂行的なパロールのはたらきに立脚した言語観を抱いていることを見てとることができる。それは、〈語られた言語〉に対する〈語る言語〉、〈語られたパロール〉に対する〈語るパロール〉、そして〈語る主体〉というように、現在分詞 parlant によって記される動詞的な意味でのパロールであり、それこそが、第一義の創造的な言語として、表現のさなかに意味を形成しつつあるものとみなされているのである。『知覚の現象学』の「表現としての身体とパロール」の章においては、次のように記されている。

有名な区別をかりると、語彙と構文の構成された諸体系である諸言語（langages）は経験的に存在する表現手段であり、これはパロールの行為が蓄積され沈澱したものである。このパロールの行為のうちに、まだ定式化されていない意味はみずからを外部に表現する手段を見出すだけでなく、さらにそれ自身にとっての実在を獲得するのであり、まさしく意味として創造される。（PP. 229）

その名は記されてはいないものの、ここには明らかにソシュールによるパロールとラングの関係が踏まえられており、まさしく生じつつある状態の意味というべきものが、パロールの沈澱態と表裏をなすパロールの遂行態において捉えられようとしているのである。〈意味するものの力〉という作動性についていえば、メルロ＝ポンティは、シュールレアリスムをはじめ二十世紀の作家たちが、またアルチュール・ランボーまでもが共通に見いだしている詩人の役割、つまり、「自からのうちでひとりでに思考となり、言葉となるものを書きとめること」という観点に注目しており、彼らが、そうした「言語へのパトス」(Si. 294) というものを共有していることを強調している。そして、画家の役割もまた、彼のうちでひとりでに見えてくるものを図取りし、カンヴァスに投ずることにあるとすれば、ここには作家や哲学者の領分をさだめたり、画家の領分をさだめたりすること以上に肝要な点があるだろう。哲学者は、「語る人間としての責任」(les responsabilités de l'homme parlant) を逃れられないとメルロ＝ポンティが記していたこと (OE. 14)、その仕事は「証示する」(témoignages) ことにあると記していたことを想起しなければならない (EP. 80)。「見ること」そして「語ること」を哲学の役割とするのは、コレージュ・ド・フランスの就任講演『哲学をたたえて』においても、晩年の『眼と精神』においてもみられる観点である。哲学者を世界から切りはなしてしまい、彼をまったく孤独にしてしまうように思われる普遍的な省察でさえ、じっさいには行為 (acte) であり、発話 (parole) であり、それゆえ対話 (dialogue) なのだからである。メルロ＝ポンティは、このパロールという言語の水準が、能動的な行為の水準にも開かれ、受動的な感受性の水準にも開かれていることを、次のような印象ふかい言葉で記している。

私のパロールは、少なくとも私が触覚をもっているかぎり、行為の器官であるのと同時に感受性の器官であり、［パロールという］この手はその先端に眼をもっている。（PM. 28. 角括弧内は引用者による補足）

一見したところ奇妙とも思える記述である。とはいえ、パロールという言語の水準が、身体的な触覚や視覚の水準にも開かれ、さらには可知的な水準にも及ぶような、それらを統合する把握、能動と受動の両義性をとらえる把握をここにみることができるのである。たしかにメルロ＝ポンティもまた「言語のパトス」というものを共有しているはずであり、それこそが、以下にみていくように、この知覚される世界のなかからあらたに生じてくるものを記述し、表現にもたらそうとする不断の営為を動機づけているのである。

四　絵画の問いかけと哲学のまなざし

「画家の視覚は、絶えざる誕生である」（OE. 32）とメルロ＝ポンティはいう。彼が、画家の仕事にみているものは、視覚的な所与を超えた存在の組成への開けであり、この生きられる世界のヴォリュームの獲得であり、根源の目撃者たるその役目であろう。たしかに、哲学こそが万物の根源を言いあてようとしてきたのであるし、その探求を言葉によって行ってきた。また、「哲学それ自身が言語であり、言語にもとづいている」(VI. 168)と、メルロ＝ポンティ自身そう述べている。だが、そのようにいわれるのも真理や本質についての意識に言語が依存するのではなく、言語こそが真理や本質をになうということである。その反面において、哲学に伝統的な根源へと遡る問いというものは、それが反省的な思考であるかぎり源泉に達することはできないという点を考慮しなければならない。まずもって、反省的な思考は、つねに先行する思考や言語の媒介に依拠しているからであり、それがほんとうに原初への還帰だとすれば、いいかえれば到達点が出発点だとすれば、その分析は、われわれに源泉を開示してみせるという自負を放棄しなければならないからである(VI. 69)。それでもなお、メルロ＝ポンティがいうように、「原初のもの(l'Urtümlich)、根源的なもの(l'Ursprünglich)とは、昔のもののことではない」(VI. 320-1)とすれば、「物それ自身をして語らしめる仕方」というものがあるはずである。

メルロ＝ポンティは『眼と精神』において、画家の仕事をとりあげるさいに、「まなざしによる問いかけ」(cf. OE. 28.)というものがあることを語っている。ここでいう「まなざしによる問いかけ」とは、単なる比喩ではない。奥行、色彩、形、線、等々、諸問題の提起と解決がおりなす絵画の歴史は、いわば絵画の声なき思考であり、画家のなす問いかけの足跡といえよう。さきの指摘をくりかえしていえば、画家によって描き出される奥行も色彩も形も線も、それぞれがおなじひとつの世界の「存在の支脈」なのであり、それぞれが「存在の茂み全体」をよみがえらせる全体的な部分をなしているのである。

画家は、見ること描くことのために与えられた眼と手のほかに技をもつこともなく、このおなじひとつの世界からカンヴァスを描き出すことに熱中している。メルロ＝ポンティのいうところによれば、芸術、とりわけ絵画は、「生まな意味」の層からすべてを汲みとるのであり、まったく無邪気にそれをやってのける。画家は、いかなる評定の義務も負わされずに、あらゆるものをまなざす権利をもつのである（OE. 14）。「画家の視覚は絶えざる誕生である」（op. cit.）というのも、画家が山に求めているものは、それによって山が眼前にある山となる手段であり、ほかならぬそれ自身が見えるものとなる手段を発見することだからである。光、明るさ、影、艶、色彩といった探求の対象は、どれもまったき意味で実在するものではなく、ただ目に見えるというだけの存在をもつにすぎない。画家のまなざしは、ふつうの意味においては見られることがない光や明るさといった対象が、まなざしに対してどうなっていれば、物を突如として存在させることになるのか、見えるものをわれわれに見させることになるのかを、それらに尋ねるのである。この意味において、「視覚は問いでもあり答えでもある」と、メルロ＝ポンティはいう（VI. 173 note, cf. OE. 30）。そして、絵画の問いかけは「知らない者」が「すべてを知っている視覚」に向かって行う質問であるとすれば、事態はやはり反転的である。見るものとしての画家がこの質問をするというよりも、むしろ、この質問が画家のうちでなされるのであり、山そのものがあちらから、みずからを画家によって見えるようにするのである。

メルロ＝ポンティの現象学は、前期の『知覚の現象学』の序文に記されていたように、「世界を見ることをまなびなおすこと」である。彼は、世界が見えるものだということに魅せられつつ、生きられる世界を記述しようとする。ヴァレリーの文学やセザンヌの絵画とおなじ意志をもって、その不断の辛苦をともにするのである。画家は、みずからが描こうとする樹々や山々へと向かい、まなざしによって問いかける。「画家は、世界を反芻することにかけて比類がない」、と晩年のメルロ＝ポンティは語っている。この哲学者は、そうしたおなじ種類の注意と驚嘆をもって、世界を見るということの意味を、その生じつつある状態において捉えなおそうとするのである。

或る意味ではフッサールの言うように、あらゆる哲学の本質は、意味する能力を復元すること、意味の出生ないしは野生の意味を復元すること、とりわけ言語という特殊な領域を照らし出すような経験によって経験の表現を復元することにある。また、ある意味ではヴァレリーの言うように、言語がすべてだと言うこともできる。言語は、誰かの声ではなく、波や樹木といった物の声そのものだからである。（VI. 203-4）

遺作の『見えるものと見えないもの』に収められた「絡み合い―キアスム」の章、その末尾にある記述である。ここに記されているのは、見えるものや生きられるものの言語への巻きつき、また言語の見えるものや生きられるものへの巻きつきである。メルロ＝ポンティの思考は、一方において、野生の意味、言語的な意味の生成の現場を捉えなおすことへと向かっており、その一方において、誰かの声ならざる物の声を目指すような表現へと向かっているのである。そして、生きられる経験の表現と諸々の事物の声という、これらの二つの事象は異なるものではなく、むしろ、おなじ一つの事柄の両側面をなすものとみなされているのである。

私のまなざしは、いかにも自由に視野のここそこを走破し、見えるものとして存在を開示する。まなざしはそれ自体、知覚される世界についての探求である。そして、見えるものこそが視覚を私に強いるようにしているとすれば、やはり、「視覚とは問いであり答えである」（op. cit.）。メルロ＝ポンティが追求する哲学の方法は、まなざしによる問いかけと絡み合っているのである。彼によれば、まなざしとは「眼の触診」、つまり触診の注目すべき一つのヴァリアントであり、触診において問いかけるものと問いかけられるものは最も近い関係にある。まなざしはそれ自身、〈見るものが見えるものに合体すること（incorporation）〉であり、それは同時に、〈そこ［見えるもの］から存在する（EN EST）それ自身［見るもの］を見えるもののうちに探求すること〉である（cf. VI. 173 note. 角括弧内は引用者による補足）。この意味において、知覚される世界に身をおく者のまなざしは、その内属性によってこそ見られる世界への問いかけであり、「そこから存在すること」によって開かれている「存在論の器官」であると解される（cf. VI. 162, 280.）。

この世界への内属性において、この内属性によってこそ見られ感じられる世界への問いかけ、それこそが内部存在論ということができるだろう。見えるものでもあり、触れうるものでもある世界ないしは存在の可視性や可触性の成立根拠、そうした可視性や可触性を裏打ちし支え養っている生地、存在論的な源泉母胎こそメルロ＝ポンティが肉（chair）と呼んでいるものである（VI. 178 note）。自己の身体を部分として肉的世界に内属しつつ、そこから存在するという意味において、肉はそれ自体ナルシシズム的な全体構造をもっている。まなざしは、それ自身が属する世界ないしは存在を、現在の見えるものとして開示しようとするあくなき問いかけと解することができるのである。

五　言語へのパトスと応答可能性

哲学はわれわれに偉大なる生者たることをおしえてくれないとして、ニーチェ以来、劣等生が哲学を放棄するときに畏敬の念をもって引用する言葉があるという。――「畏るべきものだ、人生は！」(C'est effrayant, la vie!)、という画家セザンヌの言葉である[7] (OE. 14)。このようにセザンヌに語らせ、「私は描きながら死にたい」とまで言わしめた理由はなんだろうか。表現というものの特性が、「つねに近似的でしかありえない」としても、その匂いまでも描かねばならぬという絵画へのパトスは、いったいどこからくるのだろうか。絵画へのパトスというものを理解しうるとすれば、それは知覚される世界が汲み尽くしえぬものであり、それぞれの作品が未完のものだからである。そして、知覚される世界もまた未完のものであり、それぞれの作品は近似的でしかありえないとしても、画家は見たから描くのであり、世界が少なくとも一度はみずからを見えるものとして現出させたから描くのである。それは、「まるで画家の仕事には、ほかの緊急事にもまさる緊急事があるかのようだ」(OE. 15)、とメルロ＝ポンティはいうのである。だが、こうした事態は、じつのところ画家に特権的なものとはいえないのではないだろうか。彼自身、哲学者の仕事を「証示する」こと、つまり、「見ること」そして「語ること」だと記していたのであり、そこには表現を生業とするものに通底するような、おのずからなる意味の到来への祈願とでもいうべきものをみてとることができるのである。

それでは本書に課せられた課題、「生きることに責任はあるのか」、という問いに対してどのように答えるべきだろうか。「作家や哲学者に対して、人びとは勧告や意見をもとめる。彼らが世界を未決のままにしておくことは許されない。彼らは態度決定をもとめられ、〈発言する人間〉としての責任を拒否することはできない」(OE. 14)。その一方で、戦争の間セザンヌがエスタクの山中に隠れていたことを咎めるものはいないし、画家に現実逃避という非難が向けられることもまずない。作家や哲学者からしてみれば、画家の仕事に畏敬の念をいだくだけなのか、それとも責任逃れを追求するべきだとでも言うのだろうか。しかし、責任とは、そもそも応答‐可能性(respons-abilité)のことであるとすれば、「生きることの責任」とは、また別様の意味を帯びることになるだろう。中期の遺稿『世界の散文』には、他者の経験をめぐる対話の場面が、次のような興味深い仕方で記されている。

私が他者の言うことを聞いているとき、私は発声された音の聴覚的な知覚をもっているのだと言ってはならないのであり、むしろ言述(discours)が私のなかでおのれを語っているのである。言述が私に尋ね、私は反響するのであり、なにが私のもので、なにが言述のものなのかわからないほどに、言述は私を包み、私に住みつく。(PM. 28)

たしかに、自分が話すときにめざされているのは、まずもって相手の人物(personne)である。そして、相手がどんな人かに応じて、自分はときとして不思議にも思えるほどの確信をもって彼に話しかけるのであり、そのようにして彼の解しうる、あるいは感じうる語や言い回しを使う。話しているときに私は、自分のなすべき言語活動やめざしている意味を顕在的な仕方で表象するわけではない。むしろ、身体の器官すべてが言葉に接合し、言葉を語るために収斂するのである。さらに、ここでメルロ＝ポンティがいわんとする、「他者がけっして正面からは現れてこないものだということは、かならずしも十分に気づかれてはいない」(PM. 185)、という点に目を向けたい。(8) コミュニケーションの場面において、その中心にあるのは、私でも他者でもなく、話者でも聞き手でもない。あらかじめ話者や聞き手が所持するなんらかの語や意味が想定されるのではなく、他者と私をつらぬき、対話の場をつらぬいている言述（discours）がそれ自身、私のものでも他者のものでもない生じつつある意味をあらたにもたらすことになる、ということである。

このように、逆説的にも、対話の状況が他者と私の差し向かいの関係ではないのだとすれば、問いかけと応答の可能性は閉ざされ、理解しえないものになってしまうのではないだろうか。だが、そうではない。ここでメルロ＝ポンティが問題にしているのは、「私と私の同類との共存」であり、「おなじ一つの世界へのわれわれの共通の所属」こそが他者の経験を理解させるということである（PM. 194）。——いま、私と友人がある風景を眺めているとしよう。高いビルの背景（外部地平）に山並みが見え、樅の木が幾重にも林立している。私は、友人が指し示してくれるもっとも高い樅の木を捉えるのだが、その木に巻きついている蔓の白い花をすぐに見分けることができない。大きく広がった右の枝ではなく、その左側からもう少し上の方だと聞いて、またその様子をたしかめ、ようやくツルアジサイを発見するにいたる。知覚される世界は、まなざしによる問いかけによって、どこまでも際限なく探索することが可能であり、それに応じてどんな細部にいたるまでもその光景（内部地平）をくり広げる汲み尽くしえぬ源泉である。もちろん私と他者は、ともにおなじひとつの世界に内属しているが、それぞれにこの世界を描き、記述し、語るスタイルは異なっている。一人ひとりの世界（ἴδιος κόσμος）が共通の世界（κοῖνος κόsmος）へと開かれ、他者と私の交流が可能にもなり失敗することにもなるのはこの状況である（op. cit.）。ここで重要なことは、たんに他者のまなざしが捉え、指し示してくれる光景が、私がまなざす光景と一致しうるということだけではない。それにもまして、私のパースペクティヴと他者のパースペクティヴは、つねにずれや差異を孕みつつも〈発見的〉であるということ、あるいはむしろ〈発明的〉であるといったほうがよいとすれば、他者と私の相互の問いかけと応答、および世界との問いかけと応答という「それぞれが他の二項を要求する三項」（EP.46）の参照関係といった「側面的な関係」（les rapports latéraux）において、あらたな知覚的意味をもたらすということである（VI. 167, 234）。

結

以上の論考を辿ることによって導かれるのは、「おなじ一つの世界へのわれわれの共通の所属」であり、「私と私の同類との共存」である。こうした世界への内属性こそが、われわれの現実存在のエートスを理解させてくれるだろう。見えるものとしての身体を介しての受肉という事態は、事実的な現在へとわれわれを規定するが、それは同時に、未来への開けとして世界内存在の両義性をなしている。私の出生という出来事は、あらたな状況可能性の誕生であり、あらたな歴史の設立と開けにほかならない。ある日、決然となにかが進行しはじめたわけだが、その作動的な応答関係、見たり見なかったり、感じたり感じなかったり、思考したり休眠したり、等々といった生きられる世界との関与をもはややめることはできない。それは、われわれが出生して以来応答を迫られているたえざる問いかけなのである。そうした問いかけへの応答を担うものこそ、語る主体の発話や諸々の表現の作業にほかならない。

他者が私に問いかけ、あるいは、私がなにがしか責任の追求を迫られるときでさえ、私は世界に内属し、世界へと参照する関係をもつことなしには応答することはできない。そして他者もまた、おなじ一つの世界に内属し、おなじ歴史的な現在を生きることによってのみ、同類との交流を果たすことができるのである。おなじ一つの存在、生きられる世界への内属性と「そこから存在すること」において、視覚的、触覚的、聴覚的、運動投企的、等々に分化する身体 - 知覚的な水準にゆるぎなく根ざしつつ、それら相互の指示連関と通時 - 共時的な歴史的状況のなかに位置づけられる発言、それこそが「問いかけ」をも、「応答」をも条件づけている前提である。また、そのような世界への内属においてこそ、哲学者もまた、「言語へのパトス」というものを共有するのであり、その反省的な退居のうちにさえ、他者をまき込まずにはいられないのである (cf, Si. 294, PP. 415)。

メルロ＝ポンティがその晩年に構想していた肉の存在論、内部存在論は、みずからが内属し身をおく世界ないしは〈存在〉(Être) をその場から記述しようとするこころみであり、そうしたみずからの起源を解明しようとするあらたな探求の方法、哲学的な問いかけのこころみである。そのさいメルロ＝ポンティのいう「問いかけ」とは、すべてを知る教師が生徒にむけておこなうような、問いと答えの対応を想定するものではないし、情報交換が行われるさいの、それぞれに既知的なものを効率よく伝達しあう関係を想定するものではない。それはアウグスティヌスが時間について語ったように、知っているようで知らない、知らないながらも知っている「なにものか」をめざした問いかけ、この生きられる世界とそこに共に属する私と他者たちとのあいだでとり交わされ、それらパースペクティブのあいだに生起する重層的な間‐ロゴスを創発させていく問いかけ（inter-rogation）である[9]。われわれに向かって発せられ、応答することを迫られている問いかけもまた、他者からの問いというにとどまらず、「感覚的世界のロゴス」をその出自としているのであり、この源泉母胎たる生きられる世界に根ざしているのである。「〈存在〉の聖古たる全体（l'ensemble hiératique de l'Être）と実存的永遠性（éternité existentielle）のうちに、つまり問いかけの一つの全体（un ensemble *interrogatif*）のうちに位置づけられる哲学」を提起する、とメルロ＝ポンティはいう（VI. 241）。見出されようとしているものは、〈存在〉のただなかから〈存在〉へと関わる問いかけ、その関係において現在する実存と問いかけであり、実存の全体同時の永遠性と〈存在〉の全体のなかで、全体的な部分として存立する一つの全体である。おのれの出自たる〈存在〉から出離することなく〈存在〉のうちに住まう思考、〈存在〉のただなかからの〈存在〉への問いかけ、それこそが、われわれの始源的な境域である肉の存在論、内部存在論にほかならない[10]。

メルロ＝ポンティは遺稿の「研究ノート」のなかで、知覚的な現在における時空的な全体同時性を

「垂直的な現在」と呼んでいる。それは、もちろん永遠の真理や存在との合致を意味しているのではないし、単に過去―現在―未来を一つの時点に集約する永遠性でもない。そのつど現在は移りゆき、過去や未来はつねに〈見えないもの〉として残されるように、現在とはつねに部分であるにすぎないが、そうした〈見えないもの〉としての過去や未来が、現在を養い裏打ちする全体的な次元や水準をなしている。それゆえ、まなざしによる問いかけは、現在の〈見えるもの〉への内属において、つねに部分としてしか存立しえないのである。しかし、〈見えないもの〉である過去や未来の次元は、事実的な現在の〈見えるもの〉と相互反転的に共存するのであり、そのつどのいまここに開かれる知覚の現在は、全体同時的な〈存在〉のそのつどの多形的な現出として全体的な部分をなしているのである。メルロ＝ポンティ晩年の内部存在論が、こうした「垂直的な現在」と「実存的永遠性」を射程に入れていたのだとすれば、現在の〈見るもの〉としての自己と〈見えないもの〉である不在の他者という、過去や未来にもおよぶ自他の関係を考察するこころみ、垂直的な間主観性という問題の地平がここに開かれているのである。

凡例

メルロ＝ポンティからの引用、参照は、著作［略号］・頁数を本稿文中の括弧内に記した。

PP : M. Merleau-Ponty, *Phénoménologie de la perception*, Gallimard, 1945.

EP : M. Merleau-Ponty, *Éloge de la philosophie*, Gallimard, 1953.
Si : M. Merleau-Ponty, *Signes*, Gallimard, 1960.
VI : M. Merleau-Ponty, *Le visible et l'invisible*, Gallimard, 1964.
OE : M. Merleau-Ponty, *L'œil et l'esprit*, Gallimard, 1964.
PM : M. Merleau-Ponty, *La prose du monde*, Gallimard, 1969.

註

（1）『行動の構造』、『知覚の現象学』の執筆時期を前期、『見えるものと見えないもの』、『眼と精神』を後期として、その間にあたる『哲学をたたえて』、『シーニュ』、『世界の散文』、等を中期と呼ぶことにする。このように思索の時期を区分しうるとしても、他の哲学者について語られるような転回があるというより、メルロ＝ポンティの思想的な深化にこそ注目したい。

（2）cf. J. P. Sartre, *L'être et le néant*, Gallimard, 1943, p. 470.

（3）cf. E. Husserl, *Husserliana* IV, Martinus Nijhoff, 1952, S. 147.

（4）cf. H. Bergson, *Les deux sources de la morale et de la religion*, P.U.F., p. 274.

（5）cf. G. W. Leibniz, *Die philosophischen Schriften von G. W. Leibniz*, hrsg. von C. I. Gerhardt, Hildesheim : George Olms, 1960-1961, Bd. VII, S. 307.

（6）丸山圭三郎、『ソシュールの思想』、岩波書店、一九八一年、一九三頁以下を参照。

（7） cf. J. Gasquet, *Cézanne.* Les éditions Bernheim-Jeune, 1926, p. 208.

（8） メルロ＝ポンティは『知覚の現象学』の結びにおいて、サン＝テグジュペリの一節を引用し人間の「絆」を強調している（PP.520）。次の一文はメルロ＝ポンティが明示的に参照している箇所ではないが、「互いに見つめあう」ことにではなく、「ともにおなじ方向を見つめる」ことに自己と他者の「絆」の結節をみとめる点で、両者が共有する思考を示しているように思われる。

Liés à nos frères par un but commun et qui se situe en dehors de nous, alors seulement nous respirons et l'expérience nous montre qu'aimer ce n'est point nous regarder l'un l'autre, mais regarder ensemle dans la même direction. (A. de Saint-Exupéry, *Terre des hommes, Œuvres,* Gallimard, 1953, p. 252.)

（9） こうした接頭辞の「間」（inter-）が指し示す構造を捉えた研究として、次の文献から教示をえた。

篠憲二、「現象学とメルロ＝ポンティ」（『講座現象学 1、現象学の成立と展開』所収、弘文堂、一九八〇年、三三九頁以下）。

（10） メルロ＝ポンティの後期存在論における「実存的永遠性」と「肉」の概念については、本章とかさなりつつも異なる観点から立ち入って論じたことがあるので参照していただきたい。

大森史博、「実存的永遠性に向かって――メルロ＝ポンティにおける問いかけの帰趨」（日本倫理学会編『倫理学年報』第五七号所収、二〇〇八年、所収、二四五頁以下）。

第5章　E・レヴィナスと場所のエティカ

――〈汝、殺すなかれ〉再考

横地　徳広

序

この世を過ぎ去った無数の人びとがいた。そして私は偶さかに生き残る。二度にわたって焦土と化した前世紀ヨーロッパのありふれた光景であったろう。誰もが、大戦の生き残りだったと言いうるからである。また、その地で哲学する者たちには「世界という大きな書物」（デカルト）の読み解き方を一変させた出来事であった。ないこともありえた世界にみずから選ぶことなく人間は生まれ落ち、偶然事の尽きることなき連鎖から逃れえないこと、これが骨身に染みてしまったであろうからである。

しかし、われわれ有限的人間は偶然性という荒波に翻弄されるだけなのだろうか。

本章でとりあげる哲学者エマニュエル・レヴィナスもまた、目をそらさずにそうした容赦なき偶然性の本質を見抜いた一人であった。この哲学的直視は、偶然事の連鎖に翻弄されるがままの諦念とは無縁に、レヴィナスが独自の思想を語り出して以来、彼の思想に貫かれた哲学的抵抗である。

さて、「顔（visage）」（TI, 217）や他者への「無限なる応答可能性（＝無限責任；responsabilité infinie）」（TI, 273）といったレヴィナス固有の概念は、その第一主著『全体性と無限――外部性への試論』（一九六一年）において展開された哲学的思考の中心に位置している。小論ではそれら二つの概念に倫理学的場所論の消息をたずね、有限的人間が偶さかに生きるその場所の成り立ちを明らかにする。このとき、第一主著を浅薄なハイデガー批判の書として矮小化することなく、両者のすれ違う地平を明らかにしながら、それら二つの概念にこめられた積極的主張を読み解いていく[1]。

まず第一節では、前期思想の代表作『実存から実存者へ』（一九四七年、以下『実存者へ』と略記）で提起された存在概念の一つである「イリア（il y a）」（EE, 95）と個体化概念である「イポスターズ（hypostase）」（EE, 107）に注目し、生存の場所が分与される仕方を確かめる。これと併せてハイデガー『存在と時間』（一九二七年）で試みられた現存在の実存論的分析における「現（Da）」概念との対比を行う（vgl. SZ, §29）。次に第二節では、レヴィナスが第一主著のなかで顔概念を彫琢するさいに哲学的視線をむけた事象は、他者が生存する場所と私が生存する場所との倫理的関係であったことを解き明かす。この第二節から第三節への進行は以下のとおりである。①存在と無にかんする哲学的思考へと顔概念をひとまずは翻訳することで、②生存の偶然性という観点を導入し、前期思想と第一主著との連続性を指摘する。しかし、③そうした存在論的思考の言葉では語り尽せない事柄として顔の無限性が照らし出され、④この無限性という観点から、生存の場所という問題と『全体性と無限』の独自性との結びつきが証示される。つづいて第三節では、以上の考察をふまえ、他者に対する無限の応答可能性ゆえに私の生存する場所へと他者から倫理的意味が与えられていく仕組みを明らかにする。最後に結では、本書を導く問い「生きることに責任はあるのか」に対するレヴィナスなりの答えを提示する。

一 場所の手前で――イリアとイポスターズ

レヴィナスは『実存者へ』の結論部で、私が存在している事実の異様さに気づき、存在の必然性などないことを思うとき、歴史、行為の道徳性、人間の地位をめぐる問いが成り立つ次元よりもさらに奥の次元へと私は歩み出すと論じる。つづけて述べられる最後の言葉はこうである。

> 歴史、道徳性、人間をめぐるこうした問いはすべて、ギリシア的合理主義が与えるコスモスのなかで、つまり、世界劇場のなかですでに立てられている。この世界劇場における諸々の場所（des places）はすべて、実存者たちを迎え入れるために供されている。われわれが探究していた出来事は、実存者のこの配置（placement）よりも前にある。この出来事は、存在者が存在のうちにあるという事実そのものの意味に関わっている。（EE, 173f.）

ここでレヴィナスは「ギリシア的合理主義」を批判しているようでいて、別の相手を見ている。もちろんそれは、古代ギリシア哲学という土壌で哲学的思考を養いつづけたハイデガーである。彼に抗して「われわれが探究していた出来事」の一つとはイリアのことであり、このイリアはのちに「存在の舞台それ自体が開かれていること」(EI, 38, cf. EE, 10) だと説明される。[2] レヴィナスは、ハイデガーが認めるとは思わないと断りながらも、全き闇夜の「不眠」(EE, 109) のなか、「存在者なき存在」[3] であるイリアが現前すると言う。このとき、自己意識と外界との境界が混濁する実存情況に呑みこまれて私はイリアへと「融即」(EE, 100) し、一切の存在者が脱個体化する。

また一つの出来事はイポスターズという個体化である。[4] イリアへの融即態から自己意識の画定可能な個体へと転化し、世界劇場の或る場所に私が生起することを指す。それぞれがすでに個体化した状態からふりかえれば、私には存在の舞台上に生存する場所がイポスターズによってなぜか分与されていたことになる。これはもちろん、ハイデガーの言葉を交えれば、人生劇のなかで仮面＝役割をもつ私が他者たちとともに生きる「存在者的 (ontisch) 超越」(GA26, 194) の手前で生起する出来事である。

前期思想以来のこうした諸概念を創出するさいにレヴィナスの念頭にあったのは、世界が開かれている場所をめぐってハイデガーが織りなした哲学的言説である。[5] われわれの一人ひとりは他でもありえた個別的情況に投げこまれ、この個別的情況に応じた仮面＝役割のもとで日々を過ごしている。しかし、そうした個別的情況に先立ち、世界の開かれる現へと各々が投げこまれて存在している「事実」が、勝義での「被投性」である (SZ, 135)。これは「〈頽落しつつ―被投的に―企投する〉という世界内存在の構成契機」の一つであった。[6] こうして現存在には「世界内存在として、明るくされている」(SZ, 133)

場所が与えられている。現存在の現が「明るみ」(SZ, 133) であるのも、「脱自的時間性が現を根源的に明るくしている」(SZ, 351) からである。

これに対してレヴィナスは、世界が上述のようにして現で開かれる手前の次元に脱自的実存と異なる存在の仕方を見出そうとしていた。存在一般だとみなされたイリアのことである。とはいえ、このようなイリア論は存在概念への誤解にもとづいていた。デリダが「暴力と形而上学——エマニュエル・レヴィナスの思考にかんする試論」(一九六四年) で解釈したように、イリアは存在一般ではなく、闇夜の不眠における「無規定的・中立的・匿名的な存在者の全体性」(VM, 133) の現前だからである。

こうしたイリア論を通じて批判が目論まれていたのは、ハイデガーの「無」概念と相即した世界論である (vgl. SZ, §68)。これによると、存在者すべての存在意味が世界から脱落して「世界の無意義性 (Unbedeutsamkeit)」(SZ, 186) に現存在がさらされるとき、無ではなくて何かが存在することそれ自体に驚きを覚える (cf. GA9, 307)。いわゆる「超越三部作」の一つ「形而上学とは何か」(一九二九年) の印象的な一文で、「不安の無の明るい夜のなかではじめて生じるのが、存在者が存在者として根源的にあらわになること (Offenheit) である」(GA9, 114) と述べられていた。無いこともありえたのに何かが在ること、そうした存在論的偶然が剥き出しになるのは現存在の現にあってである。このような世界論に対するレヴィナスの理解を世界劇場の比喩をもちいて示せば、存在の舞台に立ちながらもその外部に設定した視点から世界劇場を眺めるとき、つまり、「私はまるで世界にいないかのように世界を眺める」(S・ヴェイユ) とき、現存在は存在者が存在することとそれ自体に驚くということになる。

これに対して『実存者へ』の場合、存在の舞台上にそれぞれ一つの場所を占める実存者たちも、全き闇夜の不眠にあっては一切がイリアへと融即し脱個体化していた。だから、舞台上の場所一つぶんが再び区分けされる仕方、つまり、イポスターズという個体化が検討される必要が生じたのである。このようにイリアとイポスターズという二つの出来事のあいだを眼差すレヴィナスは、何かが在ることそれ自体に心を奪われたのではない。生存する場所が無いこともありえたのに、しかし、それが舞台上になぜか分与されたこと、つまり、生存する場所の贈与という偶さかの存在論的出来事に直面していた。

イリアへの融即は「《出口なし》」(EE, 100) の存在体験であった。全き闇夜の不眠に取りこまれると、イリアという存在の仕方以外では存在しえない。イリアに融即した当人は「キネステーゼ[7]」の機能不全に陥り、みずからの手でその生を終わらせることもできない。それゆえ、イリアは《出口なし》なのだ。しかし、そうした不眠という個人的体験を糸口にしたことの限界がここで露呈してしまう。というのも、全人類が不眠状態となるわけではないイリアへの融即態にあって不眠者は他者の殺意にさらされうるからである。イリアの現前においてさえ、生存の場所は他人によって略奪される可能性が残る。それゆえ、死ぬこともありえたのに私は生存している事実、その偶然性はたえて抹消されることがない。

以上、レヴィナス前期思想の確認をおえてみると、生存の場所をめぐる哲学的思考はハイデガー哲学への批判というよりも、その変奏のように聞こえる[8]。存在者全体が無意味へとすべり落ちていく剥き出しの存在体験を二人は論じていたからである。しかしながら、イリアおよびイポスターズの考察を出発点にして、生存の場所にかんするレヴィナス独自の倫理学が展開していく。まず「存在論は根源的か」（一九五一年）という小編の最終節「他人の倫理的意味作用」のなかで「顔」による自己他者関係が倫理だとはじめて主張される。[9] それから十年の時を経た第一主著において、そうした倫理の観点から顔概念が練り上げられていくのだが、このとき生存の場所という問題が自己他者関係論へと持ちこまれる。その詳細を次節にて検討したい。

二　生存する場所で――顔の現前

1　生存と死、あるいは存在と無

本節では、他者が生存する場所と私が生存する場所との関係に注目しながら、『全体性と無限』における顔概念の消息を辿りたい。最初に確認しておくべきは、論述を試みてもその論理的限界をこえてしまう事象にアプローチするさい、比喩に頼るフランス哲学の流儀にレヴィナスもまた従っている点である。こうして選ばれた顔という表現を解釈する最初の手がかりとなるのは、次の文章である。

他人の超越というこの無限は、殺人よりも強く、すでに他者の顔においてわれわれに抵抗している。この無限は他人の顔、つまり、根源的表出（*expression*）であり、〈汝、殺すなかれ〉という最初の言葉なのである。（TI, 217）

〈汝、殺すなかれ〉という顔の命令が「最初の言葉」である。この言葉は、もちろん「十戒（les dix commandements / un décalogue）」の一つをなすものだが、規範倫理学の問題として検討されたわけではない。また、規則はそれによって制御したい現実があるからこそ制定されたと発生論的に言えるけれども、レヴィナスは顔の命令にまつわる事情をそう考察して規則の制定が要請される現実を記述したわけでもない。彼にとって顔概念は形而上学的考察の対象であった。その顔が表出する〈汝、殺すなかれ〉という命令のフランス語文は“tu ne commettras pas de meurtre”だが、これを直訳すれば、〈君は殺さないだろう〉となる[10]。第一主著に先立つこと八年、一九五三年に顔概念が集中的に検討された『自由と命令』では、「顔こそ、或る存在者が直接法ではなく命令法でわれわれを触発し、そうした仕方であらゆるカテゴリーの外部にあるという事実なのだ」（LC, 44）と指摘されていた。

さて命令文の場合、多くは主語が隠れているけれども、〈汝、殺すなかれ〉という命令のように、その聞き手を二人称で明示することも可能である。顔による命令は独白ではなく、逆にそれは自己他者関係を構造的にそなえているわけである[11]。このとき注意すべきは、〈汝、殺すなかれ〉という最初の言葉は、顔から聞き手に放たれてはじめて命令となる資格を獲得する点である。しかも、従否にかかわらず、あるいは無視されるにせよ、聞き手がその言葉に応じてしまっているがゆえに、命令形の言葉は命令として成り立つ。だから、みずから現前する顔の命令は、他者の生存する場所という観点から読み解けば、〈君は私が生存する場所を奪う（prendre）ことはないだろう〉という意味になる。

第一節では、前期思想において生存の場所という哲学的問題が検討されるさまをすでに確かめた。

この問題は、レヴィナスの第二主著『存在するとは別の仕方で、あるいは存在することの彼方へ』（一九七四年）に後続する対談集『倫理と無限』のなかで「私が世界のなかに存在していることで、誰かの場所（place）を私は奪っている（prendre; 占めている）のではないだろうか」（EI, 120, cf. DVI, 257）と定式化されることになる。しかも、この一文が登場する直前で彼は「存在の意味をめぐる重要な問いは、なぜ何ものかがあって無ではないのかという問い――ハイデガーによって注釈されたライプニッツの問い――ではなく、私は存在することによって殺害してはいないのかという問いである」（EI, 119）と述べていた。存在者の存在をめぐるヴァルム・フラーゲとともに深刻な問いが連ねられている。しかし、ここで少なくとも次のことだけは押さえておきたい。つまり、様ざまな他者と様ざまな関わりを重ねつづける私が生存する場所の倫理的意味を問うことは、レヴィナスにとって、哲学史を彩る中心的問いを考え抜くことに匹敵する試みであった[12]。

第一主著の考察に戻ろう。

他者の顔は、生存の場所にまつわる自己他者間の始原的関係を表出していた。もちろん十戒中の第六戒において旧約の神が人間に禁じていたのは別の人間を殺害することであり、それゆえ十戒は三者間の規範であった。これに対し、とりわけ第一主著にあって顔の命令が二者関係に限定されていたことは、レヴィナスの思想的変遷を辿るうえでも、強調されてよい。

さて、「存在と無の二者択一における思考（la pense dans l'alternative de l'être et du néant）」（TI, 258）に依拠すれば、殺人にあって無とは他人の死のことである。このような存在論的思考の言語をもちいて、みずから現前する顔の命令という事象をひとまず翻訳しなければならない。というのも、「ギリシア人が知らなかった諸原理をギリシア語で述べる[13]」こと、それをレヴィナスは試みていたからである。したがってもちろん、デリダが「暴力と形而上学」で批判していたように、『全体性と無限』で紡がれた言葉はすべて「意味とディスクールの根源としての暴力」(VM, 189) を孕んでいる。だがしかし、第一主著はそうした「存在論的言語」によって語り出されてもなお (cf. DVI, 133, EN, 231; VM, 208, 211f.)、存在と無をめぐる哲学的思考とは別の仕方で「第一哲学」としての倫理学を主張しえた[14]。というのも、他者が生存する場所と私が生存する場所との関係を存在論的言語で語り出したときにはじめて、この関係が存在論的言語では語り尽くせない倫理的事象であることが判明するからである。この結果、生存の場所をめぐる自己他者関係は存在論的思考からあふれ出る無限の問題としてその姿を見せることとなる。

倫理と存在をめぐる二つの原理的思考は以上のように第一主著において絡まりあい、そのなかでレヴィナスに固有の倫理学が前景化していく。この事情は、偶然性という補助線を引くことで、いっそう鮮明になる。小論での概念規定を示せば、偶然性は「他でもありうること」という可能性の一様態であり、必然性は「それ以外にはありえないこと」という不可能性の一様態である[15]。両者は可能性一般という共通地平に開かれている。顔の命令という倫理的事象に迫るために、自己他者間の生存に刻まれた偶然性および必然性の諸相を動態的にとらえなければならない。

上述の概念規定によると、生存の偶然性とは「生存にとって他でもありうること」＝「死ぬこともありうること」であり、生存の必然性とは「生存にとって他ではありえないこと」＝「生存以外はありえないこと」である。顔の命令が下される前後で、可能性一般という共通地平においてこのように定義される生存の偶然性と必然性とが入れ替わっていく様を記述できる。

まず顔の命令が発語される以前、他者と私のいずれもが生きている現在において両者の生存は無関係である。死ぬこともありえたのに私は生きており、他者もまたそのように生きている。二人の偶然的生存はさしあたり交錯することなく維持されていく。しかし次に、顔の命令〈汝、殺すなかれ〉がその私にむけられたとき、二人の関係は変化する。すなわち、二人が生きる現在にあって、その私が死ぬこともありえたのに生きていることに変わりはないが、他者は生きる以外にはありえないという生存の必然性をみずからに呼びこむ。もちろん現実世界において殺人はむしろありふれた出来事である。他人の必然的生存を求める命令がその世界で完全に守られることは夢想に等しい。とはいえ、こうした実情がレヴィナスには見えていないわけではない。小論でいま試みられたこと、つまり、自己他者間における生存の問題をいったん可能性一般の地平へと開く作業は、顔の命令という倫理的事象を存在論的言語で語り出すことの限界画定を目的にしている。顔の命令が存在論的言語へと翻訳されると、私が生存することの偶然性と他者が生存することの必然性が観念上はともに比較可能な共通地平に並ぶが、現実では両者が接しえないことが明らかになる。こうして画定された生存の偶然性／必然性は存在論的思考にもとづいており、これはだから、人間的生存にまつわる〈存在と無〉の偶然性／必然性なのである。レヴィナスは、以上のように存在論的思考では届かない余白を眼差していた。

第一節で論じたとおり、『実存者へ』にあって生存の偶然性は、生存の場所がないこともありえたのになぜか分与されている事実を指していた。第一節1の作業を通じて判明したのは、生存の場所にかんする哲学的思考が前期思想と第一主著とのあいだで連続的に深化し、自己他者関係にまつわる倫理的次元へと拡張したことである。この経緯を念頭に置きつつ、無限の観点からレヴィナス流の場所論がそなえる独自性を照らし出さなければならない。

2　顔の裸性、あるいは他者の無限

顔の無限性を解き明かすために、レヴィナス独自の概念「裸性（nudité）」（TI, 71）を手がかりにしよう。「裸性とは、物にとってその存在がその目的性（finalité）に対してもつ余剰のことである」（TI, 71）。レヴィナスが持論を展開する場面での一文である。加えて『存在と時間』「日常性の解釈学」で説明された「道具連関」（SZ, 75）を批判する文脈ゆえ、ハイデガーの言葉を借りて裸性概念を解釈したい。

たとえば足もとに転がる石が、釘を打ちつけるさいに手ごろなハンマー〈として〉代用される場面を思い浮かべよう。物は〈～のために〉という用途に適した形が見出されることで現存在が集約点となる目的手段連関に組みこまれ、そのなかで存在意味が与えられていく（cf. TI, 220）。物の目的と存在は相即して考えられているわけである。これに対し、物の裸性は『存在と時間』第十六節の術語で述べれば、「物在性」をも欠如態として含意する「用在性」のネガという意味での余剰であり、「物の不合理性と非有用性」（TI, 71）のことである。換言すれば、「用具的存在者」でもなく、使用時に不具合が生じて注視される「事物的存在者」でもなく、用途と形がはぎとられて物がただ在ること、これが物の裸性である。つまりは、様ざまな目的手段連関が織りなす全体性の外部に示された余剰のことである。

物の裸性にかんするこの構図は、とはいえ、顔のそれに適用することができない。

もちろん、存在の舞台で人生劇をくりひろげる人間は、例えば部下に対しては仕事を指示する〈ための〉上司〈として〉、子に対しては扶養義務を果たす〈ための〉父〈として〉というように、様ざまな役割＝仮面のもとで日々を暮らしている（cf. EI, 80）[16]。これはレーヴィット『共同する人間の役割における個人』（一九二八年）において展開されたいわゆる「役割存在論」が描き出すとおりである。この役割存在論を「日常性の解釈学」に孕まれていた可能性としてとらえるときに判明するのは[17]、多様な役割もまた目的手段連関に編みこまれ、その内部で位置価をもつということである。ハイデガーの考えるところ、「存在了解という光（Lichte）のなかでのみ、存在者は存在者としてわれわれに出会われる」（GA24, 390）。役割の存在意味は、『存在と時間』で考察された諸存在者の存在意味と同様に、そうした光によって照らし出されていく。

とはいえ、「顔の裸性」（TI, 72）がこうした役割連関のネガとして了解されるわけではない（cf. LC, 43f.）。物のように用途や形がはぎとられたとき、顔がただ在ることを顔の裸性は意味するのではないということである。「……言葉の作用はあらゆる形を除かれた裸性と関わることなのだが、このとき、言葉の作用はそれ自身によって、それ自体で（kath' auto）意味をもち、われわれがその裸性に光をあてるに先だって意味する」（TI, 72)。顔の裸性は、存在了解の光に照明され象られることがない。『自由と命令』においてすでに指摘されていたことだが、「パロールによって私と関わる表出に固有の輝き（luisance）は、殺害不可能性によってみずから顕われる物自体という絶対（absolu）である」（LC, 44)。この絶対とは、カント的な「二世界説」（H・ハイムゼート）からすれば、「現象界」からの隔‐絶（ab-solu）のことであり、現象学的言語で語るならば、ハイデガー的な「世界」あるいはフッサール的な「世界地平」[18]からの隔‐絶のことである。同書では「表出において成就されるのは、ヌーメノンの真なる〈現象学〉である」（LC, 43）と表明されていたが、世界で対を絶した顔――絶対者――の顕現へと迫る哲学的思考こそ、レヴィナスのいわば「形而上学的現象学」である。第一主著にあって顔の無限性は、端的な他者が表象的志向性によって目指されるにしてもその志向性を挫折させることを例に説明されていたが、これは現象学的言語の消極的用法によって顔の無限性を志向性の彼方として示しているわけである。これに対して、顔概念が哲学的比喩の積極的用法に従って語り出されると、顔の表出は「輝き」であり、顔自身が「言葉の作用」だとなる。

ただし、レヴィナスは『全体性と無限』のなかで光の比喩をもちいて顔概念を語り出すさい、細心の注意を払っていた。すなわち、そうした比喩の歴史的使用に批判的検討がほどこされたのちにはじめて「光を見るための光」（TI, 209）という矛盾した表現で非対称的自己他者関係を開始する顔のことが説明される。[19]

そうまでしてなお、光の比喩に訴えるのはなぜか。

まずもって注目すべきは、『全体性と無限』において顔が特徴づけられるさい、存在了解の光と比較されたことである。他者の存在意味を了解する場合に存在了解の光はその内部に他者を取りこんでいくのに対し、顔の命令は逆に端的な他者という外部から私へとむかってくる。顔は、存在了解の光のように存在者を象る光でもなければ、芸術美のように放った「輝き（splendeur）」（TI, 218）が人びとに鑑賞されるわけでもない。レヴィナスの修辞によれば、顔は「光を見るための光」であった。そもそも無色透明の光それ自体を見ることはできない。光はその媒体である明るさを通じて何ものかを可視化し、何を見るさいにも同時に光の存在が示される。しかしながら、顔はこうした光ではない。何も可視化しない光の溢出《いっしゅつ》なのだ。光を見るための光は、光の溢出で視覚が麻痺するさい、光の存在が示される事態を指す。他者が顔によって私へと関わるとき、この関わりにおいて顔は、何ものも可視化せずに他者から私へとむかう一方通行の光なのだ。

顔は光と言語にまつわる概念群を比喩にもちいて表現されていた。〈汝、殺すなかれ〉というパロールが最初の言葉だと指摘される所以も、顔がみずから始原的自己他者関係を産出する点に認められる。[20] レヴィナスは、「言語の本質が他人との関わりである」（TI, 277）ことを論じるなかで、無限の現前にかんして次のように指摘する。

意味作用こそ無限なのだ。とはいえ、無限は超越論的思考に現前することがないし、ましてや思惟された活動性に現前することもなく、他人（Autrui）においてみずから現前する。他人は私に顔をむ

け、私を問いただし、無限というその本質によって私に責務を課す。(TI, 227)

「意味作用」は上述した「言語の作用」と同義であり、顔という無限は私に対してみずから現前するのであった。「殺害に対して顔が無限に抵抗することこそ、私に先行的あるいは外部的であるような意味作用である」(LC, 46)。〈汝、殺すなかれ〉と発語することが顔による抵抗であり、顔の意味作用である。こうして「顔の倫理的要求」(TI, 278) による抵抗は、私の自己意識、すなわち、「顔を迎え入れる意識を問いただす」(TI, 278)。この仕方で顔が非対称的自己他者関係を開いてその始原的意味を産出する作用こそ、言語の本質なのである。

つづいて、そのような顔の現前が無限の現前と等置される理由を明らかにしたい。レヴィナスのデカルト読解を参照しよう。デカルト『省察』にあって神という形而上学的無限の観念は人間の魂に刻まれた「本有観念」であった。[21] したがって、無限の観念は神と人間とのあいだで結ばれた関係のことである。レヴィナスはこうした無限の観念を次のように読み解いていく。

無限のデカルト的概念、つまり、分離的存在者 (l'être séparé) のうちに無限によって置かれた〈無限の観念〉に立ち戻ることで考慮できる無限の肯定性とは、有限な思考すべてと有限をめぐる思考すべてに対する無限の先行性、有限に対する無限の外部性のことである。これが分離的存在者の可能性を特徴づけている。無限の観念は、内容によって限定された思考をあふれ出ること

(débordement) である。(TI, 215)

「分離的存在者」はイポスターズによって個体化した私のことを第一主著で言い換えたものだが、レヴィナスの見立てでは、そうした私が観念を介して関わる無限こそ、全き他者の別名である。無限なる他者は私の有限的思考からあふれ出る。デカルト哲学にあって神との関わりを示した無限の観念は、レヴィナスにとって全き他者との関わりを意味することになる。とはいえ、この他者が神のような形而上学的無限だと言われているわけではない。彼が着目するのは、無限の観念があくまで非対称的自己他者関係を指す点である。[22]

無限の現前 (présence de l'infini)、無限の観念 (notion de l'infini)、無限なる応答可能性 (responsabilité infinie) という表現が登場した。これら三者は、顔による非対称的自己他者という同一事象を異なった観点から特徴づけたものである。他者からの命令という方向でこの自己他者関係をとらえる観点からは、これまで確認したとおり、みずから現前する顔の命令に私がさらされたさい、無限の観念は私の思考をあふれ出ることが解き明かされた。他方でレヴィナスは、顔の命令に私が応答する方向から自己他者関係を考察することも忘れていない。次節で検討する無限なる応答可能性という問題である。

三　ハイデガーとは別の仕方で――無限なる応答可能性

存在と無の二者択一的思考のもとでは、殺人における無は他人の死に相当していた。そのような存在論的思考の彼方へとむかうレヴィナスの歩みは次の引用に記されている。

　アベルを殺したとき、カインは死にかんする知を所有したにちがいない。死を無と同定することに対応しているのは、殺害における他者（L'Autre）の死である。しかしながら、ここで同時に、そのような無は或る種の不可能性として みずから現前する。実際のところ、私の道徳的意識の外では他人（Autrui）は他人としてみずから現前することができないであろうし、他人の顔は私が無化することの道徳的不可能性を表出している。（TI, 258）

私が他人を無化しようとするときの、その「道徳的不可能性」とは何か。多くの人びとが殺されてきた事実を思うだけでも、殺害の「実際的（réelle）不可能性」（LC, 44）が幻想にすぎないことは明らかである。しかしレヴィナスの考えるところ、殺害が実際に可能であっても、他者を完全に無化することは道徳的に不可能である。その他性以外の何かが無化されうる他者であれば、それは役割連関全体の一部をなす相対的他者にすぎない。存在の舞台で人生劇をくりひろげる相対的他者はいくつかの役割を有しており、ときに或る役割が剥奪されることもある。ただしそうなったとしても、また別の役割のもと、存在の舞台に立ちつづけることはできる。役割が変化しても、生きることは可能だからである。役割は再所有や交換が可能であって、失われると決して取り戻せない生命とは異なる。

これに対して、顔が関わっているのは、ひとまず存在論的に言えば、そうした生命を維持する場所であった。顔の命令が「殺すなかれ」「奪うなかれ」と一方で呼びかけているのは、一度でも降りると再び立つことのできない存在の舞台に他者が占める場所のことであり、他者の生命のことである。したがって、〈汝、殺すなかれ〉の意味を存在論的言語で語り出せば、「私の生きる場所を、私の命を奪うな」と翻訳できる。しかしながら、命令通りの現実がつねに訪れるわけではない。現実世界で暴力は絶えることがなく、無数の人命が失われてきたからである。こうした現実を前にしてレヴィナスは、その暴力でさえ、他者の他性を無化することは原理的に不可能だと主張している。この消息を少しく丁寧に見ておきたい。

P・アヤが「倫理的個人主義の哲学」のなかで確認していたとおり、顔概念の二契機のうち、一つは〈汝、殺すなかれ〉という命令であり、また一つは殺害への誘惑である（cf. LC, 13f.）。しかし、他性の無化と同義であるような殺害は原理的に不可能であった。その理由は、無化が可能な他性はそもそも他性と呼ばれる資格をもたず、無化が不可能な他性こそ、他者をすぐれて他者たらしめていたことにある。こうした端的な他者と私の関わりがあらわになる場面の一つは、逆説的にも、他者を殺害する誘惑に駆られるときである。このとき、何より求められているのは端的な他者の殺害であり、それゆえ、その他者をすぐれて他者たらしめる他性の抹消である。殺意は、思い通りに動かせる人間や興味を引かない人間にではなく、例えば自分の意に反して裏切った相手へと執拗にむけられていくからだ。他者を余すことなく支配したい欲望が殺意という形をとる。とはいえしかし、ここでその欲望は挫折することがあらわになる。裏切り者のような端的な他者を殺害し、その他性まで完全に抹消したつもりになっても、抹消できるような他性はそもそも他性ではない。他性は抹消できないがゆえに他性なのだ。他者がたとえ殺されても、その他性は消え去ることがなく、「バンクォーの亡霊」（シェイクスピア『マクベス』）のごとく、殺人犯に憑りついて離れない。これが、他者を無化することの道徳的不可能性と呼んでレヴィナスが主張したかった切要の事柄である。

顔は〈汝、殺すなかれ〉と表出していた。こうして顔という比喩が選ばれたわけを世界劇場論のうちに探りたい。例えば人生劇ではありふれた営業スマイルの場合、そうした表情と営業の役割は相即して機能している。たとえば営業担当〈として〉私はお客に商品を売る〈ために〉愛想よく微笑む。この事情をハイデガー＝レーヴィット的な役割存在論に依拠して考えてみれば、そうした役割関係という存在者的超越を可能にしているのは、世界劇場への「存在論的（ontologisch）超越」（GA24, 423）である。しかし、顔という比喩は役割存在論と縫いあわされた「表情論」を呼びこむために選ばれたわけではない。例えば「顔を見せていって」という私の言葉が電話口で相手に了承されるとき、どんな表情で対面がなされるかは不明だとしても、二人が顔をあわせることそれ自体は確かである。顔の命令もまたこのように二者関係それ自体にまつわる倫理的言語で最終的には語られるのであり、しかし本章第二節１ですでに論じたように、それはひとまず、世界劇場で分与された生存の場所をめぐる存在論的二者関係と消極的に結びついていた。こう説明できる顔と表情との哲学的関係をさらに探るならば、記号としての表情はそもそも他者へとむけられたときにはじめて有意味となりうるが、顔なしには表情を浮かべえないように、表情を介する自己他者関係は顔による始原的自己他者関係を必ず前提している。また、無表情も表情の一種であるかぎり、すべての表情を脱落させれば、顔それ自体を見うるわけではない。顔の命令〈汝、殺すなかれ〉は自己他者間の具体的関係を語り出すのではなく、存在論的言語では汲み尽しえない自己他者関係、つまりは他性との関わりを示している。

存在と無にかんする哲学的思考に従えば、他者を実際に殺すことは他者の無化と誤って同一視されていた。しかしレヴィナスの哲学的主張によれば、或る人が他者を殺害したとしても、存在と無の彼方へと逃れ去っていくその他性にとどくことはない。他性を無化することの道徳的不可能性を表出する顔の命令が開始する非対称的自己他者関係においてこそ、他者の他性は私との無限なる差異であることが示される。

では、他者のそうした他性と〈汝、殺すなかれ〉との積極的関係をレヴィナスはどのように考えていたのであろうか。

〈汝、殺すなかれ〉という命令が発せられるのは、他者と私のどちらもが存在の舞台上に生存するときであった。この命令によって非対称的自己他者関係が始まり、無化が道徳的に不可能な他性は私の存在論的思考から限りなくあふれ出ていく。こうした他性を表出する顔が、他者への無限なる応答可能性を私に課す。レヴィナスはこう論じていた。

応答可能性が無限であることは、それが現実的に広大無辺であること（*immensité*）を表わしているのではない。そうではなく、引き受けられるほどに応答可能性が増していくことを表現している。（TI, 274）

他者への応答可能性は無限なのだが、それは現実的無限ではなく、「引き受けられるほどに応答可能性が増していく」可能的無限である。応答可能性のこうした無限性が生存の場所をめぐる倫理的思考に響いている。その仕組みは以下の通りである。

一方で、みずから現前する顔の命令は〈君は私が生存する場所を奪うことはないだろう〉と翻訳され、しかし、こうして語り出された存在論的自己他者関係をあふれ出る倫理的自己他者関係において他者の他性が私に示されていく。つまり、〈君は他者の他性を無化することはないだろう〉という倫理的言語によって顔の命令はあらかじめ発せられていたのであり、他者の生存する場所は、存在論的自己他者関係の装いを取り去れば、無限な他者と有限な私のあいだの倫理的非対称性に染められていたことが判明する。生存の場所をめぐる倫理的関係のこうした始まりは、一人芝居ではない人生劇が世界劇場で公演される可能性の条件であり、端的な他者と私の二人が非対称に関わりながら世界劇場に立つことそれ自体である。

他者の他性にまつわる顔の命令は、世界劇場で他者が生存する以外に他の可能性はないという実際的必然性を現実化することはなく、他性の無化が道徳的に不可能であることを意味していた。抹消されうる他性はそもそも他性ではなく、すなわち、他性の抹消不可能性が顔による非対照的自己他者関係において無化の道徳的不可能性となる。こうした顔の命令が私へと放たれつづけるかぎり、私が生存する場所は、顔の意味作用から無限に倫理的意味が与えられていく。その場所は顔の命令によって端的な他者との関係それ自体を意味し、こうした自己他者関係のなかで他性は無限に私から差異化されつづける。

他方、顔の命令は果てることなく私に課され、このとき私が生存する場所は、他者への「応答可能性」がこのようにあふれ出るような、宇宙の一点が存立する可能性」(TI, 274) と化す。つまりは顔の命令にさらされた私はその他者への応答をだれとも代わることができないのであり、この代替不可能性は他者へと無限に応答すべき倫理的主体である私の「単独性」(TI, 274) として高められていく。私が生存する場所に倫理的意味が湧出《ゆうしゅつ》するのは、顔の命令ゆえなのだ。

結　生きることに責任はあるのか？

偶さかに開かれた世界でなぜか私は人びととともに生き、あるいは他者が先立って私は生き残る。こうした偶然的生の倫理を見抜こうとしたレヴィナスが第一主著で語り出した"responsabilité"は、その内実からして「責任」よりも「応答可能性」と訳すべき概念であった。本書を導く「生きることに責任はあるのか」という問いは、その意味が「自由」と対になった「責任」にまつわるものであるならば、レヴィナスの倫理学はその問いにイエスかノーで答えることを主眼としてはいない。強調的に言えば、生きることそれ自体が応答可能性だからである。自由と相即した責任を引き受けることの可否を考える手前で、この世界に生きることは、出会った他者の顔に応答し、私が選ぶことなくその応答を重ねていってしまうということである。応答する私が生きる場所にむけて、このように顔との関わりから倫理的意味が与えられつづけるかぎり、この世界に存在する私に倫理的生を贈るのは端的な他者なのだ。

凡例

原書から訳出するさい、原文のイタリックによる強調には傍点を付す。本文に付された傍点は論者による強調である。E・レヴィナスの著作から引用するさいは、以下の略号を使用する。

EE: *De l'existence à l'existant,* J. Vrin, 1990.

LC: *Liberté et commandement,* Fata Morgana, 1994.

TI: *Totalité et Infini, Essai sur l'extériorité*, Kluwer, 1988.

EDL: *En découvrant l'existence avec Husserl et Heidegger,* J. Vrin, 1967.

DVI: *De Dieu qui vient à l'idée,* J. Vrin, 1998.

EN: *Entre nous, Essais sur le penser-à-l'autre,* Grasset, 1991.

EI: *Ethique et Infini, Dialogues avec Philippe Nemo,* Fayard, 1982.

M・ハイデガーの著作から引用するさい、SZ はニーマイヤー版『存在と時間』(第十七版) を示す。GA はクロスターマン版M・ハイデガー全集を示し、つづけてその巻数を記す。J・デリダの著作から引用するさい、VM は以下の論文を示す。“Violence et métaphysique. Essai sur la pensée d'Emmanuel Levinas”, in: *L'écriture et la différence,* Seuil, 1967.

註

(1) 一九六一年と一九七四年に二つの主著をものしたレヴィナス（一九〇六～一九九五年）が主に批判の対象としていたのは、ハイデガー『存在と時間』を中心に展開された超越論的哲学である。「転回をめぐる思索」（*Die Technik und die Kehre*, Neske, 1962, SS. 39-42）が遂行された刊行テキストをレヴィナスはその主著のなかで検討することもあるが、一九八九年刊行の『哲学への寄与論稿――性起について――』（GA65）に対する批判的検討を著作あるいは論文で行った形跡はなく、対談中で消極的に言及するのみである。

　レヴィナスは、一九二八年から一九二九年にかけて二学期間、フライブルクへ留学したおりにハイデガーの『哲学入門』講義（GA27）に参加している。また彼の初期フライブルク講義およびマールブルク講義の刊行テキストをレヴィナスがどれほど読んでいたか、詳細は不明であるが、最初期に『存在論（事実性の解釈学）』（GA63）にかんする情報をO・ベッカーの論考から入手し（cf. EDL, 69）、ハイデガー哲学に内在した論考のなかで『存在と時間』のアリストテレス的契機をたびたび強調している。

　レヴィナスとハイデガー哲学とのこうした関わりをふまえて、ハイデガー批判に見られる表現の熾烈さに目を奪われることなく、その批判に含まれたハイデガー理解の限界画定を行わなければならない。このとき、ハイデガー哲学に内在した解釈との照合作業が必須である。ハイデガー全集の刊行とハイデガー解釈の進展にともない、レヴィナスとハイデガーとの哲学的関係を検討することは古くて新しい問題だと言える。

(2) レヴィナス『倫理と無限　フィリップ・ネモとの対話』は一九八二年刊行の対談だが、前期思想の枠内でイリア概念を定義しているので引用する。

(3) EE, 93. レヴィナスはハイデガーの脱自的実存概念を認めていないので、“Existence sans existant”をシュトラッサーに従い「存在者なき存在（das Sein ohne Seiende）」（S. Straßer, *Jenseits von Sein und Zeit*, M. Nijhoff, 1978, S.

226）と訳す。『時間と他なるもの』（一九四八年）では、実存者と実存という術語が「語呂の関係」から存在者と存在の代わりに選ばれたと記されている。

（4）坂口ふみ『〈個〉の誕生——キリスト教教理をつくった人びと』（岩波書店、一九九六年）の第二章「ヒュポスタシスとペルソナ」を参照。

（5）レヴィナスがハイデガー哲学に内在して「現」概念を解釈した小論に『フッサールとハイデガーとともに実存を発見するにさいして』（第二版）所収の「マルティン・ハイデガーと存在論」（一九三二年）がある（cf. EDL, SS. 55-60）。「現存在」概念にかんするレヴィナスの解釈を検討した文献として、以下を参照。D. S. Schiffer, *La philosophie d'Emmanuel Levinas, Métaphysique, esthétique, éthique*, PUF, 2007, pp. 24-56.

（6）篠憲二『現象学の系譜』（世界書院、一九九六年）の九四頁を参照。

（7）『デカルト的省察』のフランス語訳者であったことを指摘しておく。

（8）このようにレヴィナスによるハイデガー批判は、「ボタンのかけ違い」であって批判たりえていない部分が少なからずある。この事情にかんしては、古東哲明『〈在る〉ことの不思議』（勁草書房、一九九二年）を参照。

（9）EN, pp. 20-22. この辺りの経緯にかんしては、P・アヤがレヴィナス『自由と命令』に付した序文「倫理的個人主義の哲学」の説明が分かりやすい（cf. LC, p.9f.）。

（10）〈汝、殺すなかれ〉のヘブライ語原文ではいわゆる未完了形の動詞がもちいられていることにかんして、関根清三『旧約における超越と象徴　解釈学的経験の系譜』（東京大学出版会、一九九四年）の八二頁以下を参照。併せて熊野純彦訳『全体性と無限（下）』（岩波文庫）二八四頁の訳注（19）を参照。また、レヴィナスはカーニーとの対話において顔の命令を“you shall not kill, you shall not jeopardize the life of the other”、すなわち、「汝、殺すなかれ、汝、他人の生命を危うくするなかれ」とパラフレーズしている。以下を参照。Paul Ricoeur, Emmanuel Levinas, Herbert Marcuse, Stanislas Breton, Jacques Derrida / Richard Kearney, *Dialogues with*

Contemporary Continental Thinkers, The Phenomenological Heritage, Manchester University Press, 1984, p. 60.

（11）顔が採る命令法にかんしては、ローゼンツヴァイク『救済の星』（村岡・細見・小須田訳、みすず書房、二〇〇九年）との比較研究が必須であろう。同訳書の訳者解説六八六頁を参照。Ｐ・アヤによる同様の指摘が「倫理的個人主義の哲学」にある（cf. LC, 15）。顔概念の簡潔明瞭な読解にかんしては鈴木泉「顔の形而上学」（哲学会編『レヴィナス――ヘブライイズムとヘレニズム――』所収、有斐閣、二〇〇六年）を参照。

（12）前期思想と後期思想のあいだで、つまりは第一主著のうちに、生存の場所をめぐる哲学的探求が深まりゆく様を追跡する所以である。同様の問題が検討された第二主著『存在の彼方へ』の核をなす第四章「身代わり（substitution）」の考察は、今後の課題としたい。

（13）E. Lévinas, *L'au-delà du verset, lectures et discoures talmudiques*, Éditions du Minuit, 1982, p. 233f.

（14）TI, 340. これは『全体性と無限』結論部からの引用である。デリダ「暴力と形而上学」がレヴィナスの哲学的思考に与えた影響にかんする自家証言については、以下を参照。E. Lévinas, *Autrement que savoir, avec les études de Guy Petitdemande et Jacques Rolland*, Editions Osiris, 1988, pp. 67-70.

（15）本章での概念規定とは異なるが、偶然性にかんする体系的な考察としてレヴィナスの同時代人である九鬼周造『偶然性の問題』（一九三五年）および『人間と実存』（一九三九年）を参照。ハイデガーと九鬼の哲学的関係については、森一郎『死と誕生――ハイデガー・九鬼周造・アーレント』（東京大学出版会、二〇〇八年）を参照。

（16）"persona" の多義性については、坂部恵『ペルソナの詩学』（岩波書店、一九八九年）および『仮面の解釈学』（東京大学出版会、一九七六年）を参照。

（17）この可能性にかんしては、拙稿「ハイデガーとレーヴィット――超越と他者をめぐって――」（実存思想協会編『実存思想論集 ニヒリズムと宗教的なるもの』第十八号所収、理想社、二〇〇三年）を参照。

（18）新田義弘『現象学』（岩波全書、一九七八年）の一〇一頁～一〇五頁を参照。

(19) ヴァルデンフェルスによれば、顔は世界内に存在するのでも、世界外に理念として存在するのでもなく、「他者の身体的非現前（leibhaftige Abwesenheit）を告げている」。Cf. B. Waldenfels, "Levinas and the face of the other", in: *The Cambridge Companion to Levinas,* Cambridge University Press, 2002.

(20) 顔概念にこめられた自己他者関係については以下を参照。M-L. Mallet,"Écouter un visage?", in: *Rue Descartes / Emmanuel Levinas,* PUF, 1998.

(21) VII, 37-40, 45f. ただし、ローマ数字はアダン・タヌリ版デカルト全集の巻数を示す。

(22) 本章での解釈とは異なるが、デカルト『省察』における無限の観念から神義論の可能性／不可能性を問うた論考として以下を参照。R. J. Bernstein, "Evil and the temptation of theodicy", in: *The Cambridge Companion to Levinas,* Cambridge University Press, 2002.

[付記1] 本章は、日本倫理学会第六十回大会のワークショップ「生と責任をめぐって――現象学的倫理学の現在」(二〇〇九年十月十六日、南山大学)での発表原稿をもとに作成した「場所と倫理――〈顔〉試論」(岩手哲学会編『フィロソフィア・イワテ』所収、二〇〇九年）に大幅な加筆と修正を施したものである。学会および研究会にて御助言くださった方々に記して感謝します。

[付記2] 本章と序章、第十章の三つは、平成二十四年度科学研究費補助金若手研究（B）「時間現象の倫理学的探究――ハイデガーとレヴィナスの相互照明――」（研究代表横地徳広、課題番号21720002）による研究成果の一部である。

第Ⅱ部　日本の現象学的倫理学

第6章　他者との共感

――西田幾多郎とM・シェーラーの現象学的倫理学

張　政　遠

序

エシックス（ethics）が日本語に翻訳されたのは約百二十年前の出来事にすぎない[1]。この単語が倫理ではなく、倫理学として訳出されたことには、極めて重要な意味がある。つまり、教えとしての倫理（例：儒学の倫理）と、学としての倫理学とを区別しなければならない、ということである。そもそも、エシックスの語源はエチカ（ethika）であり、エトス（ethos）に由来する。エトスとは個人の習慣や集団の習俗を意味する。だから、倫理を人間から切り離しては考えられない。人と人は共に生きている限り、他者についての問いも重要な意味がある。しかし、もう一つの重要な問題がある。つまり、それは倫理学とは何かということである。倫理学を決して風俗習慣に関する学問と同一視すべきではない。倫理学に関する問題といえば、人間は何をすべきか、善とは何か、なぜ人を殺してはいけないのか、という問いが挙げられる。

現象学において、この倫理学の多義性が重視されている。例えば、M・シェーラー（一八七四～一九二八年）の現象学的倫理学においては、人間とは何かという問いだけではなく、人間は何をすべきかという問いも検討されている。驚くべきことは、ほぼ同時代の西田幾多郎（一八七〇～一九四五年）も倫理学の多義性を洞察している、ということである。西田は倫理学を極めて重視しており、一九一一年に出版された『善の研究』の中で純粋経験という立場から倫理学を論じた。また、論文「私と汝」においてはシェーラーの名前をあげており、独我論を超克しようとした。無論、西田は現象学者とは自称していないが、彼とシェーラーの倫理学には多くの共通点があると考えられる。以下、シェーラーと西田のテキストに沿って、現象学的倫理学の可能性を考察していきたい。

一　シェーラーの現象学的倫理学(2)

現象学からみれば、倫理学とは何であろうか。この問いにシェーラーは逸早く答えようとした。『現象学年報』の編集者だった彼は、多くの著作の中で倫理学と現象学とを結びつけようとし、倫理学的人格主義という立場を論じた。そうしたシェーラーの出発点はカントである。『人倫の形而上学の基礎づけ』（一七八五年）の中で、カントは「汝の人格や他のあらゆる人の人格のうちにある人間性を、常に同時に目的として取り扱い、決して単に手段としてのみ取り扱わないように行為せよ」と定式化している。人間は、物（Sache＝物件）ではなく、人格（Person）だからである。しかし、シェーラーは、カントに根本的な誤りがあったと確信している。つまり、人格は決して法を守るものではなく、価値を自ら把握できるものであると考えている。シェーラーの現象学的倫理学は定言命法に関する倫理学ではなく、価値の倫理学であるといえよう。「善」と「悪」は何らかの法則によって限定されるものではなく、人格が感得した実質的なものである。

さて、実質的な価値は如何にして感じられ得るのだろうか。シェーラーは「感じる」という能力に注目した。『倫理学における形式主義と実質的価値倫理学　一つの倫理学的人格主義を基礎づけようとする新しい試み』（一九一三／一六年）において、シェーラーは「何かについての感情（Fühlen von Etwas)」と「感情状態（Gefühlszustände)」を区別している。

（1）例えば、痛み、くすぐったさや痒みの感覚などの、身体的な感情状態
（2）例えば、脱力、不安、病気、健康などの、生命的な感情状態
（3）例えば、嘆き、喜び、悲しみ、憂うつなどの、心的な感情状態
（4）例えば、至福、絶望、良心の呵責、安心、平和などの、精神的な感情状態(3)

これらの感情のうち、身体的な感情状態が最も基礎的なものである。というのも、身体的な感情状態はすべて本質上生理的なものであるからである。つまり、それらは延長や場所をもっており、身体的な感情状態は外的な刺激なしには引き起こされない。それらは、身体が刺激を受けているとき、ほとんど

直接的に感じられる。身体的な感情状態は本質的に感覚可能であり、その延長は強度とともに増えていく。こうした感情状態は、科学的な観察や測定による医学分野の研究対象である。これに対して、生命的な感情状態は延長や場所をもっていない。しかしながら、それらはわれわれの生活において重要な役割を演じる。例えば、われわれは痒みという感覚的な感じに一時の間悩まされるが、それが生活に影響を与えるということはない。けれども、不安のような生命に関わる感情状態にあっては、人の心的な健康や生理的な健康に深刻な影響を与えることがある。生命感情状態において、人は自分自身の生命をすら感じているのである。深刻な病気やケガの場合でも、人は生命力の増加を感じることさえありうる。実際、それは強力な生命感情の結果なのである。

シェーラーが言うには、身体的および生命的な感情状態はもっぱらその感情の主体のうちにだけ存在するものであるが、心的および精神的な感情状態は、再現されたり、別の人と共有したりすることができる。心的な感情状態の段階で深い悲しみにあるときには、普通、「私は悲しいと感じています（Ich fühle mich traurig）」とか「私は悲しみを感じています（Ich fühle Trauer）」、「私は悲しいです（Ich bin traurig）」というふうに表現される。[4] こうした表現で、人は他人の感情を理解することができる。シェーラーは、上述の表現において、悲しみがだんだん自我に近づいているということを指摘している。ここでの感情は、人格が持つ自我質の原点なのである。他方で、精神的な感情状態は、自我性の欠如によって特徴づけられる。至福や絶望といった精神的な感情状態は、人格の「共感（Sympathie）」という作用に関係し、それは自己や自我といったものを欠いた感情なのである。シェーラーはそれを指摘する。「私たちはそのとき、もっぱら、至福や絶望状態に『ある』ことができるだけである。言葉の厳密な意味で、われわれは至福や絶望を『感じる』ことはできないし、至福や絶望状態にある『みずから』を感じることすらできない」[5]。精神的な感情状態にある人は普通、「私は絶望を感じている」といった表現を使わない。なぜなら、そういう自己や自我といったものが欠けているからである。

シェーラーの現象学的倫理学におけるもう一つのキーワードは、「共感」である。哲学的倫理学に現象学的な基礎づけを与えようとする『共感の本質と諸形式』（一九二三年）[6]において、シェーラーは「共感」がもつ異なる四つの概念を区別している。

（1）直接的な共通感情（das unmittelbare Mitfühlen）
（2）何かについての共同感情（das Mitgefühl an etwas）
（3）単なる感情伝播（die bloße Gefühlsansteckung）
（4）真の一体感（die echte Einsfühlung）[7]

まず、直接的な共通感情とは、二人の人間によって共有されている直接的な感情のはたらきである。例えば、愛する子どもが亡くなると、その母親と父親には深い悲しみが生まれる。次に、何かについての共同感情とは、ある人が他人の感情を感じとることのできるような状態のことである。上述の例で言えば、あの両親の友人は彼らの悲しみを感じることができる。しかし、この友人の悲しみは、現象学的には、あの両親の深い悲しみのはたらきとは別物である。また、単なる感情の伝播は広くごく一般に見られる。ある赤ん坊が泣いている別の赤ん坊たちに囲まれているとき、自分も理由なしに泣いてしまうことがある。最後に、真の感情的な同一化においては、二人の人間が肉体的には別々の人物であるにもかかわらず一体感を感じることができる。一つの典型的な例を、母親とその子どもの間の「テレパシー的な感情」に見ることができる。母子は明らかに二つの存在者であるが、（少なくとも母親が言うには）自分たちが一体で一つの存在者であると現に感じているのである。例えば、子どもが両親に泣くなど何もヒントを出していなくても、母親は子どもがお腹を空かせていることを感じることができるだろう。

さらに、シェーラーは二つのタイプの感情の同一化に細分化する。「特発性型（idiopathische Typus）」では他人が私に同化し、「異発性型（heteropathische Typus）」では私が他人に同化する。とりわけ、愛を満たされた性行為においては、自己は完全に他者に結合する。というのも、そのとき二人の人格は一体となっているように見えるからである。言い換えれば、彼らの精神的な人格性は、明らかに、一つの生命の流れへと合わさっているように見える[8]。

ここで重要なのは、「一体感（Einsfühlung）」は「感情移入（Einfühlung）[9]」と混同されるべきではない、ということである。感情的な同一化とは、一体になっているという感情であり、自分と他人の融合状態である。これに対してシェーラーは、共感（Sympathie）の諸現象を混同してしまう、リップスやシュタインなどの理論を批判して共感と同感を区別し、感情移入の具体相を明らかにしていく。同感状態にあっては、人は他人の感情を知ることができる。そういうことができるのは、われわれが他人のことを理解する能力を持っているからである。シェーラーはこの能力を「追感得（Nachfühlen）」と呼んでいる。この追感得なしには、同感というものはありえない。同感というものは、われわれがもっている言語表現やそれとは別のジェスチャーや表情といった身体表現を通じて他人の感情を理解する能力を前提にしている。しかし、共感はそうした同感とは違い、それは直接に一緒に感じることであり、他人の表現を理解することを前提することさえない。

この共感という概念は普遍的な現象であり、多くの宗教的な教えに見られる。仏教の思いやり（悲）という考えは、ブッダが現実の世界で他者の苦しみ（例えば、生老病死）を感じるということである。儒教においては、井戸に落ちてしまいそうになっている子どもを見れば、誰でも哀れみの心（惻隠の心）を持つと言われる。『聖書』においては、それは憐憫の感情（憐れみ）である。「幸いだ、憐れみ深い者たち、その彼らこそ、憐れみを受けるであろうから」（「マタイによる福音書」5:7）[10]。愛は志向的な感情であり、他者の悲しみを共に感じることではない。シェーラーは『共感の本質と諸形式』の第二部には愛と憎について詳しく論じたが、第三部では他者の問題に注目した。要するに、共感は常に他者の存在を前提している。シェーラーの他者論は「類推説」と「感情移入説」を批判していた。「他我の認識を『推論』もしくは『感情移入』の諸過程から導入しようとする理論は、自己知覚の困難さを過小評価するのにみあって、他者知覚の困難さを過大評価しがちであったという点において、基本的な誤りをおかしている」[11]。シェーラーは「カトリックのニーチェ」[12]と呼ばれているが、「現象学的なパスカル」とも呼ばれてよいかもしれない。というのは、シェーラーが強く主張するところでは、人間は純粋な理性的動物ではなく、心をもった動物だからである。彼は、フランスの哲学者ブレーズ・パスカルの誠実な見識に従っていた。すなわち、心情の論理（logique du coeur）というものがあって、これは理性の論理（logique de la raison）による認識の射程外に位置するというものである。実際、彼の愛についての考えは、パスカルの発見への回帰である。「心情もその理をもつ」、つまり、心情は、理性には知りえないような、独自の論理をもっている。こころの論理はけっして理性の論理に還元されるべきではない。現象学者として、シェーラーが示しているのは、感情の領域は理性の領域に還元され得ない、ということである。

二　西田の現象学的倫理学

シェーラーは「心情の論理」を強調しているが、西田も独自の「論理」を思索している。そもそも、西田の関心は倫理学にもあった。注目すべきは、西田は「倫理学」という井上の翻訳を認め、「善とは何ぞやとの問題は倫理学の根本問題である」[13]と明言したことにある。また、西田によるカント倫理学への批判も数多く見出される。例えば、「真善美の合一点」という論文の中で西田はこう書いている。

「汝の行為の格律が一般の法則となるが如く行え」とか「自己及び他人の人格を目的そのものとして用いよ」とかいうも、如何なる行為において汝は汝自身の人格を目的そのものとして用い得るか、汝の行為が一般的法則となり得るか。［中略］カントが虚偽の約束が義務に背くや否やを知ろうと思わば、それが一般の法則となり得るかを考えて見ようという時、我々をして虚偽の約束が一般の法則となる事はできぬと考えしめるものは何であるか。［中略］如何にして我々は全然利害得失の念を離れて純真に法の為に法を敬し、法を敬する念より働くことができるか。我々は如何なる内容の法則を敬し、如何なる内容の法則によって行うべきであるか。(NKZ 3: 364-365)

西田はカントを批判しながらも、みずから価値の倫理学を主張しようとした。例えば、「約束を守るということが道徳的価値を有するのは、単にそれが一般的法則となるというにあるのではなく、義というものが大なる人生の要求として文化現象を構成する人事相を成すが故である」(NKZ 3: 367) と論じている。しかしながら、晩年に至るまで西田の倫理学は十分に展開されたとは言い難い。『善の研究』から『場所的論理と宗教的世界観』(一九四五) までの著作において倫理学の思想が散見できるが、結局西田は倫理から宗教へと転向したと言える。要するに、西田は善悪の問題よりも善悪を超えた根本的な立場を探ろうとしたのである。

一見、西田の倫理学とシェーラーの現象学とはかなり異なっている。西田は現象学に強い関心を示したが[14]、みずからの哲学を現象学とは呼ばなかった。このことから、西田が現象学に対してかなり距離を置こうとしたことがわかる。しかし、西田の哲学とシェーラーの現象学的倫理学の間には重なっているところがあると考えられる。実際、論文「私と汝」において、西田はシェーラーの名前をあげている。

私の表現の類推によって汝の表現を知るという類推説の維持し難きはいうまでもなく、マックス・シェーレルもいっている如く、感情移入という如きものを以てするも、私が汝の個人的存在を知り、汝が私の個人的存在を知るということを説明し得ないであろう。(NKZ 6: 373)

おそらく、西田は直接シェーラーの著作を読んでいなかったのだろう。西田が考えた「感情移入(Einfühlung)」は、シェーラーが考えた「一体感(Einsfühlung)」ではなく、むしろリップス(一八五一～一九一四年)が考えたものであると推測できる。いずれにせよ、西田の立場は類推説でもなければ感情移入説でもないことが断言できる。というのは、西田の考えは私の存在をアルキメデスの点としたうえ、汝を証明しようとするという進路では進まないからである。そうではなく、西田が着眼したのは、私と汝という存在の底のあり方である。この根底においては、私と汝が存在し、人格的世界が現れるのである。西田の考えは感情移入説ではないが、共感に関しては全く無理解だったわけではない。むしろ、西田の私と汝の哲学を共感の現象学として理解することができる。じっさい、西田は共感という現象に大いに注目した。例えば、『善の研究』に次の箇所がある。「親が子となり子が親となりここに始めて親子の愛情が起るのである。親が子となるがゆえに子の一利一害は己の利害のように感ぜられ、子が親となるがゆえに親の一喜一憂は己の一喜一憂の如くに感ぜられるのである」(NKZ 1: 197)。母と子との共感が愛として理解されているが、西田は、知と愛とは同一の精神作用であるとしている。また、西田はこう論じている。

知は愛、愛は知である。例えば我々が自己の好む所に熱中する時は殆ど無意識である。自己を忘れ、ただ自己以上の不可思議力が独り堂々として働いている。この時が主もなく客もなく、真の主客合一である。この時が知即愛、愛即知である。［中略］我々が他人の喜憂に対して、全く自他の区別がなく、他人の感ずる所を直に自己に感じ、共に笑い共に泣く、この時我は他人を愛しまたこれを知りつつあるのである。愛は他人の感情を直覚するのである。池に陥らんとする幼児を救うに当りては、可愛いという考すら起る余裕もない。（NKZ 1: 198）

苦しんでいる人を無条件的に救うことは、まさに孟子が論じた「惻隠の心」の例である。人間は、惻隠の心だけでなく、羞悪の心、辞譲の心、是非の心ももっているのである。こころとは動物的本能ではなく、むしろわれわれはこころによって善悪などの価値を直接感得するのである。しかし、西田は「勿論純粋なる直覚説といえば、全く無意義の直覚を意味するのでなければならぬのであるが、斯の如き倫理学説は他律的倫理学と同じく、何故に我々は善に従わねばならぬかを説明することはできぬ」（NKZ 1:125）と書いており、直覚説を批判している。

『善の研究』には共感という表現はないが、西田は“mitfühlen”という概念に注目した。『意識の問題』（一九二〇年）において彼は次のように書いている。「我々が真に物を知るには之とmitfühlenしなければならぬ、すべての知識の根底にはリップスの云う如き感情移入がある。我々が真に人を知ることには之と同感せねばならぬのみならず、色を知るには色と同感せねばならぬ、音を知るには音と同感せねばならならぬ」（NKZ 3: 68）。この「共感」の理解に大きな問題が残っている。すなわち、共感することと知ることとは違うのである。他人とは共感はできるが、物と共感することは到底できない。共感と同情は同義語として使われたことにも大きな誤解を招く可能性がある。一見、西田の「共感論」はシェーラーの「共感論」とかなり異なっているが、別の箇所では西田はまるでシェーラーのように共感の問題の核心を示している。「我々が人の喜を喜び、人の悲を悲むという同感の根拠は、何処に求むべきであるか」（NKZ 5: 310）。西田の考えでは、私と汝が直に相接することによって、同感することができる、ということである。

共感の本質をどのように捉えるかとは別に、西田はシェーラーと同様に独我論を批判し、私と汝との共感に注目した。周知のように、『私と汝（Ich und Du）』というのは、一九二三年に刊行されたブーバーの著作の題名である。西田の「私と汝」は一九三二年に書かれたものである。西田はブーバーの『私と汝』を知っていたが[15]、ブーバーに倣って「私と神」「私と物」という議論を展開することはなかった。西田の関心は、他者は単に私の意識の対象であるか、ということにあった。『善の研究』においては、西田は「若し意識現象をのみ実在とするならば、世界は凡て自己の観念であるという独知論に陥るではないか。又はさなくとも、各自の意識が互に独立の実在であるならば、いかにして其間の関係を説明することができるかということである」（NKZ 1: 54-55）とし、また、『無の自覚的限定』（一九三二年）の「序」においては、「私と汝の関係について種々なる難問は、内界と外界とが対立し、各自が絶対的に自己自身に固有なる内界を有つと考えるから起こるのであるということができる。我々が厳密なる意味において個人的自己の意識というものから出立するならば、遂に独我論に陥るのほかない」(NKZ 6: 347) として、問題の難しさを示唆している。他者は私の意識であるかぎり、本当の他者ではない。そこで、西田は私と他者の以前の経験へと戻ろうとした。「個人あって経験あるにあらず、経験あって個人あるのである、個人的区別より経験が根本的である」(NKZ 1:4) ということによって、独我論を脱することができると西田は主張している。ところが、「私と汝」においては「経験」がほとんど議論されていない。おそらく、西田は経験には心理主義的な側面があり、結局、独我論から脱出できないと考えているのだろう。超越論的自我から独我論を超克するフッサールの現象学も、独我論に陥ってしまうかもしれない。西田は「経験」というアルキメデスの点を放棄し、むしろ私と汝との共通の「底」を明らかにしようとした。この「底」というのは、人格という概念が大きな役割を担っている。

　人格というのは、私・あなた・彼・彼女・私たち・彼ら・彼女らという「人称代名詞」ではない。一見、私と汝は独立した二人の存在者であり、何かを一緒に感じることができるはずがない。「私と汝」の冒頭に「私は現在私が何を考え、何を思うかを知るのみならず、昨日何を考え、何を思ったかをも直ぐに想起することができる。昨日の我と今日の我とは直接に結合すると考えられるのである。之に反し、私は他人が何を考え、何を思うかを知ることはできない」(NKZ 6: 341) と書かれている。そこで、西田は私と汝との接点を探ろうとした。

> 私と汝とは絶対に他なるものである。私と汝とを包摂する何らの一般者もない。しかし私は汝を認

めることによって私であり、汝は私を認めることによって汝である、私の底に汝があり、汝の底に私がある、私は私の底を通じて汝へ、汝は汝の底を通じて私へ結合するのである、絶対に他なるが故に内的に結合するのである。(NKZ 6: 381)

西田によれば、私と汝が出会ったというのは私が汝を認知するという一方的な行為ではない。つまり、認知する私が認知される汝を知ることではなく、私と汝が相互的に知り合うことである。この知り合うことに「底」がある。この「底」が、人格と深く関係していると考えられる。語源的にいうと、「人格(Person)」という言葉はラテン語の「ペルソナ」という言葉に由来しており、この言葉は「響き渡る」ことを意味する動詞personareに発している。そもそも、「ペルソナ」は古代ギリシア語の「プロソーポン」の翻訳であり、「面」または「仮面」をさす。古代の演劇にあっては、役者たちは仮面をかぶって演じ、仮面から声を出さなければならなかったのである。現在でも、「ドラマティス・ペルソナエ」(dramatis personae =登場人物)という表現は劇のプログラムに見つけられる。この登場人物は役を担うひとであった。しかし、「ペルソナ」にはもう一つの意味がある。それは「ヒュポスタシス(hypostasis)」をさしてもいる。ヒュポスタシスは重要な哲学的概念である。この概念は「下に(hypo)」と「立ている(histasthai)」から由来しており、「下で支えること」を意味している。文字通りに、これは据えられているものをさしており、例えば支えや建物の土台、または沈殿物をさす。哲学的な観点からいうとヒュポスタシスは基底的な原理あるいは実在的なものを意味している。このような意味は後期プラトン主義においては最高の原則として意味されたものと同じものである。形而上学の文脈にあっては、これは実体（hypokeimenon, substratum）とおよそ同じものを意味している。[16] カントは人格と物（Sache＝物件）との違いを強調している。『人倫の形而上学の基礎づけ』において彼は次のように論じている。

さて、そのものの現存在がいかにもわれわれの意志には依存せず、自然に依存している存在者が、それにもかかわらず理性を欠いた存在者である場合には、ただ手段としての相対的価値をもつのみであり、それゆえ物件（Sache）とよばれる。これに反して理性をそなえた存在者は人格とよばれる。何となれば理性的存在者の本性がそれをいうまでもなくそれ自身における目的として、すなわち単に手段として使用せられてはならないあるものとしてきわだたせ、したがって理性的存在者の本性はそのかぎりあらゆる選択意志を制限する（そうして尊敬の対象である）からである。[17]

注目すべきなのは、カントは物件とはある目的の手段であると強調し、物件は交換可能であり、対象化されることができると指摘している点である。人格は「目的そのもの」であり、交換不可能で尊厳を有する者である。すべての個的人格は物（Sache＝物件）として対象化されるべきではない。ところで、西田は「私の人格というのは、唯個々独立の個人というものをいうのではない。私は、人格というものを原子論的に考えているのではない。恣意的な自由意志を有ったものを人格というのでもない。カントの理性的意思の如きものすら真の人格と考えるのでない」(NKZ 13: 133) と明言しており、また、「私の人格といぅのは、主観的・客観的なる真の歴史的世界の発展において形成せられたる個物をいぅのである」(NKZ 13: 135) と定義している。この意味での人格は個人主義でもなければ没我主義でもなく、歴史を媒介としたものを人格としており、真の人格の世界は歴史の世界であるとしている。もちろん、人格は物 (Sache =物件) ではない。しかし、人格は決して「当為 (Sollen)」ではない。世界に開かれた人格は、シェーラーの「世界開放性 (Weltoffenheit)」として理解することができよう。

結

現象学的倫理学は価値・共感・他者などに関わっていることが明らかであるが、果たしてわれわれに倫理学的規範を与えることができるのだろうか。例えば、嘘をつくべきか。人を殺すべきか。そして、人殺しに追いかけられている人が自分の家にいると知りながら、人殺しにその人は家にいないと嘘をつくべきか。ある宗教上の理由で自分の息子または娘を殺し、神に捧げるべきか。死に恐怖心を抱く年配の親に治る見込みのない病気を告知すべきか。子は「孝」のために親に嘘をつくことが許されるのだろうか。これらの問いは決して倫理の問題ではなく、倫理学の問題に属するものである。倫理学と倫理が混同されている今日において、われわれは温故知新という原点に回帰しなければならないのである。

註

（1）『哲学字彙』の中で、「Ethics」という項目に「倫理学　按、礼学記、通于倫理、又近思録、正倫理、篤恩義」が書かれている。井上哲次郎『哲学字彙』（東洋館、一八八四年）の四一頁を参照。

（2）本節の内容の一部は、二〇〇九年二月二三日立命館大学にて英語で発表した「マックス・シェーラーによる愛と憎しみの現象学」（和訳：小菊裕之氏）によるものである。また、シェーラーと西田の現象学的倫理学をめぐっては二〇一一年七月二九日に東京大学で行われたUTCP Seminar on Japanese Philosophyにて英語による口頭発表を行った。

（3）『倫理学における形式主義と実質的価値倫理学（中）』（『シェーラー著作集』二巻、吉沢伝三郎・岡田紀子訳、白水社、一九七六〜一九八〇年）の二七〇頁。

（4）同書、二八四頁。

（5）同書、二八五頁。

（6）初版は一九一三年に『共感感情の現象学と理論、および、愛と憎しみについて』という題名で出版された。邦訳題名は『同情の本質と形式』（『シェーラー著作集』八巻、青木茂・小林茂訳、白水社、一九七七年）となっている。

（7）同書、四一頁。

（8）同書、五一頁。

（9）感情移入Einfühlungは、ギリシア語*empatheia*由来する。

（10）訳文は『新約聖書』（新約聖書翻訳委員会訳、岩波書店、二〇〇四年）による。

(11)『共感の本質と諸形式』の四〇一頁。
(12) Scheler, *On the Eternal in Man*, London, SCM Press, 1960, p. 471.
(13)『西田幾多郎全集　第十四巻』(岩波書店、一九六五年) に収められた「倫理学草案　第一」の五五八頁。以下、同全集はNKZと略記し、つづいて巻数と頁数を14:558のように示している。
(14) 西田はある手紙に「Phänomenologie はいかがです　随分六ヶ敷いでせう　リッケルトなどの様に単に論理的形式にのみ着目する学派と違ひ Erlebnis の要素が入って面白いと思ひますがあんなに statisch にのみ行ってはいかがでせう　ゲーテがメンデルズゾーンを諷した様に蝶を殺して其美を求める様な嫌はありますまいか」(NKZ 18: 249) と書き、日記には「Husserl をよむ」(NKZ 17: 271)「Husserl に手紙と本を送る」(NKZ 17: 401) などと記されたことがある。
(15) 西田の日記には「ブーベル?・Ich und Du.」と書かれた箇所がある。NKZ 17: 506を参照。
(16) トマス・アクィナス著・高田三郎訳『神学大全』第三巻（創文社、一九六四年、Qu.29, art.3) の五三頁。ボエティウスはペルソナの歴史について研究を行っている。*De duabus naturis et una persona Christi* の中でペルソナを次のように説明している。

「ペルソナ」なる名称は、喜劇や悲劇において、人物を表現する「ペルソナ」即ち「面」というものに由来している。「ペルソナ」persona は、すなわち「ペルソナーレ」personare（＝響き渡る）にもとづく。「面」をつければ、そのくぼみで以て音声の響きが当然大きくなるからである。ギリシア人の場合は、こうした「面」personae のことを「プロソパ」というのであって、これも、「面」は顔にあてられ、眼前で相貌を遮ることによる。

なお、和辻哲郎は一九三五年に発表した「面とペルソナ」(『和辻哲郎全集』第十七巻、岩波書店、二八九〜三一五頁)の中で人格としての面に強い関心を示している。

(17) カント、『カント全集』第七巻『人倫の形而上学の基礎づけ』(深作守文訳、理想社、一九八四年)の七四頁。

第7章　世界・国家・懺悔

――田辺哲学の現象学的解釈

吉川　孝

序

田辺元がドイツに留学したときに、師のフッサールは日本の『改造』誌に倫理学に関する論考を寄稿している（第一章）。そのとき、田辺がフッサールと編集者との仲立ちをしたらしく、邦訳に携わった可能性も指摘されている[1]。田辺はフッサールの現象学的倫理学の展開を熟知していたかもしれないのである。では、帰国後に形成されたいわゆる「田辺哲学」は、現象学的倫理学と深いつながりをもつのだろうか。田辺は、「責任」をみずからの哲学の主題としたのであろうか。こうした問いに肯定的に答えるのは難しい。田辺哲学は、現象学的手法というよりもむしろ「種の論理」という独自の弁証法（絶対弁証法）を軸として成立している。現象学派の哲学が基本的には「生」を主題とするのに対して、田辺は、弁証法的思考を武器にして「死の哲学」を築きあげている。さらに田辺は、西洋の近代哲学との対決のなかで、近代的な自由や責任の概念を批判している。したがって、田辺哲学を手掛かりに「生きること」や「責任」について考察することは、無理があるようにも思われる。

しかしながら、田辺がドイツ留学中にフッサールに師事し、ハイデガーから強い衝撃を受けたことも事実である。田辺哲学はひとまず現象学を徹底的に受容することから始まっている。その成果は、「現象学に於ける新しき転向」(IV, 19-34) や「認識論と現象学」(IV, 35-71) などに結実している。田辺はフッサールやハイデガーと同時代に、彼らと直接の面識をもちながら、みずからの哲学を形成したのである。現象学からの影響は限定的であるかもしれないが、現象学を意識することなしに田辺哲学が成り立つことはなかっただろう。

田辺が現象学から受容したこととして、次の二つの点を挙げることができる。

まず、田辺哲学は、終始一貫して、具体性における人間存在に目を向けており、ハイデガーの『存在と時間』の基礎存在論のモチーフを全面的に引き受けている。「種の論理」も、人間存在の歴史性や社会性をその「具体相」において理解するというモチーフに貫かれている。

また、田辺の哲学はつねに有限な自己の内在的立場を維持して展開されている。弁証法に根ざす思弁的思考においても、自己を基点とする内在的立場が放棄されることはない。むしろ、「西田先生の教を仰ぐ」においては、絶対無の自覚を唱える西田の宗教哲学が超越を内在化したと論難して、哲学の一般的制限を遵守するフッサール現象学の「反神秘主義」を擁護している (IV, 320-323)。超越的一者を基点とする哲学は「流出説」と特徴づけられて、一貫した批判が向けられている。田辺哲学のなかには、ある種のパースペクティヴィズムが貫かれており、そこに現象学との親近性を見て取ることができる。

以下では、こうしたことを念頭に置きながら、「種の論理」から「懺悔道」へと展開する田辺哲学の内実を、倫理思想という点から検討してみたい。とりわけ人間存在の具体性を見据える思考が、どのような倫理の問いを提起して、答えていくのかを明らかにすることになるだろう。本章では、死の哲学や弁証法的思惟としての田辺哲学の実像を歪めるリスクを負いながら、むしろ「生」の具体性に焦点をあてる現象学的思考を読みとることになる。第一節「世界に生きる」では、田辺哲学独自の「種の論理」が、身体論としての「図式論」を背景として成立したこと示す。第二節「国家に生きる」では、図式論に根ざす人間存在論が、種の論理の展開のなかで「国家存在論」として確立されることを明らかにし、その問題点を確認する。第三節「懺悔に生きる」では、国家存在論の問題点を克服するために「懺悔道」の立場が成立し、そこから愛による社会形成の可能性が模索されていることを示す。そうしたことを通じて、田辺哲学のなかに生と責任の思想を読み取ることが、本章の目論見である。

一　世界に生きる

1　図式論

田辺は一連の「種の論理」の論考に先立って、一九三二年に「図式『時間』から図式『世界』へ」[2]を発表し、ユニークな図式論を展開している。周知のように、図式というのは、カント哲学において感性と悟性との媒介として、多様な直観と一般的な概念という異質なものを架橋する役割を負っている。田辺が着目するのは、ヘーゲルがカントの図式論のなかに「弁証法的統一」を見て取ったことであり、さらにはハイデガーが『カントと形而上学の問題』（一九二九年）において、現存在の超越の運動を時間図式との関連で解明したことである。田辺が図式論に目をむけるのは、図式が感性と悟性との媒介であるのみならず、「自己」と「他者」との、「内」と「外」との媒介であるからにほかならない。図式はたんなる時間ではなく「時空の対立的統一に外ならない」のであって、図式を内官の形式としての時間と関連づけるだけでは、自己の内面性で機能するにとどまる。そうした時間的図式は「認識」の場面に相応しいが、他者や外界と関係する「行為」においては不十分である。図式はむしろ空間性をもつことで、内と外とを、自己と他者とを媒介する。「図式は時間でなくして『世界』なのである」（VI, 10）ともされ、田辺の媒介の哲学は世界論として出発している。[3]

ハイデガーの存在論はカントの時間図式論を世界図式論にまでに具体化することを問題としないばかりではなく、却て飽くまで時間図式論に固執し、カントよりも一層一面的に之を発展しようとするものである。其結果企図する存在の歴史性確立の目的を果す能はず、時間は意識の構造に属するのみで世界存在に属するという意味を有することができない（VI, 22)。

現存在の存在の意味を時間性に限定することの抽象性については、ほぼ同時期に、和辻哲郎の『風土』（一九三五年）でも指摘されている。

人の存在の構造を時間性として把握する試みは、自分にとって非常に興味深いものであった。しかし時間性が主体的構造として活かされたときに、なぜ同時に空間性が、同じく根源的な存在構造として、活かされて来ないのか、それが自分には問題であった。(4)

現存在の存在を時間性と見なす「基礎存在論」は、主客を二分したうえで主観に時間性を客観に空間性を割り当てる近代哲学の伝統を踏襲しているかもしれない。ハイデガー以後の現象学の展開にも通じるような問題提起が、一九三〇年代に日本の哲学者たちから提起されている。しかしながら、田辺と和辻においては、批判の矛先が異なっているように思われる。和辻の風土論は、人間存在における身体性・空間性の役割を重視し、そこから「風土の型」を探る文化論を展開している。これに対して、田辺の図式論は、人間存在の身体性・空間性を指摘することが、そのまま自己と他者との関係性の問題になり、人間存在の社会性からさらには政治性の洞察につながっていく。つまり、二人は共通に人間存在における身体性の契機に目を向けて、そこに受肉した社会性や歴史性を見て取りながらも、和辻の主たる関心は文化に向かい、田辺の関心は政治に向かってゆく。

図式(世界図式)は、自我と他我とを媒介するものであり、社会性や歴史性の形成を担うゆえに、世界図式は「歴史的社会的現実の純粋形成を意味する」ことになる(VI, 48)。ここには、ハイデガーの時間性・歴史性の理解の観念論的傾向を批判し、それを乗り越えようとする意図が見いだされる。「歴史的社会的現実の純粋形成」という発想は、同時代の現象学(フッサールの生活世界論やハイデガーの現存在分析）が日常の歴史的社会的世界に目を向けたことを強く意識しているかのようである。

2　図式から種へ

「社会存在の論理」（一九三四／三五年）から「種の論理の意味を明にす」（一九三七年）にいたる「種の論理」の時代は、独自の田辺哲学が確立されるが、そこでは図式論が社会存在論へと練り上げられてゆく。(5)つまり、内と外、自と他の媒介としての図式が、人類（類）と個人（個）の媒介としての民族（種）と捉えなおされる。「種の論理」としての人間存在論は、そのまま具体的な社会存在論であり、自然の存在論、人格の存在論と並ぶ第三の存在論として構想され、国家までをも射程に入れた具体的な社会性のなかで人間存在を理解する試みとして結実する。(6)

国家といひ民族といひ階級といひ、何れも人類の全と個人の個とに対し、種の位置に立つものであり、或いは之を媒介契機として含むものである。社会存在の論理は具体的なる意味に於て種の論理たることを要求する(7)（VI, 60）

田辺の社会存在論のモチーフを簡潔にまとめるならば、「個と全とを具体的に媒介する種の論理」（VI, 70）によって「全体社会を媒介態に於て捉へる」（VI, 69）ということになるだろう。「社会」を「個人の集合」と考える西洋の哲学・社会学は、個や個の全体としての類を視野に納めながらも、その中間者たる種の役割を軽視するために、具体的な社会の姿を見すごしている。もともと、図式が世界図式と特徴づけられた背景には、身体性への着目があった。図式を世界図式にまで拡張したのも、その実質が身体性に求められていたからである。この図式の身体性がいまや「種の身体性」と重ねあわされている。

種は我々の身体が個人の分界であるのに対し、其反面に此分界を否定して個を貫き、種的生命として之を包容し、その根源的媒介となる。それは個的分立の背後に基体的媒介として否定せられながら保存せられるのである。身体は先ず斯かる基体の連続を含むものとして種的に理解せられなければならぬ（VI, 306）。

身体を「種的に理解」することにより、世界図式としての身体性は個と類の媒介という社会的ニュアンスを帯びるようになる。ベルクソンの『道徳と宗教の二つの源泉』における「閉じた社会」、テンニースの『ゲマインシャフトとゲゼルシャフト』における「共同社会」、デュルケムの『社会学』における「もの」、当時の文化人類学の「トーテム社会」などの発想を手がかりに、個の集合としての社会とは異質の「種的社会」という概念は練り上げられている。種の論理の成立の背景には、一方で、このような当時の社会哲学からもたらされた共同体についての知見があり、他方で、カント、ヘーゲル、ハイデガーなどについての緻密な哲学研究に根ざして構想された独自の図式論、人間存在論がある。種の論理というのは、それら両者の融合の試みでもある。

3　空間と倫理

図式論を経由する「身体の哲学」と種をめぐる「社会哲学」との接点において、田辺は「空間（生きる場所）をめぐる倫理」とでもいうべき興味深い問題を提起している。この点を明らかにするために、種の論理を「意志」の弁証法という観点から確認しておきたい(8)。

田辺は、個、種、類の関係を、論理的関係としてのみならず、意志の弁証法的運動として解明している。つまり、種への「分有」の状態にある個が、種から分立・対立して、類へと転じる過程が、意志の運動として述べられている。そこでは、「種」の「生命意志」、「個」の「権力意志」、類の「救済意志」が区別されて、それらが移行関係に位置づけられる（VI, 141）。種的社会には、種の存続への意志として「生命意志」が働いている。この生命意志が働き続けるだけでは、種が種として維持されるだけで、個が生じることはない。個が確立するためには、個が生命意志に対立する意志をもち、いわば種を否定する必要がある。しかも、そうした個は「社会性としての権力意志」（VI, 130）をもつことで、種と対立関係におかれるようになる。

個はもともと種に対しその直接統一を破ってこれに対立し、却てその生命意志の限定を自己に奪って、それを自己分立の媒介とし、他を排して独占的に種的全体を占有せんとする権力意志の実現であった（VI, 140）。

こうした対立関係を解消するのが「類」の「救済意志」であり、後に見るように、種を類に高める意志（国家建設の意志）によって、種の次元における占有は止揚される。

このように「人間の我性、権力意志の勢いを有りの儘に認める」ことで「人間の存在を具体的に理解する」（VI, 196）ことは、種と個の対立のうちに人間存在の「悪」の可能性を読みとることにつながってゆく。

否定的契機としての個が単に直接的なるものとして考えられる限り、個の罪悪意識は具体的に成立しない。其に反し個の被媒介態に対しては、種の生命意志が予想せられ、それが地上の営為を自己に独占せんとする所に罪悪深長の悲痛感が生まれるのである（VI, 145）。

田辺の倫理学は、個の内部における感情や欲望のうちにではなく、個の意志（権力意志）が種の意志（生命意志）と相克すること（排他的主我性）に、「悪の原理」（VI, 140）を見いだしている。図式論に由来する空間性という論点においては、「土地所有が所有の典型である」（VI, 362）といわれるように、権力意志は「土地の永続的占有」（VI, 364）という具体的な発現形態をもっている。[9] 倫理と空間性が関連することで、種の論理は、「土地占有性（テリトリー性）」[10] をめぐる倫理的・政治的問題に通じて

いる。(11)

土地の永続的占有ということを離れては、共同体の具体的存在は不可能といはなければなるまい(12)(VI, 368)。

身体をもつ人間が社会的に存在するということは、そのことのうちに、空間の占有という悪の可能性をはらんでいる。種的社会というのは、個と個が、あるいは個と種とが空間をめぐって対立する力学の場面であり、ここに生きる場所をめぐる倫理の問いが生じている。

二　国家に生きる

1　類の実現としての国家

種の論理として展開される田辺の社会存在論の大きな課題は、まずは現実社会としての種的社会がはらむ対立・闘争の具体層を見極めることにあった。しかも、それは人間存在論の具体化という純粋に哲学的な課題であると同時に、同時代の政治的情勢を意識するものであり、現実社会への関与をも示している。「種の論理の意味を明にす」（一九三七年）においては、「近時各国に於いて頻繁に勃興し来った民族の統一性、国家の統制力」は「単に個人の交互関係として社会を考えようとする立場からは到底理解し得ない」と、種の論理という立脚点が民族主義や国家主義の台頭する政治状況を理解する手がかりとされている（VI, 449)。そうした意図において「国家強制の原理たる共同社会の種的基体」（VI, 455）の本質を見極めることは、種的社会の強制力を追認したり、民族主義の台頭に正当性を与えたりすることではない。むしろ、「此強制を直ちに自由に転じ」ることによって、「自己犠牲即自己実現、統制即自発的協力なる国家組織」を建設する可能性を探ることが、田辺の実践哲学の最終的な目標である（VI, 455)。「国家は正に類の実現であり具体化でなければならぬ」（VI, 132）と言われるように、種（民族社会）から類（国家）への移行を描きだすことこそが、実践哲学としての種の論理を動機づけている。

国家というのは、種的社会の共同性ではなく、そうした種的統一の直接性を否定するところに生じており、「類化せられた種」（VI, 232-233）とも表現されている。類化という発想には、種の次元で生じている対立・闘争・不平等などの止揚という意味が含まれている。

こうした国家論の構想は、種的社会の次元で生じる「土地占有」という問題点をふまえている。類的国家においては、個が平等となり、さまざまな対立が乗り越えられる。「土地占有の種的限定」を「単なる否定契機に化する」という「種的限定の止揚」が「社会的正義」を実現する（VI, 375)。

2　行為する主体としての個

では、種的社会から類的国家への移行は、類的国家における正義の実現は、どのようになされるのだろうか。「種の占有的矛盾が絶対的に否定せられ、所謂分配の正義という如きものを基底的契機とする社会的正義の統一として種が類化せられる」ことには、「斯かる類の成員として個が成立する」ことが対応している（VI, 369）。類は個を成員としているため、類的国家の建設には個の関与が不可欠である。「種を類に媒介するのは個の行為に外ならない」（VI, 507）ため、種の次元における占有の矛盾という政治的問題は、個の行為をめぐる倫理的問題でもある。種から類への移行にあたって、個はどのように行為するのだろうか。

種の即自的なる直接統一を媒介とし、之を契機として否定的に対立する対自態としての個を、否定の否定に於て止揚する絶対否定態としてのみ、即自且対自の綜合的なる類は成立する（VI, 130）。

ここでは、個が二重の否定を行うことが指摘されている。まずは、種の統一を否定することで、種から個が成立する。種の否定・克服という段階は、「権力意志」の働きと考えることができる。さらには、そうした否定によって確立された個がみずからを否定する「絶対否定」は、いわば個の我性を否定する行為であり、「救済意志」の働きと考えられる。注目すべきは、種を類化する国家建設の行為が倫理的な意味をもつことであろう。類的社会の成立にあたっては、その成員の個は、自らのエゴイズムを解消するのでなければならず、それは死という表現によって特徴づけられている。

善は個として我に属するものではなく、却て我を失い、己を空しくして、個として死することに由って始めて善となるものである（VI, 165）。

つまり、自己を廃棄するような自己否定という行為が、国家成立にとって不可避の要件となっている。しかも、そのような意味での行為は、自己の放棄であるため、「其意味に於て為善の力は我にあるのではなく、絶対他力に属する」(VI, 165) と言われている。このとき、国家建設の行為は、自我の自力的行為という道徳的次元を超えて、他力による救済という宗教の次元に位置することになり、まさに「道徳に宗教が根底として予想せられる」のである (VI, 165)。種から類への自力的方向性が「往相」と言われるのに対して、類から種への方向性 (それは個にとっては他力的なものとなる) が「還相」と言われている。全体としての類が「個体に下り来って之を生かし」、個を「独立なる成員として」みずからのうちに「摂取する」という「還相面」によって個は国家の成員となる。そうすることで、国家が類的なものとして建設され、さらにはその類的性格が維持され続けることになる。

種が類に高めらるる向上往相は、同時に類が個に降る向下還相と相即することを必要とする。此相即を実現するのが行為である (VI, 491-92)。

このような意味において、個というのは、「絶対否定の転換に於いて種から類に転ずるその転換点」(VI, 489) であり、さらにその内実を見ると、「種の対立性の否定に依る類の統一への向上の途」と「類の統一が却って種の対立を自己の媒介として要求し、之に向かって下降する途」とが「切り結ぶ所」として、「往相と還相との交叉点」と見なされる (VI, 490-91, 494)。

3　国家の現実と理想

このような種の論理にもとづく社会存在論は、人間存在を国家的存在と見なし、その行為を類への運動と特徴づける。だからこそ、「基礎的存在論は国家的存在論でなければならぬ」(VII, 28) とも主張される。図式論との対決から始まった田辺の種の論理は、人間存在の具体性をもとめる哲学であろうとして、種の論理の完成期においては、国家という枠組みにおいて人間を考察するに至った。しかし、こうした国家論は、周知のように、民族主義や国家主義との関連において、大きな問題をはらんでいる。

田辺の国家概念は、「民族の種的基盤」を「契機」としており (VI, 231)、種的なものへの根ざしが重要な意味をもっている。「国家は種的共同体を媒介としながら、却て之を人類の立場に高めた被媒介的統一である」(VI, 232) というように、種的社会はヘーゲル的な意味において止揚され、媒介となっているものの、決して消去されるわけではない。こうしたとき、国家の比重が、類的国家という理想社会に置かれるのか、民族国家という現実社会に置かれるのかによって、国家論はかなり異なったニュアンスをもつようになる。田辺は、「人類国家」としての「絶対類」を、「種の所有的排他的限定」を保っている「現実国家」から区別している (VI, 375)。しかし、こうした二つの次元が単に分離されているだけでは、田辺の種の論理は、たんなるユートピアを描くだけで終わってしまう。この点については、同時代的にもいくつかの批判があり、田辺もそうした批判を受けとめている。[13] 一九三九年の「国家存在の論理」においては、田辺の国家論は新たな展開を見せる。ここでは「国家が最も具体的なる存在であり、正に存在の原型となるものである」(VII, 28) とされ、国家が存在 (種的なもの) の次元において捉えなおされている。国家は「無的有」「無の応現たる有」として、「主体的基体の恒存性」を実現しているため、「真に存在といはれる」ものである（VII, 44）。要するに、国家というのは「無の有化として絶対無の応現的存在」（VII, 53）とされている。応現というのは、無が「機に応じて身を現ずる」ことであり、無が存在を媒介として現成することを意味している[14]（VII, 60）。種の論理の用語法で言うならば、ここでの国家はまさに「類的種」と位置づけられたことになる。

そうしたとき、「倫理の自律自由は、国家に対する奉仕、国家の命令への服従、に於いて、消滅するどころではなく、却て可能にせられるのである」（VII, 41）とか、「個人は飽くまでその属する種的基体を媒介として個即全、全即個の媒介存在たる国家と相即し、自己は即国家であるといふ関係を行為的に実現しなければならぬ」（VII, 88）という田辺の指摘は、当時の国家主義の流れに回収される危険をはらんでいた[15]。このような展開のなかで、種の論理は行き詰まり、田辺は沈黙を強いられるようになる。田辺哲学はその限界と直面したうえで、懺悔道という新たな装いをまとうことになる。

三　懺悔に生きる

1　懺悔

種の論理において、種を類化するのは個の行為であった。『懺悔道としての哲学』（一九四五年）において、その行為は「懺悔」として捉えなおされる。

個と国家の悪を解消する懺悔とは、どのような営みなのであろうか。また、それはどのようにして国家主義に陥らない国家の様式を可能にしているのであろうか。懺悔はニーチェの永遠回帰と同じように、田辺に生じた個人的体験であり、それを哲学的に言語化したものである。これはいくつかの契機からなりたっていて、その諸相について明らかにされねばならない。

まず懺悔には「後悔」や「自己放棄」という「否定的側面」がある。つまり、懺悔は自分の過ちを悔い、その悪の償い難さを悩んで、自分の無力不能を恥じることから始まるのであり（IX, 4）、つまりは「過去の罪悪を想起し」、それに「苦しみ悩みて」、それを「悔やむ」ような「メタノイア即ち後思後悔」である（IX, 19）。しかも、そのような後悔のうちにある自己は、「絶望的に自らを擲ち棄てる」（IX, 4）のであり、「自己を突破し自己を廃棄する」（IX, 19）。それゆえ「懺悔は自己の没落と放棄を意味する」ことになる（IX, 19）。

しかし、懺悔はそのような面に汲み尽くされるわけではない。むしろ、「苦痛が歓喜に転じ、慙愧が感謝に換る」ために、「懺悔の核心は転換にある」とも言われている（IX, 12）。田辺の体験によれば、「自己を全く放棄した所に、かえって何でもやろうとする、また何でもやらされる、そこに今までとは全く異なった所に転換的に引き出された」という[16]。

こうしたことは、懺悔の肯定的側面に通じている。ひとたび放棄された自己は、懺悔のなかでふたたび復活することになる。自己放棄へと促す力が同時に自己を回復するのであり、それは「一度否定せられた私の存在性を再び肯定に返す力」でもある（IX, 20）。

懺悔を行じた私の存在は絶対転換によって回復せられ、救済によって復活せしめられた存在となる(IX, 21)。

こうした転換に根ざす懺悔の肯定的側面は「廻心(転心)」とも特徴づけられ、「メタノイアの語」は後悔という否定性のみならず「回心」という肯定性をも示している(IX, 21)。救済によって、絶望に陥った自己は歓喜に充たされることになる。「悔恨の苦痛」や「絶望の悲哀」は「歓喜の媒介」なのであり、「浄福の母胎」になっている(IX, 22)。こうしたことから、懺悔の転換においては、やがて感謝も生じることになる。

歓喜は他力に依るものとして必然に感謝に連なり、更に之を他に頒ち振り向けんとする、他力への協力、としての報恩に進展する。これが懺悔の証である(IX, 22)。

このように、懺悔は、自己への絶望的な後悔における自己放棄から始まり、他力によって転換することで、回心が生じて、歓喜や感謝・報恩に通じてゆく。このような倫理的・宗教的体験が懺悔である。

2　他力の哲学としての懺悔道

もともと、懺悔は田辺自身に生じた主観的体験であり、それに懺悔道としての哲学も根ざしている。

とはいえ、「懺悔道は私の主観的感情の所産ではない」(IX, 46) とも主張されるように、懺悔道はその「理論的側面」や「論理」をもっており、それが「絶対批判」と呼ばれている (IX, 46)。田辺によればカントの「批判」は、理性が自己を維持するかぎりで不徹底である。徹底した批判 (絶対批判) においては、理性が「自己分裂の危機 (Krisis) に身を投じて自己を突破粉砕する」というかたちで「自己自身を分裂突破する」ようになる (IX, 48)。このような「理性の自己超越」は「主無き絶対批判」とも特徴づけられている (IX, 50)。そうしたことから、懺悔道は「哲学ならぬ哲学」と表現されている (IX, 4)。

哲学ならぬ哲学という訳は、哲学が一たび絶望的に放棄せられたそれの死滅した跡に代に現れて、而も哲学の目的とした究極の思索、徹底的自覚といふ要求を満たさんとするものだからである (IX, 4)。

理性的思考の徹底は、理性の自己放棄を経由して、そのうえで「理性の死復活」に行き着く[17] (IX, 50)。だからこそ、「懺悔の道は哲学の道であり、哲学の歩む道は懺悔の道に外なりません[18]」とも表明されている。

こうした「哲学ならぬ哲学」の特徴は、「他力」への依拠のうえに営まれる点にある。懺悔というのは、「私を否定する行である」ために「私の行にして同時に私の行ではない」のであって、それゆえ「他力の行」ともされる（IX, 4）。この時期の田辺は、自力による「行為」と他力による「行」とをはっきりと区別している[19]。「自ら為す」ことを含意する「行為」は「倫理的概念」であるのに対し、他力としての「行」は「浄土門で念仏を他力の大行という」ように、「宗教的意味」において用いられる（VII, 311）。

他力といふも、その他者は無であればこそ絶対なのであって、すなはちそれは絶対転換としての無でなければならぬ。能動者無き純粋受動なればこそ、絶対他力といはれるのである（IX, 18）。

無は「種の論理」において「類」の次元に位置づけられるものである。そうした「無」の「行」ということで考えられているのは、種から類への移行としての個の自力的・往相的行為が類から種への他力的・還相的方向性と相即することである。懺悔としての行は、無に媒介されることで、個や種に潜む存在の罪悪を解消（無化）するのでなければならない。「無力と言う極限」において「存在の転換」が行われるところに「懺悔の道」がある。こうした場面においては、まさに存在についての直観や思考（理観）ではなく、宗教的な愛が働きだしている。

無力を徹底的に知らしめられたものをなお有力なものの如くに取扱う存在の原理は理観の立場のものではなく、理に対して言えば基督教的には愛、仏教的には大悲とか絶対の慈悲と言うものであり、私はかかるものに出会わしめられたと感ずる。[20]

このような「愛あるいは慈悲」「絶対の大悲」は、自己を放棄した個をふたたび存在せしめる。そのため、それは「無力のものを有力なものの如くに働かしめる原理」とも言われており、これが「悪を悪のままで絶対に善いものとして救い取る働き」となって、無的性格において存在を肯定することになる。[21] 懺悔道（Metanoetik）は「Meta-noetik」として「理（性的直）観を超越すること」を意味しており、「理観超越を含意する」ことから「超観道」とも特徴づけられている（IX, 18）。

3　還相的社会性

「自己の懺悔道が広く社会性を帯びる」（IX, 7）とされるように、懺悔道は特有の社会性を形成する。こうした社会性は、懺悔における還相と深い結びつきをもっている。他力としての還相は、類と種の関係として「種の論理」の時代にも語られてきた。これが懺悔道において捉えなおされたとき、愛を通じた相互主観性として具体化されている。懺悔においては、「絶対の大悲に協力して相互に相対者が教化救済する還相廻向の連帯」が成立するのであり、この「連帯の力」が「能動者なき純粋受動」というかたちで、「随順的自己放棄の他力即自力、自力即他力なる行」として働いている（IX, 36）。

絶対他力の媒介たる自力は、他力に媒介せられて救済に入り絶対無の媒介としての空有に転ぜられると同時に（往相）、更に絶対が他の相対立する相対を救済する媒介となり、それは其限り絶対に協力しなければならぬ（還相）（IX, 251）。

個が絶対無に上昇する往相は、絶対無が相対に下降する還相と相即しているが、この下降は、空有に転じた相対（個）が他の相対（個）を救済することで達せられる。注目すべきことに、「還相観念」に導かれる「社会的協同体」という発想は、「従来私の唱へ来った『種の論理』に基づく社会存在論に新しき根拠を与える」とされている（IX, 10）。

『種の論理の弁証法』（一九四七年）において、田辺は「種の論理」の問題点を自覚し、その国家の位置づけを見直すようになる。その自己批判の核心は、「個人の自由を裏付ける根源悪」のみならず、「国家にもその存在の底には根源悪が伏在」することへの洞察が欠如していたというものである（VII, 254）。「応現的存在」「類的種」という特徴づけは、国家に潜んでいる悪をそのまま肯定しかねないものであった。そこで、種をも徹底して「その無的性格に」おいて捉えるために、「懺悔」というかたちの「宗教的立場」が打ちだされている（VII, 254）。そうした流れのなかで、国家は「応現的存在」に代わって、「方便存在」と特徴づけられる。

国家は恰も逆説的体系的存在として有即無を原理とする均衡的方便存在である。それがその不断革新に反抗して同一性的体系たること固執せんとするは、絶対の無性に背く。故に世界歴史の世界審判を受ける（VII, 288）。

国家というのは、類が実現された存在の原型ではなく、類的なものとしての無にさらされ続ける存在であり、「有でもなく無でもない転移復帰の純動」（VII, 273）ともされている。つまり、国家の存在は「革新に於て常に新にせられる」のであり、「不断に無化せられる否定」と「過去の伝統を維持せんとする肯定保守」との「動的均衡」に成立する（VII, 284）。したがって、そうした場面における種的国家というのも、確固とした存在の同一性を保つわけではなく、個の懺悔の行によって均衡的に存在するのである。

こうした社会性の具体的な姿について、田辺は興味深いイメージを提示している。「還相廻向なる深き思想」は「特異の宗教的社会思想」を意味するのであり、「基督教的隣人愛の平等と異なる、先後の秩序ある平等としての兄弟性」を提唱している（IX, 8）。このような社会の原理は、「兄弟性の具体相」において理解された「友愛」（fraternité）にほかならない（IX, 8）。ギリシア的な友愛（philia）やキリスト教的な隣人愛が対等な者同士の愛であるのに対して、兄弟（姉妹）性は「先後の秩序」をもつような関係である（IX, 253）。田辺が自負するように、こうした社会思想は「兄弟先後の往還二相の間に存するのは甚だ珍とすべき具体的思想」と言えるかもしれない（IX, 252）。

その相対の一方、救済の対象たるものは、他方救済の協力者たる者に対し、後進として指導教化を受ける限り先進者の還相を媒介とするのであって、自らは往相的に救われて後、更に他の後進相対者の指導教化に還相するといはなければならぬ。ここに先後の秩序は兄弟のそれの如くに維持されるのである（IX, 251）。

ここには、絶対者（仏）、師（兄）、後進（弟）という三者が関係しているのであり、絶対者を媒介として、師が後進に還相するという関係が成立している。[22] 同時期の『実存と愛と実践』（一九四七年）においては、こうした関係がよりはっきりと描きだされている。

宗教に於いて神は、哲学に於ける教師の如く一般的真理を伝えて弟子の理性を普遍の立場に覚醒せしめ、客観的認識の獲得に助産婦的役割を演ずるに止まるものではなく、自ら実存的真実を実践して、苦難犠牲、死復活の段階を一々行証し、弟子の実存に対する行的指導者となり模範となるのでなければならならぬ。弟子は師の実存に現れる絶対無の力を、永遠の現在に於ける師の同時代者として、みずからの実存の原動力となし、自らの師の行跡にまねび、死復活を行ずるのでなければならない（IX, 316）

こうした記述も、田辺の実体験と深い関係をもっている。田辺が懺悔して自己廃棄したときに、「懺悔道哲学の師」である「親鸞」が「還相して私を教化する」という事態が生じた（IX, 40）。そして田辺は『懺悔道としての哲学』を世に問うことで、還相して他者を教化している。とはいえ、こうしたことは個人的体験の水準で重視されるわけではなく、「単なる先後でもなく単なる平等でもない兄弟的関係が世界の歴史的構造を具体的に表すのではないだろうか」(IX, 253)とも言われている。「絶対媒介の具体層」として、師による後進の教化という兄弟関係が、利他的な愛というかたちで機能している。

無に媒介された社会性(方便存在)というのは、無化された相対がそうでない相対を無化するという関係において成立する。国家の動性における方便存在は、まさに懺悔における兄弟愛というかたちで実現される。田辺哲学における国家存在は、ここにきて宗教をモデルとする教化関係の相互主観性と重なり合うことになる。[23]

結

懺悔のうちに生きるということは、どのようなことなのか。宗教色の強い特異な表現の背後にあるものから、純粋に哲学的(とりわけ現象学的)に理解可能な側面を取りだしてみたい。懺悔においては自己が放棄され、その同一性は解体し、他力によって回復するという。つまり、自己の存在は無化を経ることで空有となると言われるように、自己の生は一度死して、それからまた復活する。懺悔における自己の自覚としての「真の自覚」は、「同一性的生連続の自覚」ではなく、「絶対と相対との間に於ける否定転換としての死復活の自覚」と特徴づけられる(IX, 25)。しかも、このような自己の放棄と復活が、そのまま社会の形成の原理になるというのが「種の論理」時代からの田辺のスタンスである。懺悔道においても、「種的社会も、現実の歴史に於いては不断に転換せられ、之を媒介する行的主体としての個人の死復活と共に絶えず更新せられる」ことが強調されて、個人は「種的社会の歴史的転換の媒介」という位置づけを与えられている (IX, 265)。このように、個と種の双方 (相対) が無 (絶対) を媒介として不断に更新することが、懺悔ということで意図されている (IX, 264)。懺悔においては、あくまでも「不断の懺悔」が「不断の復活」を可能にするのであり、懺悔が完結することはない。つまり、懺悔は無という理想を掲げて、そこに向かい、到達すれば完結するものではない。

もし絶対の仏国土があり、安らいの境地が何処かにあるとするならば、それは理観の立場である。繰返して言うが何処かに仏国土があるのではない、救いの媒介となって働く事意外に仏国土はあり得ない、救い取られたとは絶対の救いの働きに参加し、現実の行に還相する事である。絶対的な相対性、すなわち衆生を相互に結び附ける働きが絶対であり、絶対が相対に下りて来て始めて絶対である…。何処までも行の立場はこの現実に帰るのである。[24]

田辺にとって、「絶対の境地」というのは「一切が相対だと言う事を自覚」させるものであって[25]、懺悔というのは、そのような相対性を生きぬくことでもある。このように絶えざる変転のうちにあることとしての「歴史的現実の有する絶対の交互性相対性としての循環的構造」(IX, 69) は、現象学に由来する概念によって「歴史性」と理解されている。「歴史の構造」(IX, 67) ないし「時の構造」というのは、「未来に向かう不断の革新が実践的に行ぜられる」ことが「過去をいよいよ深く溯り根原に迫る復興となる」という「革新即復興の循環的構造」である（IX, 68）。しかも、このような「歴史の絶対危機的分裂的構造」は「歴史の絶対批判性」とも特徴づけられている（IX, 128）。つまり、懺悔における自己放棄による個と種の変転が歴史性であるかぎり、まさに歴史性こそが懺悔道の論理としての絶対批判を具体化したものとなる。そのような水準においては、「現実の歴史的構造」が「絶対批判性」をもつことになり（IX, 69）、懺悔のうちに生きることがそのまま善き生となり、善き社会を形成する原理となる。

「種の論理」から「懺悔道」に至る過程を、倫理学という観点から追跡した。田辺の哲学全体が、責任や生というトピックに深い関連をもっている。懺悔のうちに生きる、あるいは生かされることは、個人や社会がかかえる根源悪を解消するよう方向づけられている点において、善き生ということになる。われわれは、このような生を生きるのでなければならない。田辺の哲学はそのような規範的メッセージを含んでいるだろう。また、一般的に「責任」というのが自律した行為主体を前提に機能するものであるのに対して、田辺は「懺悔」における「他力の行」による罪悪の救済を描きだしている。しかも、懺悔に生きることとは、兄弟愛という愛に生き、善き社会をつくることを意味していた。田辺の「懺悔道」は、自己の存在への固執の放棄に意義を見いだす点において、自己変容への「開かれの姿勢」を重視するフッサールの「革新の倫理学」に近いとも言えるだろう（本書第一章）。フッサールにおいては、あくまでも自分で見るという理性の働きが自己変容をうながすのにたいして、田辺においては、自己を放棄して、理性を解体させるのは、愛の働きによる。[26] 田辺のユニークな点は、そうした愛のなかに、兄弟愛の教化関係という社会形成の役割を見いだしている点である。自己放棄という愛の働きは、田辺においては、還相的社会性というかたちにおいて、他者への教化につながっていく。そのような倫理的関係は、カントのように理念として描きだされるのではなく、あくまでも具体的社会性において実現される。こうした点に、田辺の現象学的思考を読みとることができるかもしれない。

凡例

『田邊元全集』(筑摩書房、一九六三 - 六四年)からの引用に際しては、本文中に巻数(ローマ数字)と頁数(アラビア数字)を記載する。「田辺」を始めとして、旧漢字を改めた個所がある。

註

(1) Einleitung des Herausgebers, *Husserliana Band XXVII: Aufsätze und Vorträge (1922-1937)*, Kluwer, 1989.
(2) この論考は、「種の論理」に関するテキストが集められた全集の第六巻に収められている。
(3) フッサールの生活世界論、ハイデガーの世界論、フィンクのコスモロギーなど、現象学における世界論との関連で考察する可能性がある。

（4）和辻哲郎、『風土　人間学的考察』、岩波文庫、一九七九年、三頁。

（5）一連の「種の論理」の論考は、「社会存在の論理」（一九三四／三五年）、「種の論理と世界図式」（一九三五年）、「存在論の第三段階」（一九三五年）、「論理の社会存在論的構造」（一九三六年）、「種の論理に対する批判に答ふ」（一九三七年）、「種の論理の意味を明にす」（一九三七年）からなっている。そのあいだに田辺は、種の直接統一という発想を放棄し、類の「自己疎外」としての種という位置づけにいたるなど、重要な立場の変更を行っている。

（6）「人間存在はハイデッガーの意味に於ける時間的有限性のみを其存在性とみなすものでなく、その国家的存在に於て有限即無限の存在性を有する所以が明らかにせられ、人間存在の存在論は社会存在の存在論にまで具体化せられる」（VI, 256）。

（7）「種の位置に立つもの」として「国家」「民族」「階級」が挙げられている。国家はときに種ではなく類に位置づけられる。類的国家と種的国家というかたちで表現上は区別できるだろう。

（8）氷見潔、『田辺哲学研究　宗教哲学の観点から』、北樹出版、一九九〇年、一〇〇頁以下。

（9）のちに田辺は、『論理の社会存在論的構造』に於いて説いた土地占有の論理」が「論理に偏して歴史的現実に対する関係が希薄」と自己批判をしている（VI, 519）。

（10）「「種」はテリトリー性（土地専有性）への傾向を内在させ、そこから共同体と土地との密接な結びつきが生まれる」（中沢新一『フィロソフィア・ヤポニカ』集英社、二〇〇一年、一五二頁）。田辺は、「時間の空間化として土地の永続的占有を考える」（VI, 365）というように、ベルクソン的な「時間の空間化」の理論は、土地占有という政治的意味をまとっている。

（11）「種は血と地の相関的統一である」（VI, 368）という言い方も用いられている。血と地という用語はナチズムに由来する。

(12) こうした立場から、『存在と時間』におけるハイデガーの空間論が批判されている。「空間はハイデッガーの考える如き道具的存在の手近さ間遠さ……を具体的に意味するのではない。此様な見解は個人主義的人間存在論に属する。斯かるもので共同社会を考えることは不可能といはねばならぬ」(VI, 368)。

(13) 田辺に対するこのような批判は、戸坂潤、務台理作などから提起されている。

(14)「私の国家哲学は恰も基督の位置に国家を置きて、絶対無の基体的現成たる応現的存在たらしめることにより、基督教の弁証法的真理を徹底して、その神話的制限から之を解放する」(VII, 42)。

(15)「政治的浪漫主義としての民族主義が、弁証法的媒介の思想を否定して直接に種的基体の絶対化を主張するならば、私はそれを以て、個人の自己絶対化的　居傲が宗教的罪悪たるのと同様に、罪悪として世界歴史により破滅を宣せられること免れざる相対者の驕慢と思惟し、同じく国家を害毒する思想として之を排撃しなければならなぬ」(VII, 43)。さらに田辺は当時の日本の国体や天皇に言及し、賞賛している (VIII, 160, 166-167, 198, 氷見一二四頁以下)。

(16) 田辺元、「懺悔道 Metanoethik」、『懺悔道としての哲学』、岩波文庫、二〇一〇年、十九頁。

(17)「否定しつくされたのは、実のところ、制限された主体としての自己なのであって、大理性乃至神的理性そのものは、先述のとおり、却って懺悔の体験に於て超越的慈愛と一つになった形で現成してくる」(氷見、一四二頁) という指摘もなされる。

(18) 田辺元、「懺悔道 Metanoethik」、一一頁。

(19) 氷見によれば、「種の論理」の時期の他力は、理性が他力の協働を必要とするというように、「カント哲学的『要請』という仕方に則って」捉えられていたのに対して、懺悔道における他力は、要請の主体としての理性が完全に打ち砕かれている (氷見、一三〇頁)。

(20) 田辺元、「懺悔道 Metanoethik」、二一〇頁。

(21) 同書、二一六頁。

(22) 「相互教化の利他的関係」(氷見、一七四頁)。

(23) 田辺はこうした友愛の社会性をかなり現実的に考えている。「私は還相の概念を以て此兄弟的教化の原理とすることにより、新しき社会理想を意味せしめることが出来はしないかと思う。すなわち民衆は資本主義的市民社会の自由と社会主義の平等とを総合する兄弟性(友愛)を以って相結ばるべきものであるといひたいのである」(IX, 254)。つまり、資本主義と社会主義の分裂する現実世界において、友愛を掲げる政治が、両者を総合することができるという。このような政治的立場は社会民主主義と考えられている。

(24) 田辺元、「懺悔道 Metanoethik」、二一七―二一八頁。

(25) 同書、二一七頁。

(26) 田辺哲学の問題点は、無がそのまま規範として導入されていることであろう。

第8章　『構想力の論理』と三木清の実践哲学

池田　準

序　三木の問題意識

『構想力の論理』は三木清が『歴史哲学』以降積み重ねてきた思索の集大成である。『歴史哲学』が執筆された昭和七年から『構想力の論理』の連載が『思想』誌上で始まる昭和十二年にかけて、三木は『歴史哲学』で提示した「事実（Tatsache）」を起点として独自の行為の哲学を構築することに腐心していた。その努力は一方で人間と環境との関わりをめぐる技術の問題に収斂し、制作的行為を中核とする技術哲学の地平を切り開くことへと結実した。他方で彼の行為の哲学は人間史と自然史を包括する歴史哲学の観点を有し、技術の歴史性を論ずるに至る。この二つの側面を具えた『構想力の論理』までの三木の思索は、カント、ドイツ観念論、フッサールの現象学といった観想の哲学を批判し、ベルクソン、ニーチェ、ディルタイなどの生の哲学にある程度依拠しつつもこれらの内在主義からは距離を取ることで独自化を図る哲学史的考察の過程でもあった。そして、こうした過程においてつねに三木の念頭にあったのは行為の立場にもとづくロゴスとパトスの統一という課題である。この課題を解決する鍵概念として提示された構想力は、もはやカントが述べたような感性と悟性を媒介してただ認識に資するだけの観想的な能力ではない。それは主体の制作的行為の基盤となる「形」を創造する能力であり、ロゴスとパトスを弁証法的に統一してゆく創造の歴史をその論理のうちに取り込んだものへと姿を変えている。

こうした思索の背景の一つとして、不安の時代に対応する新しい倫理の確立を三木が希求していたことが挙げられる。「シェストフ的不安」(昭和九年)において三木は当時流布しつつあった不安の文学、不安の哲学を次のように分析している。生命あるものは自己自身を限定し周囲の環境に対する反応の中心として存在的中心をもつ。ただ人間だけが、環境だけではなく自分自身に対しても距離をもつことができる。この離心性を三木は「主体への超越」(十一巻四〇二頁)と呼ぶ。本来離心的である人間は、単に存在的中心に安住することはできず、行為を通して主体的に存在論的中心を定立しなければならない。「彼〔人間〕は生でありながら、生を生きなければならぬ」(十一巻四〇三頁)。人間に否応なく課せられたこの存在論的中心の定立という桎梏にこそ倫理の問題が生じる所以がある。人間が周囲の社会と調和して生きているときは、その人間が主体的に定立すべき存在論的中心と客体的な存在的中心は自然に相応する。言い換えれば、既存の道徳的規範に従って存在論的中心を定立するならば、それは客体的に定められた世界における自己の位置に自然な仕方で相応する。しかし、自分自身と社会の間に矛盾を感じるとき、この自然な相応関係は崩れ、存在的中心は失われる。これが不安を呼び起こす。不安な状態にある人間は同定すべき自己を見失い、既存の道徳的規範に従って有り体な仕方で存在論的中心を定立することはもはやできない。自分が依って立つべき地盤はもはやない。それゆえ、自分が無の上に立たされていることを自覚し、無からの創造をする必要に駆られる。[1]「無からの創造の出発点は何よりも新しい倫理の確立でなければならぬ」（十一巻四〇七頁）と三木が言うとき、彼が念頭に置いていたのは「行為的人間の新しいタイプが創造されること」（十一巻四〇八頁）である。主体的に存在論的中心を定立することが可能になる行為の「形」を創造することこそが不安の時代における「新しい倫理」の確立なのである。[2]後に『構想力の論理』で提示された「形」を創造する構想力という概念がこの要請に応えたものであることがここから推し量られよう。

ところが、『構想力の論理』は明確な仕方ではこの「新しい倫理」の問題を解明していない。この著作が「研究ノートとして書き始められた」（八巻三頁）性格のものであり、また三木の獄死によって未完のままに終わったという事情も考慮すればその不徹底性はやむをえない。だが、明確な答えを導き出すには至らなかったものの、「新しい倫理」に対する三木の関心は随所に見いだされる。『構想力の論理』の「経験」の章が連載されている間に刊行された二つの著作『哲学入門』（昭和十五年）と『技術哲学』（昭和十六年／十七年）はどちらも道徳の問題を著作の最後部で扱っている。そこには『歴史哲学』以降の三木の倫理観に通底する連続性が見て取れる。そして、『構想力の論理』の「制度」では擬制としての道徳を、「経験」では道徳目的論を議論しており、それらは『歴史哲学』と『構想力の論理』の間に三木が提示していた「新しい倫理」の性格、すなわちパトス性と創造性を構想力の下に集約したものである。「新しい倫理」を確立しようとする試みは、断片的な仕方であるが、『構想力の論理』の基調をなしている。

本章の目的はこの時期の諸論攷を辿り、三木が「新しい倫理」を確立しようと重ねた思索の道を明らかにすることである。この道の出発点となるのはパトス性（第一節）と創造性（第二節）という「新しい倫理」の性格である。そして、この二点を行為の哲学の立場から掘り下げていく過程で、三木は主体的人間と主体的社会がどのようにして両立しうるか、という課題の解決を迫られる（第三節）。『構想力の論理』は、一方で倫理のパトス性と創造性をパトスとロゴスの統一、創造と伝統の統一という高次の形へと止揚し、他方で構想力を基盤とした「目的なき目的論」の下に主体的人間と主体的社会の両立という課題の解決を図る試みであったと評価できる（第四節）。

一　倫理のパトス性

本節では倫理のパトス性が身体論として構築されていく過程を見ていく。既に『歴史哲学』においてパトスは議論の俎上に載せられていた。そこでは歴史の基礎経験である「事実」がカントの自我、フィヒテの事行（Tathandlung）から区別され、「感性的なもの、身体的なものと結び付いた実践である」と説明されていた（六巻三三頁）。『歴史哲学』の刊行から間もなく『思想』誌上で発表された「倫理と人間」（一九三二年）ではこの論点を引き継いだ形で、感性的なもの、身体的なものであるパトスが倫理の特性として改めて捉え直される。[3]「倫理はその根源に従へばパトス的なものに属し、ロゴスのことではないからである」（五巻三七九頁）。以下では、「倫理と人間」において倫理がパトス的なものに属することを三木がどのように捉えていたかを確認する。そして、そのなかで不明瞭なままにとどまっていた二つの問題、すなわちパトスが主体性の意識であることの意味と、我と汝の関係がパトスとロゴスの統一に資する役割について『哲学的人間学』を手がかりに解明していく。

さて、「倫理と人間」のなかで三木は「パトスは客体とはどこまでも秩序を異にする主体の主体性の意識として根源的であり、従つて深いパトスは表象によつて土台付けられてゐるといふ如きものではない」（五巻三九〇頁）と定義する。その上で、ベルクソンに従い感情を二つに区別する。[4] 一つは知性下的感情と呼ばれ、知性が作る表象によって呼び起こされた「感受性の震動」である。知性すなわちロゴス的意識によって規定されているという点でこの感情は「浅いパトス」である。もう一つは超知性的感情と呼ばれ、表象に先立ち、表象の原因となる。ここでは主体性の意識であるパトスが客体である表象を規定する根源となる。それゆえに超知性的感情は「深いパトス」であると言われる。

この二つの感情はそのまま格率的倫理と人間的倫理の区別に対応する。格率的倫理とは社会的倫理とも言い換えられるものであり、帰属する成員に対して社会が義務として与える格率、すなわち家族倫理や国民道徳を根本とする「閉じた社会」の習慣である。習慣ないし格率の内容を規定するのは関心であるが、この関心は個々の人格に依るものではなく、「ひと」と総称される世間の関心である。したがって、格率的倫理は世間に一般的に受け入れられる没人格的な定式であり、このような定式化は専ら知性の表象によってなされる。そして、個々の人格の感情が没人格的な定式に従うことを社会によって命令されているがゆえに、格率的倫理は感情を知性下に押し込める。

他方、人間的倫理は呼び掛けと希求を根本に据える。「人間性のうちに存する最も善いものを現はす人間によつて我々の各々の良心に投げられた呼び掛け appels の総体」（五巻三八七頁）というベルクソンによる人間的倫理の定義を参照しつつ、三木は模範となる人格（英雄）の呼び掛けに応じて、彼にまで高まろうとする我々の倫理的な希求に深いパトスを見る。「英雄は単に客観的に与へられたものでなく、同時に主体的に、我々の深いパトスから創造されたもの、つねに新たに創造されつつあるものである」（五巻三九二頁）。その英雄がたとえ過去の人物であったとしても、ただ知識として与えられるのではなく、パトスにもとづいて希求されるかぎりでは現在的なものになる。パトスが英雄という表象を規定する根源であるという意味において、この人間的倫理は超知性的感情に基づく倫理である。

このように、三木はパトスを知性（ロゴス）との関係から捉え、それに応じて倫理を区別した。そして、超知性的感情にもとづく人間的倫理は「危機の意識において格率的倫理が揺り動かされるとき」（五巻三九四頁）に求められる「ミュトス的倫理」であるとしてこの倫理の意義を強調した。

もっとも、三木は単にパトスとロゴスを対立的に捉え、パトスだけを賞揚していたわけではない。「どのやうなパトス的意識もロゴス的意識と結び附いてゐる」（五巻三九四頁）と三木は述べ、「パトスとロゴスの統一」（五巻四〇二頁）を考察の俎上に載せている。パトスとロゴスを鋭く対立させる一方で、それらの結びつきを考えようとすることはこの時期の三木の大きな問題関心であった。「倫理と人間」の二ヶ月前に『文学』誌上に掲載された「今日の倫理の問題と文学」（一九三三年）においても同様のことが語られている。そこでは「パトスはロゴスと対立してをり、そして倫理は根本的にはこのやうな対立のうちに考へられるのである」（十一巻一九六頁）と述べられる一方で、また「人間の意識はその隅々に至るまで、それぞれの種類のロゴスとパトスとによつて弁証法的に構成されてをり、ロゴスと結び附くことはパトスの或る内的な要求でもある」（十一巻一九八頁）とも言われている。しかし、「今日の倫理の問題と文学」ではその結びつきは具体的には解明されず、「それ〔意識〕は客体的に規定せられるロゴス的意識と主体的に規定せられるパトス的意識とから弁証法的に構成されてゐる」（十一巻二〇〇頁）という形で「非連続的な性質的弁証法」が示唆されるにとどまっている。「倫理と人間」においてもパトスとロゴスの統一は、客体的方向の極限においては感覚[5]、主体的方向の極限においてはアガペだと述べられるにすぎない（五巻四〇二頁）。「主体的に限定された我と汝の関係として成立する」（同頁）アガペが如何なるものであるのかは明らかにされないままである。

さて、「倫理と人間」が抱える問題が三つある。一つは、冒頭で触れたパトスが主体性の意識である、とはどういうことかという問題である。第二に、今見たようにパトスとロゴスの統一として考えられた我と汝の関係がどのような形で成立するのかという問題がある。そして第三に、閉じた社会の格率的倫理と開いた社会の人間的倫理が架橋されていないという問題が挙げられる。第三の問題については第三節で扱うとして、本節ではこのうち第一、第二の問題について引き続き論じていく。

人間的倫理と格率的倫理の議論を通してパトスは感情として捉えられていた。しかし、これはパトスの一面を表しているにすぎない。既に『歴史哲学』において意識の哲学を批判し、行為の哲学の立場を前面に出していた三木にとって、パトスは内面的な感情に尽きるものではなく、行為し外界へと働きかける基盤である身体をも包括したものでなければならなかった。パトスが「主体性の意識」(五巻三九〇頁)であるとする見解もこの枠組みのなかで捉えられなければならない。そこで、「主体性の意識」を展開して論じている『哲学的人間学』に目を移すとしよう。

『哲学的人間学』は一九三三年の秋頃から昭和十二年三月頃まで執筆されたと推測される三木の遺稿である。[6] おおよそ『歴史哲学』刊行から『構想力の論理』の連載開始までの時期に執筆され、中断されたままに終わったこの遺稿で、三木は主体としての人間のあり方を「自覚存在」と捉え、それがパトス的なものであることを述べている(十八巻一四〇頁)。なぜならば、主体が主体である所以は人間が身体を通じて行為し、行為において自己を知る「行為的自覚」にあるからだ(十八巻一四七頁)。[7] 行為を欠くならば自覚は単なる自己意識に過ぎず、人間は主体ではなく専ら主観として捉えられるのみである。それは人間の現実を反映していない。こうした三木の主体観は『歴史哲学』において「事実」という形で表された行為の哲学を継承したものだと言えよう。少なくともこの文脈では、現実の行為が意識を超えて内的世界から抜け出る際の基盤となる身体性の原理を三木はパトスと呼び、これに定位した主体の「行為的自覚」を主体性の意識と見なしている。そして、パトスが「主体の主体性の意識として根源的」(五巻三九〇頁)であるのは、人間が「先づ身体を有するものとして人間である」(十八巻一五一頁)からに他ならない。こうした行為の哲学の枠組みから「倫理と人間」を捉え直すならば、感情を知性下的と超知性的に区別したことに基づく倫理の分析は身体の「状態性」(十八巻一五二頁)である感情に焦点を当てたものだと言える。

次に、第二の問題、我と汝の関係について見ていく。これもまた『哲学的人間学』における行為的自覚が読解の手がかりになる。三木は主観と主体の違いを強調し、客観の抵抗によって自己自身へ還る主観的な自覚を「私―それ（Ich-Es）」の関係、他の主体から自己自身へ還る主体的な自覚を「私―汝（Ich-Du）」の関係に対応させる（十八巻一四三頁）。後者の関係において主体であるのは私だけではない。汝もまた主体となり、私は客体にもなりうる。このような関係において行為とは主体が一方的に為すことではなく、むしろ「私と汝との間に於ける出来事」（十八巻一四四頁）として捉えられる。こうした私と汝の関係が成立する基盤になるのが社会である。ここで重要なのは、三木が社会を単に私と汝の相互関係が寄り集まった総体として捉えているのではなく、私と汝の「存在の根拠」（十八巻一四六頁）として考えていることである[8]。「存在の根拠」としての社会は、私を私として限定し存在せしめる環境であり自然である。人間は身体を通して環境に働きかける主体であるが、同時に身体を通して環境に限定されてもいる。言い換えれば人間の身体とは「自然の限定」（十八巻一五一頁）であり、このように人間を限定する自然は「主体的自然でなければならず、社会的身体とも呼ばれるべきものである」（同頁）。いわば身体を通じて個人と社会は媒介される。「我々は身体によつて個体として限定されるが、同時に我々は身体を媒介として我々の存在の根底たる社会に帰入するのである」（十八巻一五三頁）。このように述べるとき、三木は我と汝の関係を「パトスを共にすること（Sympathie）」によって成立する主体的結合と捉え、その基礎に社会的身体としてのパトスを据えている（十八巻一五四頁）[9]。

そして、ここで社会的身体としてさしあたり念頭に置かれているのは「血と地」によって表される民族性である（十八巻一五三頁／五巻四〇〇頁）。「民族はその本性に於てパトス的結合」（十八巻一五三頁）であり、運命という形で身体を通じて個人を拘束する。「社会的身体は個人を『器官』とする主体的な『身体性』と見られ得る」（十八巻一五六頁）[10]。

しかし、個人はただ社会的身体のうちに埋没するだけではない。身体は、自然によって限定される状態性という点では受動性の場であるが、他方で自己自身を肯定する衝動を抱えた能動的なものでもある（十八巻一五二頁）。三木はこの衝動の一つとして個体化への衝動を挙げている。個体的統一、すなわち人格となるためには「自己肯定的なパトスは自己を否定してロゴス的にならねばならぬ」（十八巻一五七頁）。個人が社会的身体に限定される客体であるだけではなく、環境に働きかける行為主体でもあるためには己の身体を道具として用いることが必要である。すなわち、身体を客体化しなければならない。この客体化こそがロゴスの本質的な機能である。ロゴスによって客体化するからこそ、人間は己の身体を道具として用い、そして己を限定する環境を対象化してそれに主体的に働きかけることができる。

「主体性の意識」であるパトスの能動的な側面に定位するならば、ロゴスによるパトスの否定を経て、「パトス的・ロゴス的な弁証法的存在」（十八巻一五九頁）に至って初めて人間は個としての自己を獲得すると言える。我と汝がそれぞれ独立した主体であり、我が汝を倫理的に模範となる人格として希求しうるのは、ただ社会的身体を存在の根拠に持ちパトスを共有するだけではなく、ロゴスを介した個としての自己が主体として成立しているからなのである。

二　創造的社会に対する責任

「道徳の理念」（昭和十二年）において三木はマックス・ヴェーバーを参照しつつ心情倫理と責任倫理について論じている。心情倫理は行為における心情の純粋性を重んじ、責任倫理は行為の結果とそれに伴う責任を重視する。人間が社会的存在であるにもかかわらず、自己の行為が社会に与える結果を重視しないために無責任に陥りやすいという欠点を心情倫理は抱えている。しかし、心情倫理は全く責任から切り離されているのではない。責任倫理が社会に対する責任を問題とするのに対し、心情倫理は自己の良心に対する責任を問題にする。一方の責任のみを考慮する倫理は一面的であり、本来、倫理は社会と自己の両方に対する責任を考慮しなければならないのである。「責任は道徳の根本観念である」（五巻四〇八頁）。

さて、以上の議論を踏まえて三木は社会に対する責任に焦点を当てる。まず、三木は主体としての人間と環境の関係に言及する。前節でも触れたように、人間は身体を通じて周囲の環境に限定されるが、他方で、身体に依拠した行為によって環境を変えることができる。そうして形成された環境は再び人間を限定する。主体としての人間は環境を形成することによって自己を新たに形成し直していくのだと言えよう。社会がこのような環境としてのみ捉えられる場合、結局のところ社会に対する責任は自己の形成に対する責任の域を出ない。人間は自己に対する責任を介して社会に対する責任を有するにすぎない。

三木はこうした社会の捉え方に対して、社会を主体として捉える見方を対置する。というのも、「主体は他の主体に対してのみ責任を有する」（五巻四一八頁）からだ。主体としての人間が本来責任を担うのは、ただ形成されるだけの客体としての社会ではなく、人間と同様に主体である社会に対してである。この見方においては、人間は社会によって形成される客体であり、社会の一部分である。確かにそれでも人間は主体的に行為し、環境を形成することができる。しかし、それは人間が主体的社会の一要素として働くことを意味する。主体的社会は人間を形成し、そしてこの人間の主体的な行為を介して社会自身を形成する。この自己形成・自己発展こそが「創造的社会」（五巻四二〇頁）のあり方である。そして、この場合、人間は第一に自分を形成した社会に対する責任を負うのであり、次いでそれを介して自己に対する責任を有するのである。「人間が社会に対して責任を有するといふのは何よりもかくの如き創造的社会に対してである」（五巻四二〇頁）と三木が述べるときに考えられているのは、こうした主体としての社会に対する責任である。前節で触れたような我と汝の応答関係もこの創造的社会に対する責任にもとづくものとして捉え直される。すなわち、「我々は創造的社会の要素として互に対して責任を負うてをり、互の呼び掛けに応へる義務を有してゐる。他の人間の呼び掛けに応へることはこの社会の呼び掛けに応へることである。我々は社会の創造に参加すべき責任を有してゐる」（五巻四二〇頁）[11]。

ところで、こうした主体としての社会という三木の発想はある困難を抱えている。社会の主体性が強調されることで個としての人間が社会の一部分に埋没し、人間の主体性が社会全体に回収される恐れがある。これは続く『哲学入門』、そしてそれを挟んで連載がなされた『構想力の論理』にも重くのしかかる課題となった。

三　主体的人間と主体的社会

『哲学入門』（一九三〇年）は、『構想力の論理』「技術」の章の連載が一段落し、それに続く「経験」の章が執筆される合間を縫う形で刊行された。この著作の第二章は「行為の問題」と題され、主に技術としての行為が抱える道徳的問題に焦点が当てられている。そこでは、「倫理と人間」「道徳の理念」及び『哲学的人間学』で扱われてきた我と汝、その存在の根拠である社会、そして創造的社会に対する責任といった論点が一貫した見通しの下で関係づけられている。本節では『構想力の論理』の内容に立ち入る前に、『哲学入門』の議論を手がかりにして三木が抱えていた課題を整理しておきたい。

まず、「道徳は主体の主体に対する行為的連関のうちにある」（七巻一五六頁）と定義された上で、「人間のまこと」は「我が汝から喚び起され、汝の呼び掛けに応へる」ものであり、「道徳的真理は〔中略〕我と汝との間にある」（七巻一六一頁）と述べられる。もっとも、三木は「汝」を単に他の人間としてのみ捉えていたわけではない。カントが道徳的命法を「汝為すべし」と定式化したように、自己が命ずる自己もまた「汝」である。それゆえ、「他の呼び掛けに応へることは責任をとる」（七巻一六二頁）ことであると言われる際には自己の他に対する責任だけではなく、自己の自己に対する責任も念頭に置かれている。

三木はこうした責任の主体として自由な人格を提示する（七巻一六二頁）。人格は、抽象的な人間性一般ではなく、「役割における人間の意味を超えた個性」（七巻一七九頁）である。人間は一方では社会の一要素として職能的専門家のような何らかの役割を背負わされている。この意味では「社会と個人との関係は全体と部分との単に内在的な関係となり、個人の自由は考へられないであらう」（七巻一八〇頁以下）。だが、他方で「人間は社会に単に内在的であるのでなく、同時に超越的である」（七巻一八一頁）。これが自由な人格の意味するところであり、人間が主体的存在であるのもこの点においてである。人間が社会のうちにありながら同時に社会を超越していることは、人間が「単に民族的でなく同時に人類的である」（七巻一八一頁）ことを意味する。ここで三木は「倫理と人間」が抱えていた課題の一つ、すなわち閉じた社会の格率的倫理と開いた社会の人間的倫理をどのように架橋するかという問題に一定の回答を与えている。人間は「血と地」によって言い表される身体性を通じて民族共同体のような閉じた社会に強く限定されている。このあり方が役割における人間の生であり、格率的倫理が共同体の道徳として欠くべからざる問題になる。しかし、同時に人間は一個の人格として自分が帰属する共同体を超越することができる。それは一つには、社会に定められた自分の役割を自由に創造する仕方で、そしていま一つには、開いた社会の見地から自分が帰属する共同体のあり方を変えていく仕方で超越する。とりわけ後者の仕方での超越を通して「善い国民であることと善い人間であることが統一されてゆくに従つて、民族は世界的意味をもつてくる」（七巻一八三頁）。三木はこれを「世界が世界的になる」と表現し、このことこそが「歴史の目的」であると主張している（七巻一八三頁[12]）。無論、こうした超越の基礎にあるのが個々の人間の人格としてのあり方であることを考慮すれば、「世界が世界的になる」ことは抽象的な普遍化ではなく、個別的な人間存在と普遍性との統一を指していることは理解できよう。しかし、ここでは議論の枠組みが示されたのみである。前節で述べたように、創造的社会の自己形成という社会の主体的なあり方と個としての人間の主体的なあり方がどのようにして両立しうるかという課題に解決を与えない限り、ここで挙げられた枠組みは結局のところ抽象的な理想論に終わる。三木は『哲学入門』の執筆・刊行の直前に既に『思想』誌上で発表していた『構想力の論理』「制度」及び「技術」の章で、この枠組みの具体的な基盤を断続的な仕方で述べていた。これについては次節で詳しく見ることにする。

ところで、『哲学入門』の最後部で三木は行為の目的を論じている。三木がここでまず問題にしているのは何らかの目的を持った意志にもとづいてなされる行為である。この行為観の下で功利主義的快楽説とカント倫理学に批判が加えられる。快楽を行為の目的に置く功利主義的快楽説は他律的であり自由を欠いているばかりではなく、本来個人によって質的に異なるはずの快楽を量化する過ちを犯している。ベンサムの社会的快楽説もまたこの過ちに基づき社会を単なる個人の総和として考えている点で予定調和的なオプティミズムであると批判される。他方、行為の目的ではなく動機に道徳的善の根拠を置くカント倫理学は心情的倫理である。この倫理は専ら超個人的な普遍的理性に依拠しており、身体を通じた環境との関わりを無視している。そして、社会における行為の結果を顧みることがないとして批判される。確かにカント倫理学は、人格が自由と自律性を有する責任の主体であることを明らかにした。

だが、主体は自己に対する責任だけではなく社会に対する責任も担う主体でなければならない。その上で、「倫理は心情の倫理と責任の倫理の統一である」（七巻一九二頁）と述べる三木の立場は「道徳の理念」から一貫したものであると言えよう。ただし、この統一をどのようなものとして考えるかは大きな問題として残されている。

この問題に対する三木の答えは『哲学入門』においては判明ではない。行為が目的をもつ意志にもとづいてなされるという当初の規定と対照的な仕方で、「我々の行為は単に我々自身から起るものでなく、環境から喚び起こされるものである」と三木は述べる。そして環境における客観的表現が超越的なものとして、絶対的な命令として我々に呼び掛けてくることを指摘する。この呼び掛けに応ずる行為は客観的に見れば社会的・歴史的に限定された目的と社会に対する責任を果たすという意味を有している。しかし、主体的に見れば目的を欠いている。「目的といふものは、主体が作為して作ったものではなく、現実そのもののうちに、その客観的表現のうちにあるのである」（七巻一九三頁）。ここで再び三木は前述の問題に引き戻される。人間は社会に対して責任を有するものとしては、客観的な目的の下で歴史的に自己形成していく社会に限定された、その形成に資する一要素である。しかし同時に、人間は一個の独立した人格として、環境を形成することを通じて自分自身を形成する主体でもある。それでは、このような主体としての人間が行為する際の目的と、客観的表現のうちに与えられている目的とは全く別のものであり、どこまでも分かたれているのだろうか。もしそうだとすれば、主体的な社会の自己形成と人間主体の自己形成は決して交わることがない。この問題を解決するために、三木はカントの合目的性の議論に接近する必要があったのである。

四　構想力の論理

技術とは道具を用い、目的であるものを生産する制作的行為である。ここで三木が念頭に置いているのは、一般に了解されている経済的な生産技術だけではない。機械的な道具のみならず身体もまたある種の道具であり、身体を通じた環境への適応あるいは環境の形成もまた技術と言える。この広い意味における技術の根本概念は「形」と呼ばれる。技術は事物を生産するだけではなく、環境に適応して生命それ自身の「形」を与える。この意味では、人間に限らず「自然も形を作るものとして技術的である」（八巻二三七頁）。また、「技術によつて人間は自己自身の、社会の、文化の形を作り、またその形を変じて新しい形を作つてゆく」（同頁）。こうした観点から三木は自然史と人間史を「形の変化（transformation）」（同頁）の歴史へと統一する[13]。

さて、こうした「形」を創造するのが構想力の働きの一つである。構想力（Einbildungskraft）は形象（Bild）を構築する力であり、想像力とも訳しうる。この点で構想力は「生素な経験主義」からの飛躍の能力である（八巻二一九頁）。例えば、呪術とは人間が環境に適応していく際に、実際に経験される環境に先回りしてみずからの欲望を反映した幻覚的なイマージュを作り出し、環境をそれに従わせようとするある種の技術である。また、道具の発明にも構想力の飛躍は必要だ（八巻二二四頁）。道具を生み出すのは、周囲の環境に適応しようとする、あるいは環境を作り変えようとする目的の下でなされる制作的行為だが、その際に発明者は所与の感覚的経験から身を引き離し、道具によって達成される、あるべき環境のイマージュを想像する。このように構想力は想像・創造の能力であり、「形を作り出すものとして発明の終極に立つてゐる」(八巻二四一頁)。

他方で、構想力は記憶の能力、より正確に言えば記憶された「形」を再生し、反復する能力である。「構想力の問題は単に創造の問題でなく、また記憶の、従つて伝統の問題である」(八巻一一五頁)と三木は述べ、構想力が技術の習慣的性質の根拠であることを論じている。例えば、発明された道具がそれを使用する者の身体と一つになり、自然に使用されるようになるのは道具を用いる技術が反復され、習慣化されることによる(八巻二二五頁)。その際に想起される記憶は、知性によって一つ一つ順を追って意識されるものではもはやなく、無意識のうちに身体の動きを伴う。構想力は道具を使用する所作の「形」を記憶し、再生することで技術を習慣化する。言い換えれば、構想力を通じて身体は「形」に限定される。そして、個人において習慣であるものが社会においては慣習、さらには制度となる。

以上のように「我々の構想力といふものには記憶と想像(fantasy)との二つが含まれる」(八巻二一一頁)。三木が構想力の論理をロゴスとパトスを統一する論理と考えた理由もここにある。パトスとは感性・身体性の原理であり、社会的身体によって人間が限定されたあり方を指す。記憶の能力としての構想力は技術を身体化し、習慣、慣習、制度といった「形」のパトス性を基礎づけている。他方、創造の能力としての構想力は身体から飛躍し、身体と環境の関係を客体化することによって発明された「形」のロゴス性を基礎づけている。

それでは、この構想力の論理は道徳とどのように関わるのだろうか。「すべての道徳の根底には構想力がある」（八巻一〇七頁）と三木は述べるが、このことで彼は何を言おうとしていたのだろうか。

まず、前節で触れた『哲学入門』における第一の課題を振り返ろう。格率的倫理から人間的倫理への移行が可能であるためには、社会に内在的であると同時に超越的である自由な人格の確立が必要である。しかし、自由な人格のみが主体であるのではない。自己形成する創造的社会もまた主体であり、両者が主体として両立するからこそ個としての自由な人格は創造的社会に対して責任を有する。この両立がどのようにして可能になるか、が大きな課題であった。

『構想力の論理』において道徳は構想力がもたらす「形」の一つ、制度として説明される。タルドを参照しつつ、三木は道徳の適用範囲が最初は血族関係に限られていたとする。これは「倫理と人間」の言葉を用いれば、人間が「血と地」を通じて社会的身体によって限定されていることを示す。この道徳の適用範囲を広げるにあたって、自然な血族関係に対して制度による人為的な血族関係が作られる。それゆえ、道徳はパトスを出発点にしているがここではロゴスによる擬制的性質を付加されている。そして、擬制によって拡大された社会において道徳的行為が反復され、習慣化される、すなわちパトス化されることで、その道徳は血族に限定されない集団全体に通用する道徳になる[14]。これが構想力の持つ記憶と創造の能力にもとづいていることは前述の説明から明らかであろう。さて、三木はこうした擬制のなかで「最も霊妙なもの」として「すべての人間は汝の兄弟である、汝等はすべて神の子である、といふキリストの言葉」（八巻一〇七頁）を挙げている。擬制によって適用範囲が人為的に広げられる、その最大のものは人類全体に及ぶ道徳、すなわち人間的倫理である。「倫理と人間」では対比的に示されるにすぎなかった格率的倫理と人間的倫理が、『構想力の論理』においては擬制としての制度の下に連続的に捉え直される。ここではもはや知性下的感情と超知性的感情というロゴスとパトスが交わることのない、従属関係だけを問題にした対比は放棄されている。その代わりに、パトスとロゴスを統一した「形」として道徳を考える道が切り開かれている。

さて、道徳が制度という「形」であることは、それが環境に対する適応のために主体が用いる技術の形成物であることを意味する。「制度の主体〔中略〕は個人でなくて社会である」（八巻一八二頁）と三木は述べる。制度は個人の習慣から区別され、「多数の個人が同一の状況に対して類似の仕方で反応する」慣習を「合理化し組織化するもの」として規定される（八巻一七六頁）。「制度は社会が自己自身に与へる構造」（八巻一七九頁）であり、この構造に従つて社会のなかの諸個人は一定の仕方で結合し共同する。「個人は寧ろ制度の技術における客体である」（八巻一八二頁）。しかし、他方で個人は自由な人格として主体でもある。ここに、前述の課題が現れる。どのようにして自己形成する創造的社会と自由な人格とが共に主体として両立しうるのか。

この課題には制度の発明という観点から答えることができる。個人は単に社会に対する客体であるのではなく、社会を客体とする主体でもあることを確認した上で、三木は「制度も意識的な技術である限りかやうな個人の発明を俟たなければならぬ。タルドの云ふ如く、慣習でさへその起源に遡れば個人の発明であると云ひ得るであらう」（八巻一八三頁）と述べる。例えば、前述したイエス・キリスト、あるいは「倫理と人間」で挙げられている「イスラエルの預言者、ギリシアの賢人、キリスト教の聖者」（五巻三八七頁）がこれに当てはまる。こうした個人が制度を発明する際に客体とする社会は「制度的社会」である。他方で、こうした主体としての個人を内包し、創造するのが「創造的社会」（八巻一八四頁）である。両者は決して別の社会ではなく、ちょうど能産的自然と所産的自然の関係がそうであるように、一つの社会の分かちがたい二側面を表している。[15]「発明的個人はかかる創造的社会と一つになることによつて発明的であり得るのである」（八巻同頁）と述べるとき、三木は二つのことを考えているように思われる。一つは、個人の発明が創造的社会の自己形成に寄与することであり、これは既に「道徳の理念」で述べられていたことを発明の観点から捉え直したものである。もう一つは、こうした個人の発明が新たな制度となる、すなわち「形」を獲得するためには社会のなかでそれが記憶、反復される必要があり、多数の個人に規範を与える主体としての社会の働きが不可欠であるということだ。「倫理と人間」において人間的倫理はいわば発明する個人とそれに応える個人との共時的な「我と汝」の関係のうちでしか捉えられていなかった。しかし、構想力と制度の議論を踏まえることで、個人によって発明されたものが集団の記憶と反復を通して「形」を獲得するという社会的な広がりと歴史性の観点を人間的倫理は獲得することができた。しかも、個人の発明という創造性と社会の創造性とが互いの主体性を支え合っている点で、「道徳の理念」における一方向的な捉え方が乗り越えられていると言える。

ところで、前節で挙げたもう一つの課題がここで浮き上がる。仮に発明する個人と創造的社会が互いに主体として支え合うとしても、両者の目的は必ず軌を一にするものなのだろうか。人間は離心的存在であり、環境のうちにありながらも主体として環境から超越している。環境を変えうる発明のような技術が可能であるのは、環境を超越し、それを対象的・客観的に認識することのできるロゴス的性質が人間の知性に備わっているからである。それゆえ、人間はパトス的「欲望」（八巻二二八頁）あるいは「窮迫」（八巻二四九頁）にもとづきながらも環境から距離をとり、環境のみならず自分の身体をも対象化することを通じて自由に主体的に目的を立てることができる。前節で触れたように、人間が行為の際に打ち立てる目的は、創造的社会の自己形成のうちに見いだされる目的と必ずしも一致するものではない。だが、両者が目的の点で一致しないのであれば、人間と創造的社会が互いの主体性を支え合うと考えることも難しいであろう。

三木はこの課題に対して、カントの合目的性の議論に解決の糸口を見いだそうとしていたのではないだろうか。[16] 以下では、その見通しを明らかにしていきたい。

まず、三木は「技術」の章において「因果論と目的論とは如何にして調和し得るかといふ、古来最も困難とされた哲学的問題は、技術において現実的に解決されている」（八巻二二九頁）と述べている。そして、因果論を事物の客観的な因果関係の知識の総体である科学に、目的論を人間の主観的な目的に対応させ、技術が「形」を生み出すところに両者が結合されることを説いている。「技術は客観的法則と主観的目的との総合」（八巻二四二頁）であり、「創造的弁証法」（八巻二三三頁）はこれにもとづくことが示唆される。

この問題は「経験」の章の最後部で、カントの『判断力批判』を分析し終えたところで改めて取り上げられる。周知のように、カントの目的論的判断力の議論は因果論にもとづく機械論的自然観と目的論的自然観とを矛盾なく合致させるところに焦点がある。そのため、基本的にこの議論は自然認識の問題圏に属した。三木はこれを行為の哲学に引き写す際に、カントが美について語った「目的なき合目的性」に着目する。自然美を模範とする芸術家にとって目的はあらかじめ客観的に与えられるものではなく、この意味で芸術家の創作は自由である。なおかつ芸術家が構想力を用いて形成する根源的な表象は自然美に合致した創作物の合目的性を表現している。これと同様に、技術という制作的行為もまた客観的な目的をあらかじめ与えられることなく、しかし、自然、さらには社会の歴史が有する客観的法則に適う合目的性を「形」において表す。『目的なき目的論』Teleologie ohne Telos が真に行為的な意味における目的論である」(八巻五〇二頁)[17]。三木は自由な人格を単なる社会の一要素として埋没させないために、社会によって与えられる客観的目的を立てなかった。「目的なき」にはこの含意がある。他方で、自由な人格が主体的に為す道徳の「発明」は、創造的社会が自己形成する際に従う合目的性の原理に合致する「形」を生み出す。それは、「形」を「発明」する主体もまたパトスを通じて社会的身体による限定を受けているからだ。

技術、すなわち制作的行為の基盤となるのは身体であるが、主体としての人間の身体は社会的身体による限定を受けた受動的なパトス性を具えてもいる。それゆえ、自由な一個の人格として主観的目的を立てて行為し環境を形成する主体的な創造は、社会的身体によって限定されたパトスの衝動をロゴス化し、両者を「形」において統一する働きであると言える。道徳の議論に引きつけて言えば、道徳を「発明」するという主体的な創造は、確かに自分自身を限定する慣習的制度を超越している。その一方で、「発明」の起点となるのは人間が社会的身体によって限定されている状況性であり、そして「新しい倫理」が確立されるのも社会においてこのパトスによる限定が作用し、「発明」されたものが慣習化するからに他ならない。制度という「形」をとって現れる道徳はこうしたパトスのロゴス化、そして再パトス化の過程を包含している。この「形」の論理、すなわち構想力の論理こそが、三木が「目的なき目的論」によって示そうとした課題の解決法である。

歴史は直観的悟性（知的直観）によって見いだされるイデーに従って目的論的必然的に規定されているわけではない。その意味では確かに歴史は偶然的だが、パトスにもとづいた伝統を離れては創造もないという点で、歴史は「偶然性を含む必然性として傾向」（八巻五〇三頁）をもつ。ここに、「発明」する自由な人格の目的と創造的社会の自己形成との合致を見て取ることができる。「発明は矛盾の弁証法的調和であり、闘争であると同時に和解である」（八巻二五四頁）という三木の言葉もこうした観点から理解することができよう。

結

『構想力の論理』「経験」の末尾で三木は続く「言語」の章を予告したが、それは書かれぬままに終わった。果たして三木が新しい倫理として構想していたものは具体的にどのようなものだったのかを推し量ることは難しい。しかし、新しい倫理を確立するための基盤は三木によって提示されている。パトス性と創造性を根本に据えながら、構想力を通じてパトスとロゴスの統一、創造と伝統の統一として生成される「形」。その「形」は自由な人格としての個人が主体的行為によって生み出すものであり、それと同時に個人が依って立つ社会の歴史的な合目的性を反映したものである。このような「形」となって現れる「新しい倫理」は、観想の哲学にもとづいて高所から理念を語るのではなく、さりとてパトス性に拘泥して閉じた社会の現状に追従するのでもない。三木にとって「新しい倫理」は全人類へと開かれた人間的倫理であり、また創造的社会への責任を果たすものでなければならなかった。従来の共同体的道徳がもはや大きな力を持たず、他方で新しい倫理を見いだすこともできないでいる現代、この「不安の時代」に生きる私たちにとって、三木が苦闘した道程を辿り直すことは格別の意義があるものではないだろうか。

凡例

三木清の著作からの引用は全て『三木清全集』（岩波書店、一九六六年〜一九六八年）による。
引用文中の傍点による強調は三木による。

註

（1）『哲学的人間学』では「創造には凡て『無からの創造』の意味があり、無からの創造はつねにパトス的に規定されてゐる」（十八巻三四〇頁）と述べられており、三木が創造を媒介として新しい倫理の確立と倫理のパトス性を結びつけていたことが看取できる。

（2）『哲学的人間学』では次のようにも述べられている。「真の倫理は人間が自己の存在論的中心を確立することに存し、これは単に客体的な見方に於ては不可能である」（十八巻二七一頁）。

（3）三木はロゴスとパトスの区別を様ざまなところで規定している。その代表的なものを以下に挙げておく。「世界観構成の理論」（昭和八年）では、客体を客観性において顕わにするロゴス的意識の段階として「感覚から始めて、構想力、悟性、理性」を挙げ、主体を主体性において顕わにするパトス的意識の段階として「感覚、感情、意志、直覚」を挙げている（五巻六九頁）。また、「今日の倫理の問題と文学」では、意識と対象の一致と定義される真理性（Wahrhaftigkeit）をロゴスの性質とし、他方、主体的な意識としての真実性（Redlichkeit）をパトスの性質とした（十一巻一九三頁）。この真理性と真実性の区別は『哲学的人間学』においても取り上げられている（十八巻三四〇頁）。そこでは、パトスが無を対象とするがゆえに意識と対象の一致（真理性）からは捉えられず、むしろ「無の表現」であることが言及されている（十八巻三四一頁）。

（4）ここでの「感情」は単に個人的なものを指しているのではない。三木は『歴史哲学』のなかで個人的身体に結合した情熱（Leidenschaft）と、社会的身体に結合したパトスを明確に区別している（六巻四一頁）。それゆえ、ここで言及されているパトスとしての感情も社会的身体を前提にして捉える必要がある。

（5）客体的方向の極限におけるパトスとロゴスの統一が感覚とされているのは、感覚がパトスとロゴスに共通の最初の段階だからである。註（3）を参照。

（6）執筆時期の推定は三木清全集の『哲学的人間学』を校訂した桝田啓三郎に依る（十八巻五三五頁〜五四〇頁）。

（7）藤田正勝は、自覚における身体の意義を三木が明確にしている背景に西田幾多郎のメーヌ・ド・ビランに対する評価からの影響があると指摘している。藤田正勝「ロゴスとパトスの統一―三木清の構想力の論理（一）―」『人間存在論』第九号、二〇〇三年、一八七頁～一八九頁を参照。

（8）「道徳の理念」のなかでは次のように述べている。「社会は各々の個人のいづれとも、諸々の個人の和とも等しくない。社会を単に個人と個人との関係と考へることも、社会からその実体性を奪つてしまふことになるであろう」（五巻四一八頁）。

（9）三木は同時期の「倫理と人間」だけではなく、後の『構想力の論理』においても同様のことを述べており、社会的身体がパトス的紐帯の基礎であるという見解は一貫したものであったと推察される。「単に個人的なものは真に性格的でなく、ひとは他とパトスを共にすることによつて真に性格的となる。その意味では倫理はパトスのうちにあるといふよりもシュムパテイア（パトスが共なること）のうちにあるといふべきであらう」（五巻三九五頁）。「かくてベルグソンに依れば、本能の本質は一種の共感 sympathie であり、文字通りの意味においてパトスを共にすることである」（八巻一一〇頁）。「模倣の条件は共感即ちパトスを共にすることである。かかる共感が可能であるためには個人の根底に或るパトス的にして一般的なものが存在しなければならぬ。民族といふが如きものはかかるものである」（八巻一一八頁）。

（10）『歴史哲学』では社会的身体は「種族（Gattung）」と規定されている（六巻三五頁）。ただし、これは「人間といふ類概念のことではなく、人類学や民族学などの対象であるやうな存在としての種族のことでもなく、人間の社会的自然のことであり、一切の人間がもつと考へられ得る社会的身体のことである」（同頁）。三木は社会的身体を必ずしも個々の民族に限定したわけではない。服部健二は田辺元の「種の論理」や高山岩男の民族国家論と対比して、三木の弁証法的社会概念が民族国家や国民国家のような閉鎖的排除空間を切り開く可能性を持つことを指摘している。服部健二『歴史的人間学』とその技術論―三木哲学の再検討―」『技術と身体　日本「近代化」の思想』木岡信夫・鈴木貞美編、ミネルヴァ書房、二〇〇六年、七九頁～八〇頁、及び八六頁～八七頁を参照。
(11)「道徳の理念」の議論は後に『技術哲学』(昭和一六年／一七年)に要約された形で取り入れられている(七巻二九四頁～二九九頁)。大きな変更を加えていないことから、三木の責任倫理に対する立場の一貫性を見て取ることができる。
(12)『哲学的人間学』では、「人間は世界から生れる。世界は人間存在の根拠と考へられるであろう」(十八巻一七三頁)と述べられている。
(13) 赤松常弘は自然史と人間史の統一を図る三木の試みに、歴史的世界の一部として自然と人間を見る西田の影響を指摘している。また、服部健二は赤松の議論に関連する形で、梯明秀の全自然史的過程の思想が三木の技術論に通じるものであることを示唆している。赤松常弘『三木清　哲学的思索の軌跡』ミネルヴァ書房、一九九四年、二八五頁を参照。また、服部健二『西田哲学と左派の人たち』こぶし書房、二〇〇〇年、一四八頁～一四九頁を参照。
(14) 岩城見一は、こうした三木の「神話」・「制度」論がフィクションとしての日本の神話化、東亜共同体の正当化に荷担するものとして受容されうることを指摘している。その上で、そのようなロマン主義的読みに抗するために、神話や制度がパトスに根ざすことの危険な側面に三木が注目していたこと、そして三木の有機体説批判を顧慮することの重要性を述べている。後述する「目的なき目的論」の意義もこの観点から理解されるべきである。岩城見一「三木清の文芸論―京都学派の哲学、その特色と問題点―」『シリーズ・近代日本の知　第四巻　芸術／葛藤の現場―近代日本芸術思想のコンテクスト―』岩城見一編、晃洋書房、二〇〇二年、二八七頁を参照。
(15) 津田雅夫は、能産的自然と所産的自然の関係が『哲学的人間学』においては文化と社会の対比に用いられていたのに対し、『構想力の論理』では創造的社会と制度的社会の対比のために持ち出されていることを指摘し、そこに三木の思索の深化を認めている。津田雅夫「『第三の弁証法』について―その成立根拠をめぐって」『遺産としての三木清』清眞人、津田雅夫、亀山純夫、室井美千博、平子友長著、同時代社、二〇〇八年、一六六頁以下、及び一九七頁～一九八頁を参照。

（16）内田弘は、因果論と目的論の統一を扱った『構想力の論理』が個性者の歴史的自由の領域を追求する三木の卒業論文以来の課題を再論するものであったことを指摘し、それが種々の全体主義を切り落とす思想的力を持っていることに言及している。内田弘『三木清　個性者の構想力』御茶の水書房、二〇〇四年、三三四頁以下を参照。

（17）『歴史哲学』においても「目的なき目的論」がヘーゲルの弁証法と対置されて言及されている。「従ってそれ（有機体説的傾向を持つヘーゲルの具体的普遍の目的論）はいはば真に行為の立場に立つ弁証法が寧ろ目的なき目的論であるのと反対である」（六巻一二七頁～一二八頁）。

第9章　和辻哲郎とM・ハイデガー

――「ポリス的人間」と「隠されたる現象」の倫理

池田　喬

序

日本発の「倫理学」を体系的に示した初の哲学者と見なされることのある和辻哲郎（一八八九〜一九六〇年）は、同時に、古来よりの東西思想に精通した類稀な人物としても知られる。その和辻にとって、西欧の「現象学」も、みずからの倫理学を確立する上で重大な意味をもった思潮の一つである。といっても、彼にとっての現象学者とは、ほとんどもっぱら彼と生年を同じくするM・ハイデガー（一八八九〜一九七六年）のことであったと言ってよい。このことは、『風土―人間学的考察』（一九三五年、新版一九四三年）の序言において、「自分が風土性〔という和辻の中心概念〕の問題を考えはじめたのは、一九二七年の初夏、ベルリンにおいてハイデッガーの『有と時間』〔『存在と時間』〕を読んだ時である」（F, 3）と和辻自身が述懐していることに何よりも現われている。しかし、人間を

「間柄」として存在論的に把握することで数々の成果をあげた和辻哲郎の倫理学にとって、ハイデガー『存在と時間』からの「影響」は、忠実なハイデガー主義者として振る舞うというかたちで現れたのではない。むしろ、ドイツ本国ではK・レーヴィットが、フランスではE・レヴィナスがそうであったように、個人への閉塞性の問題性を中心にハイデガーの哲学と批判的に対決することがまさにみずからの哲学・倫理学の展開となった、という意味での「影響」である。

実際、主著『倫理学』（一九三七年〜一九四九年）に明白に示されているように、孤立した「人」ではなく個人的・社会的な主体としての「人間」を究明する和辻倫理学は、ハイデガーの「個人主義」（と和辻が呼ぶ立場）との対決そのものだと言ってさえ良いほどである。しかも、人間存在の解釈をめぐるこの対立は同時に、和辻において、方法論的問題という側面で、ほかでもない「現象学」への批判にも結びついている。『人間の学としての倫理学』（一九三四年）で詳述されるように、和辻は、ハイデガーの「解釈学的現象学」との対決の中で、現象学的方法に個人主義との癒着を認め、人間の学としての倫理学はむしろ現象学から脱皮して解釈学的方法に徹するべきだと説くのである。

さて、本章では、まず第一節において、和辻によるハイデガー批判として最もよく知られる『倫理学』の記述を簡略に見ることから議論を始める。『存在と時間』における本来性と非本来性を転倒させ、「自」が没却して「自他不二」を自覚するところに人間存在の本来性が実現されるという和辻の論述は実に明快であるが、その分、「個人主義」に対する「共同態主義」といった図式化によって議論が必要以上に単純化されて理解される危険もある。そこで、本章第二・三節では、和辻のハイデガー批判の射程を曇りなく見るために、もう一つの検討材料を追加したい。それは、両者の西洋哲学史の理解である。

ハイデガーが『存在と時間』前後の各年の講義において試みたように、和辻もまた、『人間の学としての倫理学』などの著作において、西洋哲学史の全体をみずからの哲学的立場から解釈し直すという長大なプロジェクトに従事した哲学者である。和辻の目論見は、原則的に、「人間」の学を古来よりの哲学史の中に発掘することにあり、その中で、ハイデガーはこの哲学史の中ではむしろ逸脱事例である（R・デカルトやT・ホッブスを典型とする）近代個人主義の残滓として描かれることになる。

しかし、あらかじめ指摘しておくと、和辻の想定とは異なり、ハイデガーの「個人主義」はデカルトやホッブスに由来するものではない。近年公刊の続く講義録から今では、和辻がハイデガーの「個人主義」を見出す本来性、良心、死といった『存在と時間』の鍵概念にとってアリストテレスの『ニコマコス倫理学』がもつ重大な位置が、とりわけフロネーシスと呼ばれる実践的な「徳」についての論及からの影響が、明らかになっている。そこで興味深いのは、和辻が、『人間の学としての倫理学』や『ポリス的人間の倫理学』（一九四八年）において、『ニコマコス倫理学』の徳論に西洋哲学史における「個人主義的傾向」の初期形態を見出していることである。同時に、和辻が、『ニコマコス倫理学』の内に発掘する「ポリス的人間」は、ハイデガーの講義録において、単独化した本来的現存在と対比される非本来的な世人自己の歴史的範例として言及されるものである。本章では、これらの検討から、和辻による「個人主義」とのハイデガー批判が、両者の西洋哲学史の理解の文脈において正確性を発揮するところを明示したい。

続く第四節では、こうした「個人主義」批判が和辻において「現象学」批判と一体化していることを『人間の学としての倫理学』の記述から示す。「現象学」が本来的考察領域とする「隠されたる現象」は消去されるべきであり、人間の存在はすでに日常生活の内にことごとく表現され現われていると主張する和辻の「解釈学」の立場は、ハイデガー最晩年の立場が「現われないものの現象学」であり、この意味での現象学の批判的継承がフランスを中心に大きな流れを形成したことを思えば、先見の明があるだけでなく、挑発的でもある。(1) 最後に、第五節では、『存在と時間』において日常には隠された現象として論及される現存在の本来的存在の議論、そして、そこで展開される「責め」に対するハイデガーの立論とそれに対立する和辻『倫理学』の議論を比較検討したい。それによって、個人主義批判と現象消去説が一体化した和辻倫理学の問題点が指摘されるとともに、ハイデガー「現象学」に秘められた倫理学としての可能性が逆照射されることになるだろう。

一　本来性の否定の否定——『倫理学』における和辻のハイデガー批判

『倫理学』の記述を見る前に、まず、『風土』序言から、和辻によるハイデガー批判として最も知られている部分を引用しておこう。先に見た述懐の後、文章は次のように続いている。

自分が風土性の問題を考えはじめたのは、一九二七年の初夏、ベルリンにおいてハイデッガーの

『有と時間』〔『存在と時間』〕を読んだ時である。人の存在の構造を時間性として把捉する試みは、自分にとって非常に興味深いものであった。しかし時間性がかく主体的存在構造として活かされたときに、なぜ同時に空間性が、同じく根源的な存在構造として、活かされて来ないのか、それが自分には問題であった。もちろんハイデッガーにおいても空間性が全然顔を出さないのではない。人の存在における具体的な空間への注視からして、ドイツ浪漫派の「生ける自然」が新しく蘇生させられるかに見えている。しかしそれは時間性の強い照明のなかでほとんど影を失い去った。そこに自分はハイデッガーの仕事の限界を見たのである。空間性に即せざる時間性はいまだ真に時間性ではない。ハイデッガーがそこに留まったのは彼の Dasein〔現存在〕があくまで個人に過ぎなかったからである。彼は人間存在をただ人の存在として捕えた。それは人間存在の個人的・社会的なる二重構造から見れば、単に抽象的なる一面に過ぎぬ。(F, 3-4)

「空間性」とはここで客観的に計測可能な幾何学的空間のことではなく、むしろ歴史的な「風土」として具体化するものであるが、そのような〔歴史的〕空間性とは、人間存在が個人的であるとともに「社会的」な存在として「人間」であることの構造である。和辻によれば、「時間性」に現存在の存在構造を求めるハイデガーの場合、この時間性の強い照明のもとで「空間性」は曇らされている。ハイデガー的な「人」の時間性に対して「人間」の空間性を対照させることで自らの哲学・倫理学的立場を形成していくことが和辻の大きな課題を形成しているのである。

こうした記述から、「個人主義」のハイデガーに対する「共同態主義」の和辻という、対立図式が、当然のことながら浮上してくる。この点は主著『倫理学』において、「ハイデッガーが本来性と呼んだものは実は非本来性なのである」(R-1, 340) と述べ、ハイデガーの図式を転倒しにかかる和辻の振舞いに何よりも現われている。ハイデガーにおいては、「自」のみの立場に立つことが「本来性」であり、「自」が喪失して自他未分になることが「非本来性」ということになる。しかし、和辻によれば、自他対立する「自」は、あくまで「他」に対して「自」として把捉される以上、自他未分の主体を地盤としてのみ可能である。つまり、「否定によって自他対立し来たるその根源」(ibid.) としての「本来性」を否定することによって「自」は成立してくるのであり、その意味で、「自」のみの立場に立つハイデガーの「本来性」は、実は、「非本来性」である。さらに、本来性の否定としての「非本来性がさらに自他不二において否定せられるとき、言い換えれば「自」が没却せられるとき、かえって本来性が実現せられる」(ibid.)。この「本来性」は、端的に理解に与えられているのではなく、本来性の否定としての非本来性の否定として自覚されてくるものであり、和辻はこの本来的自己を、ハイデガーの「個人的自己」に対して「カントにおけるごとき超個人的主体」(ibid.) と呼んでいる。のみならず、和辻は、自らの説が恣意的な思いつきでないことをアピールするように、この本来性の否定の否定としての「自」の没却は、I・カントに限らず、「古来のあらゆる没我的道徳の根柢をなしている」(ibid.) と付け加えている。対して、ハイデガーは、「デカルト的抽象あるいはホッブス的仮構に表現せられた近代の個人主義の見解」(339) に従う者とされ、哲学史的に見れば、近代に偏向した者と見なされるのである。

このように、超個人的で「自他不二」を自覚したあり方と、個人主義的で「自」のみの立場に立ったあり方を対比する和辻の論述は明快であるが、その分、単純化があることは否定できない。そもそも『存在と時間』における現存在の実存論的分析が、「そのつど私のものである」という実存の性格を考察するときに、批判の対象になっていたのは、自己を事物的に孤立存在する「基体」として（無自覚的に）前提する哲学者の悪癖であり、他でもないデカルトがその典型と見なされていた。また、カント倫理学に「超個人的主体」を読み込み、自らが主張する「人間」に引き付ける解釈も、カント解釈としては問題があることが指摘されている[2]。とはいえ、こうした指摘は、ハイデガーやカントを理解することが目的である場合はともかく、和辻倫理学を理解するという目的にとっては、あまり本質的でないだろう。私の見るところ、ハイデガーに対して和辻が行ったみずからの位置づけの正確さを示すためには、（通常論じられることにない）両者のアリストテレスに対する解釈、特に「ポリス的動物」をめぐる評価の異同に着目することが役に立つ。それによって、同時に、ハイデガーが「個人主義」と呼ばれるような立場を形成した根本的な動機を明らかにすることもできるだろう。

二　和辻のアリストテレス解釈――ポリス的人間をめぐって（1）

和辻によるアリストテレス解釈としては、『人間の学としての倫理学』における『ニコマコス倫理学』の解釈がよく知られている。『ニコマコス倫理学』と言えば、ハイデガーにとっても、『存在と時間』ににおける現存在の実存論的分析のほとんど全構想に及ぶほどの影響を与えた書であることが最近の研究では広く知られている。後者について注目されるのは、一九二二年秋に招聘人事をめぐって書かれた「アリストテレスの現象学的解釈―解釈学的状況について」という草稿や一九二四／二五年冬学期講義『プラトン「ソフィステス」』前半部によく見てとれるように、『ニコマコス倫理学』の特に第六巻で論じられるフロネーシス（実践的知恵）が『存在と時間』の本来的現存在の自己理解と様々な親近性を示していることである。とはいえ、ここはその詳細を論じるところではない。ただ、フロネーシスとは、技術や哲学的知恵などと並ぶ知的な「徳」の一種であること、そしてハイデガーにとってはこの「徳」の議論が『ニコマコス倫理学』解釈の重大なポイントであったことだけを押さえておけばよい。

このハイデガーの『ニコマコス倫理学』への関心の抱き方は標準的なものだと言えるだろう。『ニコマコス倫理学』の主題は、善き生ないし幸福とは何かということであり、この問いの探求のために様ざまな徳の発揮された生活が詳述される。このような読解方針は平均的であり、実際、今日、M・サンデル、C・テイラー、A・マッキンタイヤーら、「共同体主義者（コミュニタリアン）」とされる論者たちが、リベラリズム的な「負荷なき自己」を批判して、「自己のアイデンティティの深い次元、自己にとって本質的な善の概念に関する反省」(3)に関わるような自己像を擁護しようというときにも、例えばマッキンタイヤーが明確に行ったようにしばしばアリストテレスの「徳」の議論が参照されるものである。(4)

ところが、和辻は、「自」の幸福や徳を中心とした『ニコマコス倫理学』の読解方針に反対しているのである。『人間の学としての倫理学』において『ニコマコス倫理学』に言及する節が「アリストテレスにおけるPolitikē」と名付けられているように、和辻は、『ニコマコス倫理学』が「ポリスの人(politēs)に関すること」(NGR, 54)としてのPolitikēであることを示し、内容的にはみずからの意味での「人間の学」(55)であることを主張している。つまり、人間の善とは、「ポリスにとっての目的と個人にとっての目的とが同一である場合でも、ポリスの目的はより偉大であり完全」(56)であり、「個人のみの目的を遂げるのも価値あることではあるが、民族のためあるいはポリスのために目的を遂げる方が、一層美しく一層貴い」(ibid.)のであって、「かかる目的こそ人間の学が追求するところである」(ibid.)。こうした点を、『ニコマコス倫理学』第一巻第二章から引き出し、『ニコマコス倫理学』は、「人間の最高目的の学であって、個人にとっての善の学なのではない」(ibid.)と論じるのである。

和辻は、「自己のアイデンティティの深い次元」や「自己にとっての本質的な善の概念への反省」といった「個人主義」的な関心は、アリストテレスにとっての核心でないことを説得しようとしているが、他方で、そのような関心が生じる原因はアリストテレス自身にあることを認めている。和辻は、『ニコマコス倫理学』第一巻第七章において、アリストテレスが、最終的な善の「自足」を語る際、自足とは、「独りの人・孤独の生を送る人にとって足るという意味ではなく、両親、子供、妻、一般に友人たちやポリスの人(すなわち社会)、にとって足るということである」(56-57)としつつも、同時に、この人間の自足の範囲にはきりがないことから、「ここには自足ということを、孤立させられても生を望ましきもの足れるものたらしめることとして定義する。それは幸福にほかならぬと思う」(57)

と述べている箇所に着目する。和辻は、孤立させられた人にも自足的完結態を認めるこの措置は、あくまで考察方法の問題として取られたものであることを強調しつつも、同時に、やはりここにはプラトンにはなかったアリストテレスの「個人主義的傾向」(58)の登場があると認める。プラトンにあっては、「個人は何らか普遍的な力への参与によってのみその意義を獲得する」(ibid.)。対して、アリストテレスは、『政治学』にあるように「ポリスは個人よりも先である」(60)と明言しつつも、同時に、「個人自身の内に道徳的なるものの根拠や目標を認め」(ibid.)るという矛盾した振る舞いを見せる。もっとも和辻にとってはこの「矛盾の統一こそ人間の構造にほかならない」(ibid.)のであり、個人的・社会的な人間存在がここで問題化されてきていると評価もできるのだが、しかし、アリストテレスは「人間の個人的・社会的な二重性格を最初に十分強調しているとは言い難い」(61)。よって、個人の善や幸福をもっぱら探求し、政治学から分離される個人主義的倫理学としての読解可能性を与えてしまってもいるというわけである。

『人間の学としての倫理学』における『ニコマコス倫理学』の解釈は、これを個人の善や幸福の論としてではなく、ポリス的人間の学として読む方針を明示したが、この二つの側面は、個人的・社会的な人間存在の構造の矛盾的統一として調和的に解されている。しかし、『『人間の学としての倫理学』のなかの『アリストテレースの Politikē』という節でのべたのと同じ考え』(PNR, 153)を明らかにしようとして書かれた『ポリス的人間の倫理学』では趣が幾分異なっている。和辻は、『ニコマコス倫理学』における幸福や徳の議論に含まれる個人主義的傾向を、人間存在の矛盾的統一の中に穏当に位置づけるのではなく、より批判的に論じるのである。

『ポリス的人間の倫理学』における「アリストテレースのポリス的人間学」という章において、和辻は、再び、『ニコマコス倫理学』第一巻第七章から、孤立させられた人にも自足的完結態を認める箇所を引用し、「これは個人の立場での幸福を考えることに対する言いわけである」(313)とする。たしかにこの言いわけは考察上の便宜を図ったものだと言えるが、しかし、それは『ニコマコス倫理学』全体の構図に深刻な影響を及ぼしてもいる。和辻によれば、『ニコマコス倫理学』第二〜四巻は、「幸福すなわち『最もよきこと』を徳との連関において説明し、徳の現象学を試み〔る〕」(314)ものであり、「人間関係を排除して考えるという立て前」(316)のもとに成り立っている。

例えば、『ニコマコス倫理学』第三・四巻では、勇気、節制、おだやかさなど、性格の状態としての諸々の徳が論じられるが、アリストテレスは、「過度と不足を避けて中を選ぶ」(315)という一点において徳の諸現象を見ることで、「人間関係を考慮に入れることなしに」(ibid.)それぞれの徳を把捉している。しかも、愛想のよさ、誠実、しゃれ気など、「社交に関する徳さえも人間関係をぬきにして考察される」(ibid.)のだが、「しかし人間関係をぬきにしながらここに取り扱われているのは実は人間関係にほかならない」(ibid.)。和辻によれば、このようにして、すでに「徳の現象学」の内部で、先の「言いわけ」ないし「立て前」は維持しがたくなってくる。

そして、和辻によれば、「正義」や「友愛」の議論が現れる第五巻以降では、「個人の立場で幸福を考える」という当初の方針は、実際に覆されている。和辻によれば、『ニコマコス倫理学』第五巻の「正義論」は「人間関係を括弧に入れて考察するという第一巻のプランの埒外に出るもの」(317) であり、「アリストテレースはこの意味の正義を徳の現象学のなかで取り扱うことはやめてしまう」(ibid.)。さらに、和辻は、第八・九巻で展開される「友愛論」を「共同体生活の現象学」(320) として特筆すべきものと見なしている。ただし、ハイデガーが注目したフロネーシスの議論が現れる第六巻は「徳の現象学」の改良版にとどまるものであり、それほど着目されていない。

例えば、「正義」の議論が、「方法的に視圏を個人に限った幸福論」(318) を脱した「ポリス的人間学の立場の考察」(ibid.) として高く評価される様子を見てみよう。「正義」とは、「人々に正しくふるまう心構えを与え、また人々をして正しく行為し正しいことを欲せしめる、そういう性格の状態あるいは道徳的傾き」(316) として規定されるものだが、ここでいう「性格の状態」は個人主義的に「人間関係を括弧に入れて考察される」ものでは明らかにない。この正しさを定めるのは、「法に合うこと」としての「普遍的正義」、あるいは「公平」なこととしての「特殊的正義」であり (ibid.)、例えば、前者の「普遍的正義」について言えば、これは「法との連関によっても知られるごとく、国家と引きはなして考えることができない」(ibid.)。よって、アリストテレスは明白に、「この正義が個人的な徳ではなくて隣人との関係における徳であり、従って徳のなかの最大のものであることを認める」(ibid.) が、この最大かつ包括的な徳をもつ者は、「自分だけでなく他の人々に対してでなくては徳を行うことができない」(ibid.) のであり、あらゆる徳の中で正義のみは「他人の善」である (ibid.)。このようにして、正義の問題とともに徳と呼ばれるものの「社会的な性格」があらわになってくる (ibid.)。さらに、「配分的正義」と「報酬的正義」をめぐる「特殊的正義」の論においては、「経済的関係、家族的関係、法律的関係、政治的関係」(318)などが触れられることになるが、「そういう意味での正義が勇気や節制などと同じく性格の状態であるとはいえないであろう」(ibid.)。明白に、「方法的に視圏を個人に限った幸福論の一部」ではなく、「ポリス的人間学の立場での考察」が前景化しているのである。

以上のように、個人主義に対して社会的な共同態を解明しようとする和辻の「人間の学」は、アリストテレス解釈にあって、まず、性格の状態を個人の幸福に関して論じる「徳の現象学」がいわば内部から自壊していく過程を積極的に捉えようとする。同時に、「徳の現象学」が、「正義」の論において、自らを脱却し、「ポリス的人間の立場での考察」へと変貌する様を追跡しようとする。このような読解のやり方は、前節に見た、「本来性の否定の否定」としての「自」の没却と「自他不二」の自覚の成立を、古来の没我的道徳の一例としてのアリストテレスの内に発掘することだと言えるだろう。和辻によれば、アリストテレスにおいては、「正義や友愛の章において考察された人間関係が、自覚的な組織にもたらされるとき、国家になる」(332)。「国家」とは、和辻において、「自」の超克において実現される共同体(家族、地縁共同体、経済的組織、文化共同体)を統一する「自覚的総合的な人倫的組織」(R-3, 16)にほかならない。

三　ハイデガーのアリストテレス解釈——ポリス的人間をめぐって(2)

和辻が「徳の現象学」の自己否定にアリストテレス『ニコマコス倫理学』の「ポリス的人間の学」の

核心を読み取ったのに対して、すでに触れたように、ハイデガーにおいては、逆に、フロネーシスが現存在の議論に巧みに取り入れられている。これについては、例えば、『存在と時間』において現存在を非本来性から本来性へと呼び覚ます「良心」として論及されるものがフロネーシスの核心にあるという独特な解釈に見いだされる（GA19, 56）。さらに、「フロネーシスはそれが遂行されるや否や、現存在自身の内に潜む隠蔽傾向に対する不断の闘いの内にある」（52）という発言において、フロネーシスが非本来性から本来性への変様と重ねられていることも十分推察できる。『存在と時間』第六三節でハイデガーは、「〔現存在の存在様式の〕存在論的解釈は、この存在者の存在を、この存在者に固有な隠蔽傾向に逆らって奪い取る」（SZ, 311）ことを必要とする、としている。現存在の日常的な自己解釈は、現存在の存在様式を歪めた仕方で隠蔽しつつ解釈しており、存在論的解釈は、日常的で非本来的な現存在が本来性へと変様することを要請しているのである。

和辻が逆転を試みたように、ハイデガーにおいては、本来的自己とは単独化した最も固有な自己であり、非本来的自己とは自他無差別的な「世人」としての自己である。フロネーシスが、本来性と重ねられるのは、行為の原理が現存在の存在自体――善き生――にあり、それが目的とするものが行為自体にあるからだと言える。ハイデガーによれば、フロネーシスの「考量の主題は現存在の固有な存在にあり」（GA19, 54）、「フロネーシスの考量において視野に収められているのは、自分自身と、固有な仕方で行為することである」（49）。それに対して、アリストテレスによって、フロネーシスとともに魂の勘考的部分に――「認識的部分」を担うエピステーメーとソフィアから区別して――分類されるテクネー

（技術）の場合、制作者が理解しておかなければならないのは「作品がどう見えるべきか」（41）である。テクネーが関わるのは、完成品がいかにあるべきかについての形相（エイドス）であり、それが目的とするのは完成した作品であって、この知を働かせる現存在自身の振る舞いではない。『存在と時間』第一篇において、日常的現存在が世界内部的な存在者と関わる基本的様式が、家を建てるために道具との交渉に従事するような振る舞いに見定められていることがこのテクネー解釈と連関していることは明らかである。ただし、目下着目したいのはこの点ではなく、むしろ、道具との交渉に没入する日常性において、現存在は世人として自己を忘却しているという現存在の共同存在についてのハイデガーの考えである[5]。

その考えの一つに、現存在は、世人として、「空談」に没頭するというものがある。日常性においては、「ひとがいうからそうなのだ」（SZ, 168）と定式化されうる多数派の権威性が存在者についての平均化された解釈を導き、現存在は存在者との真正な連関から断ち切られるとされる。ハイデガーはそこで、「公共的」という概念を、「相互共同存在の公共的な開示性」（174）において「日常的にはあらゆることが起きているのに、根本においては何も起こらない」（ibid.）というように用いている。この点は、和辻が、『倫理学』第二章で、公表や報道によってある事を人びとと分かつ現象から出発して、「公共性」を人間存在の空間性の観点から積極的に論及していくのとは好対照をなしている（R-1, pp. 219）。他方、ハイデガーは、単独化した本来的現存在を、むしろ世人の「空談」から身を引き離し、最も固有な自己へと呼び覚ます良心の呼び声を沈黙しつつ聞く仕方を論じていく。

「語り」を中心にした共同存在の様態をめぐる、こうした『存在と時間』の議論も、アリストテレス解釈と、実は、深い関係をもっている。ハイデガーと交際したH・アレントは、古代ギリシアのポリスに出現した「公的領域」を、自由な言論と行動の空間として肯定的に捉え、この空間に現われるユニークな行為者たちを結びつけるものを、和辻の「間柄」に幾らか類似した仕方で、「人間関係の〈網の目〉」として論じた。(6) これに対して、ハイデガーは「公共性」を、現存在が誰でもあり誰でもない世人の特性として否定的に描きだす。すなわち、日常的現存在は、各自が他者との「懸隔性」を気づかってみずからの特有な性格を主張しながらも、実は、一般に何が是認され何が否認されるかを定める慣習や規範の「平均性」の内に身を持し、結局は、各自に固有な存在可能性は「均等化」されている（SZ, 126-127)。こうした世人の存在の仕方が「公共性」と呼ばれるのだが、とすれば、ハイデガーは、人と人の「間柄」や「網の目」の歴史的範型としてのポリス的公共空間を、思想史的にも批判的に見ていたことが予想される。そして、実際、その通りであることは、一九二四年夏講義『アリストテレスの根本諸概念』と『存在と時間』を重ね合わせて読んでみれば明らかになる。

『存在と時間』においてハイデガーは、ロゴスを理性と解する西洋哲学の伝統を牽制して、ロゴスの一次的意義は「語り」であるとしているが、その主張の哲学史的な証左を「ロゴスとは声（フォネー）である」(32-33) という考えに求めている。「声」を中心にロゴスをとらえる発想は、アリストテレスが『政治学』においてロゴスをもつ動物をポリス的動物として特徴付ける時に明確にされていた。つまり、ロゴスをもつ動物のなかでも人間が一層ポリス的であるのは、他の動物の音声が快苦を伝える信号を意味するにとどまるのに対して、「人間に独自な言葉は、利と不利を、したがってまた正と不正を表示するためにある」[7]とされている。ハイデガーは、『アリストテレスの根本諸概念』においてこの箇所を解釈している。そして、ロゴスとは、「話すことによって遂行されるものとして、あらわにすること」(GA18, 63) であり、すなわち、「分かち合うこと、すなわち、何らかの他者にあらわにすること、表立って〈相互に〉世界を現にもつこと」(ibid.) である、と述べる。その上で、この分かち合うことは、「その内で相互存在としての人間の存在があらわになる根本的な仕方」(ibid.) であり、「人間は、ポリス的動物というような存在者であって、その構造において、発達形成されたポリスの内に存在することの可能性をもつ」(ibid.) と、ハイデガーは論じている。

以上の理解は、和辻ともアレントとも特に齟齬をきたすものではないだろうが、ハイデガーはポリス内存在の古代的様式の否定的側面に着目するのである。ハイデガーによれば、ポリス的動物として「ギリシア人が語りの内に実存した」(108) ことによって、その日常性の内に、「さしあたりのもの、流行、おしゃべりに没頭し、それによって牽引されるという特有の傾向」(ibid.) が生み出され、「世界へと頽落する」(ibid.) という「自らの現存在の根本的危険」(ibid.) が現われてくる。ハイデガーは、語りによって世界を他者と分かち合うポリス的動物の営みは、実のところ、語られた内容ではなく、技巧的なパフォーマンスを中心としたレトリック的説得となる危険を重大視している。このような論点が、『存在と時間』の世人論を形作っていることは十分推察可能である。ハイデガーは、「世人の存在様式としての公共性」(SZ, 138) への言及の中で、「演説家」(ibid.) が聴衆の気分を煽り上げて語る例を挙げているが、その箇所でハイデガーは、アリストテレス『弁論術』を参照指示するのみならず、この書を「相互共同存在の日常性の最初の体系的解釈学」(ibid.)と呼んでもいる[8]。単独化や代理不可能性の概念に極まるハイデガーの「個人主義」は、ポリス的人間の公共的語りがある種の無批判な追従を招くという歴史的批判の視座に支えられているのである。

こうした文脈を押さえるならば、ハイデガーの現存在分析がアリストテレスの徳論を活用しているからといって、善き生を気づかうことがただちに単独化した現存在のあり方と結びつくわけでないことも明らかである。どういう生が善きものであるかは、和辻が強調したように、結局、「人間関係を括弧に入れて」考察できるものではない。例えば、どういう人物が勇敢であるかは他者からの賞賛や評価と一体化しているが、賞賛や評価は、ハイデガーが「世人」は他者との「懸隔性」を気づかうことで自己理解すると批判的に論じている事柄にむしろ相当する。実際、ハイデガー自身は、現存在の終極的な目的を何らかの善さに求めることを拒否して[9]、この終極的なものを「終わり」として文字通り解しつつ、現存在の「終わり」としての「死」に論を進めていく[10]。この死へと先駆することにおいて、現存在は、いかなる他者とも絶対的に代理不可能な最も固有な自己を存在可能性へと企投するとされる。ここで「自他不二」が根本から拒絶され、アリストテレスの「徳の現象学」よりもはるかに徹底した「個人主義」が現われるのであり、和辻との距離は最大化してくる。

『倫理学』などで和辻がみずからの立場をハイデガーと正反対のものとして規定するやり方は、たしかにハイデガーを「デカルト的抽象」や「ホッブス的仮構」といった近代哲学の残滓として見なす時には疑問が残るものである。しかし、以上に見てきたように、ポリス的人間、あるいはこれに対するアリストテレス解釈をめぐる両者の考えの対立から再照射してみるならば、その正確さが判明になってくる。和辻にとって、『ニコマコス倫理学』の最も重要な洞察は、正義や友愛の議論に見られるような「ポリス的人間の学」としての分析である。他方、「徳の現象学」は「個人主義的傾向」の起源であり、『ニコマコス倫理学』とは、ポリス的人間の社会的な存在性格があらわになるにつれて、個人主義的に設定された方法的措置が瓦解していく書である。これに対して、ハイデガーにとって、古代ギリシアのポリスとは頽落した共同存在の原型であり、むしろ、実践的な徳として挙げられるフロネーシスを換骨奪胎しつつ、世人自己から本来的自己へと変様する現存在の代理不可能な存在を追究することが重要だったのである。このように、ハイデガーの単独化や代理不可能性の議論と、和辻の自他不二や共同態の議論の対立が鮮明になると、両者が、和辻の言う「本来性の否定の否定」という弁証法的運動によって和解できるようなものなのかどうかも怪しくなる。和解不可能な鋭い対決がここにはあるように思われる。そして、この対決は、「隠されたる現象」の学としての「現象学」をめぐる攻防としてまずは鮮明になる。

四 「隠されたる現象」の消去——和辻の現象学批判

ハイデガーにとって現存在の存在論的‐実存論的分析の方法論は、現象学であるとともに解釈学であるが、和辻は自らの倫理学の方法論を現象学ではなく解釈学であると理解している。このことの意味が問題である。

和辻の解説によれば、「解釈学的方法」とは「人間の存在における表現・了解の連関を、学的意識に高める仕方」(NGR, 244) である。解釈学的に探求されるべきは、「学的立場における表現の理解の問題」(234) であるが、この問題は、「日常生活における表現とその了解とを通路として人間の主体的な存在に連絡すること」(233) だとされる。それでは、なぜ学的立場は、人間の主体的な存在に接近するために、「日常生活における表現とその了解」とを「通路」としなければならないのか。その理由は、和辻にとって、「人間」が、閉じられた心的生活の中で意味理解する孤独な主観ではなく、本質的に複数的な間柄だからであり、また、表現の理解こそこの間柄の成立にとって欠くことのできない契機だからである。

例えば、「我れの身ぶりに対して汝が答える場合には、すでにそこに表現の了解が働いている」(234)。私は、他者の身ぶりをまず意味を欠いた身体動作として「もの」のように知覚して、次にその動作において意図されている内容を自分の頭の中で推理するというようなことをやっているわけではない。そうではなく、「身ぶりをかわす」とはすでに一つの「表現」なのであって、この「表現は二人の間に今了解せられた『こと』を我々に示す」(ibid.)。言語表現が「もの」ではなく「こと」を理解せしめるのと類比的に、例えば、「手をあげること」は「あいさつしていること」を表現し、私たちはともにそれを理解するのであり、その表現の理解が二人の間柄の成立の契機となる。

人間の行為は表現された「こと」であり、この表現の理解において二人の間の実践的行為連関が形成される。そうだとすれば、間柄としての人間の学は、孤立した主観の内的反省などではなく、「人間存在における表現・了解の連関を、学的意識に高める仕方」としての「解釈学的方法」であり、「日常生活において現実に行われつつしかも自覚せられざる過程を、自覚的行動において繰り返すこと」(244) だと言える。

和辻が、ハイデガーに対して、人間の存在構造として「空間性」を主張し得た最大の理由は、人間の行為をその表現連関において徹底的に解釈するという方針を発見し、貫いたからであろう。『倫理学』における人間存在の空間性の議論は、主体の行動的連関における「『張り』」(R-1, 269) としての主体間のひろがりを、日常的で身近な行為が表現・了解される仕方を自覚にもたらすことで説得力を得ている。例えば、和辻は、「信（たより）」としての通信や「道」としての交通を、人と人とを接合するものとして考察し (241)、その中で人間存在の空間性を解明している。そうした交通通信などの現象が、単に二点間の計測可能な距離ではなく、人間存在の空間性を告示できるのは、それらが出勤、配送、見舞い、安否の気遣いなどとしてすでに表現され、人と人の間で分かたれているからである (cf., 366)。交通通信は、それを表現として問題にしてはじめて、「信（たより）」や「道」という人間存在の空間性として明らかにできる。こうした考察は、孤立した主観の自己反省などではなく、日常生活における表現とその了解とを通路として人間存在の構造を学的に自覚化する「解釈学」を方法としなくてはならない。

ところで、『存在と時間』のハイデガーもまた、「現存在の現象学は、根源的な語の意味における解釈学である」(SZ, 37) と明言している。そして、「存在論的探究は、解釈の可能的な様式であり、解釈とは理解を仕上げて自分のものにすること」(231) だと特徴づけられている。学的な仕方で、理解を仕上げ自分のものにするという意味での「解釈学」が、和辻のいう「表現・了解の連関を、学的意識に高める仕方」と親近的な関係をもっていることは言うまでもない。しかし、この「解釈学」が「現存在の現象学」と同一視される点に関して、和辻はハイデガーの思考をまたもや転覆しようとする。そして、その企ての基盤にあるのはやはり個人主義との対決である。

ただし、「現象学」を個人主義のかどで批判するという方針は、ハイデガーよりもE・フッサールの現象学の場合のほうが理解しやすいだろう。和辻は、「現象学的方法と解釈学的方法とは、いずれも『事実に即する』という要求の上に立っている」(NGR, 245) ことを認め、「従って両者はともに、あらゆる学問的定立を離れ、一切の理論に先行して、かかる理論の根源たる生活体験、もしくは人間存在に帰って行く」(ibid.) のだと言う。しかし、フッサールの現象学――和辻はフッサールの名に言及していないが、内容からしてフッサールの『イデーンI』を念頭においていることは明らかである――は、「さらに日常生活の自然的態度における世界経験から……『純粋意識』にまで還らなくてはならぬ」(ibid.) と考える。「これが現象学の固有の領域たる『現象』なのである」(ibid.) が、しかし、解釈学においては、このような「純粋意識への還元は……行われえない」(246)。というのも、「解釈学にとっては、自然的態度における日常生活そのものが、実践的行為的連関として、すでに間柄における表現・了解の動的発展」(ibid.) だからである。「現象はすべて無自覚的に人間存在の表現として取り扱われる」(ibid.) のであり、この表現の理解を学的意識に高めることだけが解釈学の問題である。別言すれば、「現象は常に人と人との間に置かれ、何らかの意味において間柄的存在を表現する」（ibid.）のであり、私の純粋意識の内部ではむしろ見出されえない。

これと全く同じ仕方でハイデガーの「現象学」を個人主義のかどで批判することはできない。というのも、ハイデガーは、和辻が「日常生活において現実に行われつつしかも自覚せられざる過程」と呼ぶ「現象」を純粋意識に求めることを明らかに拒否しているからである。したがって、和辻のハイデガー「現象学」批判も込み入ってくる。

和辻はまず『存在と時間』第七節における現象学の規定に忠実に議論を進めている。ハイデガーによれば、現象学とは、「己れ自身を示すものを、それが己れ自身から己れを示す仕方において、それ自身から見させること」（251）である。つまり、「もの」を見させるのではなく、ただそれが己れを「示す仕方」を見させる。この「もの」ではない「示す仕方」は、「手近に普通に己れを示すもの（すなわち有るところのもの〔存在者〕）」（ibid.）ではなく、むしろそれの「意味や根柢でありながら、しかも普通には己れを示さず、隠されていること（すなわち有〔存在〕）である」（ibid.）。そして、ハイデガーにおいては、「この『隠されていること』がまさに『現象』であ〔り〕」（ibid.）、この『隠されたる現象』（有）」（252）が、「日常的にあらわな現象（有る物〔存在者〕）」（ibid.）において己れを示すと考えられる。そのようにして、ハイデガーの「現象学は、日常性から出発しつつも日常的には隠されている領域に入り込む」（251）のである。

ここで和辻は、「隠されたる現象」がそこにおいて己れを示すものとは、「有る物」というよりも、

「表現」(252) と呼ぶべきものだという指摘を行う。ハイデガーは、「隠されたる現象」を「有る物の有」(ibid.) として、さらに、根源的には、「人の存在」(ibid.) として把握しており、「従ってここでは人の存在が通俗的現象（すなわち有る物）から解釈し出される」(ibid.) ことになる。だからこそハイデガーは現象学を「解釈学」と呼んでいるわけだが、和辻に言わせれば、通俗的現象から解釈し出される「人の存在」は、「隠された」ものではなく、通俗的現象のうちに表現され、解釈可能なものとして「現われている」(253) ものである。つまり、例えば通勤や見舞いのような行為の表現としての交通通信のうちに「人間の存在」は現われている。通勤や見舞いのような通俗的現象は「表現」として、間柄のさまざまな作り方としての人間の存在の仕方を示しているのであり、そのような人間の存在を自覚的に学的意識にもたらすことが問題なのである。

和辻にとっては、ハイデガーも、フッサールの純粋意識と同様に、「有」を「日常的には隠されている領域」である「現象」として匿おうとしているが、人間の存在の仕方は日常生活にことごとくすでに現われている。そして、このように（人間の存在が）現われていることこそが「現象」という語の意義である。したがって、『有る物』を『表現』に、『有』を『人間存在』に転ずる」(254) ことで、「隠されたる現象」を捨て、ハイデガー流の「解釈学的現象学」は、「現象学を脱して解釈学となるべき」(252) だと主張される。

このような「現象学」批判には、〈人間の存在は、個々の人の存在ではなく、間柄としての人間の存在である〉という和辻の主張がこめられている。彼にとって、「現象学」は、事実に即して前理論的・

日常的な生活体験に帰って行くことでさまざまな成果を挙げているにしても、やはり、「人」の学であり、「人間の学」ではない。しかし、和辻が、間柄のさまざまな仕方を分析する「人間の存在」の学は、「隠されたもの」の現象学を離れて、「まっすぐに倫理を目ざして行くものになる」(254)と述べる時、一つの明確な問題が生じているように思える。というのも、「隠されたもの」の現象学こそ、ハイデガーの思想に秘められた現象学的倫理学の可能性の核心に触れるものだからである。現象と倫理の連関(あるいは脱連関)を吟味するために、責めや罪責といった(本書の主題である)責任に関連する諸概念に対する両者の立場を次に検討しよう。

五　責めをめぐって――本来性の否定の否定は可能か?

和辻が消去しようとした「存在」、すなわち、日常生活には「隠されたる現象」としての「存在」とは何であろうか。それは、人あるいは現存在の存在に関して言うならば、現存在の本来的な存在のことである。すでに本章第一節で見たように、和辻によれば、ハイデガーは、「自」のみの立場に立つことを本来性と呼び、この「自」の喪失による自他未分を非本来性と呼ぶ。しかし、この理解は、ハイデガーが「デカルト的抽象あるいはホッブス的仮構」によって、まず孤立した自己を存在論的に定立しているという理解と同化する場合には問題がある。なぜなら、ハイデガーにおける本来的な自己存在とはあくまで「世人の実存的変様」(SZ, 267)であり、さしあたりたいてい現存在はまずもって自他未分の世人であるとハイデガーが論じていることは明らかだからである。[11] しかも、この本来的自己への変様ということで問題になっているのは、自己というものは、単独でみずからを決定づけ、みずからを基礎づける主体なのではない、ということの自覚ですらある。すなわち、実存的変様の核にあるのは、現存在の自己選択がいつでもすでに世人の平均化傾向を免れてはおらず、結局は、自らの存在の根拠では〈無い〉という非力さを十全に理解することである。この非力さに耐えつつ、なお、みずからが選んだわけではなかった自己を固有な自己として反復し引き受けるしかないというところで、本来性は意味を獲得するのである。こうした意味で、本来的な自己存在は、さしあたりは自他未分の主体である世人であることを前提としており、和辻の言う「本来性の否定」に少なくとも構造上は対応性を示していると言える。(12)

さて、重要なことに、ハイデガーは、上に述べた意味で現存在が「非力さの根拠であること」(283)を「責め(Schuld)」の実存論的な規定として持ち出し、さらには、この責めの引き受けこそが良心の現象を説明するものであり、また、道徳性一般の基礎であると大胆に主張している。現存在は、自己決定的・自己基礎づけ的主体ではなく、さしあたりたいていは世人として実存している。ということは、現存在には、自らの存在の根拠は(実は)自分自身ではなく結局は匿名の世人なのだという理解可能性がつねに開かれている、ということである。しかし、もしそのように理解するしかないのであれば、なぜ自分の生き方や行為に対する責任を各自の現存在が負う必要があるのかが不明になる。したがって、責任が匿名の世人へと霧散しないためには、みずからその存在の根拠を与えたのではないにせよ、その存在を引き受けることが要請される。この責めの引き受けは各自的な現存在に委ねられるしかなく、代理可能なものではない。

この代理不可能で固有な本来的自己についてのハイデガーの語りが、和辻が「個人主義」と呼ぶものに相当するが、たしかに、この本来的自己はあくまで代理不可能であり、自他無差別的な様態を志向するものではない。つまり、現存在は、和辻の言う意味での本来性の否定の否定を目指すものではない。例えば、戦争等のある一定の時代状況の中で否応なく殺人に加担せざるをえなかったという場合、公共的な出来事としては、その状況が斟酌され、責任が軽減されたり、あるいは全く免除されたりするかもしれない。しかし、それでも人は、その（世人としての）選択を殊更にみずからのものとして、その責め（責任）を引き受けうるという実情を考えてみよう。その場合、責めの引き受けは、世人の公共世界における決定とは別のところにある。仮にこのケースが、殺人行為が賞賛され、それに負い目を感じることが非難されるような情勢にあるとすれば極めて顕著になることだが、本来的自己への決意は「黙秘」（296）の様相を取る。それは世人の公共世界には隠されているのである。

他方、「隠されたる現象」を消去しようとする和辻にとっては、ハイデガーはこうして「個人主義」に引きこもってしまったということになる。『倫理学』の記述によれば、ハイデガーは良心や負い目（責め）の現象を「ただ個人存在のみから説こうとした」（R-1, 341）のだが、結局、「個人存在があらゆる空しさ〔あるいは、非力さ〕の根柢であることを覚る」（343）のみでは、道徳性は実現されない。むしろ、「個人存在の根柢が空であることを覚ることによって、個人存在は自他不二的充実（すなわち全体性実現）の根柢となり、従って道徳法も可能になる」（ibid.）。ハイデガーにおける世人から本来的自己への変様は、和辻の用語で言えば、「本来性の否定」であるが、和辻にとっては、良心の声はさらに、『自』への堕在から自を超えた本体性へと呼び戻〔す〕」（ibid.）ことに進み、要するに、「本来性の否定の否定」へと向かう必要があるのである。

この見取り図にしたがって、実際、和辻はハイデガーには無縁な「信頼」という別の概念を導入し、「信頼の裏切り」という人間関係の観点から罪責や良心の現象を説明し直そうとしている。まず、「個別化において対立するところの自他」（R-2, 45）とは「全体的なるものの否定」（ibid.）であるが、この自他は「すでにその対立において未来の合一を予料している」（ibid.）。つまり、本来性の否定はすでに、さらにその否定に向かっている。和辻はここに「信頼の根拠」（ibid.）を認める。合一の予料とは全体性への帰来への方向をもつものであるが、この帰来の方向が喪失される時、「信頼に背くという現象」（ibid.）あるいは「全体性よりの背反」（ibid.）が生じる。つまり、「人間存在の真実が起こっていない」（ibid.）のである。悪とはこのように「信頼を裏切り虚偽を現われしめること」（48）であり、逆に、善とは、合一の予料において全体性へと帰来し、「信頼に答え真実を起こらしめること」（ibid.）だとされる。

とはいえ、殺人が善行として通用する社会もある。しかし、和辻によれば、こうした事実も、善とは信頼に答えることであるというテーゼを脅かすものではない。彼が指摘するところでは、「殺人とは、その本質においては、生物学的あるいは生理学的に理解せられた『人』からその『生命』を奪うというだけのことではない」（53）。むしろ、「一定の社会においてその成員としての資格を有する者からそのあらゆる存在を奪うこと」(ibid.) であり、「信頼関係の上に立ち、生命の危険に際して常にこちらからの救いを期待しているその相手に、生命の危険を与えること」(ibid.) である。だから、「生首狩りが善事である社会においても、同じ部族内で他の族員を殺せば、それは言うまでもなく殺人罪として非認せられる。生首狩りが許されるのはただ信頼関係の外において、部族外の者に対してのみである」(ibid.)。つまり、殺人罪の範囲は「信頼関係と相覆う」(54) のであり、この範囲内では殺人罪が悪であるという点はあらゆる文化において変化しない。一定範囲外の者に対する殺人が善行とされるのは文明社会の戦争でも同様である。もっとも、「キリスト教におけるがごとく四海同胞の立場において一切の人々の間に信頼関係を設定せんとするものにとっては、人の生命を絶ってしかも殺人罪を構成しないという場合が消失し去る」(ibid.)。つまり、あらゆる殺人が罪の意義を帯びることもありうる、とされる[13]。

　こうして、和辻においては、罪責の意識とはその真相において、「〔信頼の〕裏切りの意識」(65) にほかならない。しかし、ヨーロッパの哲学においては、「人はそれ〔罪責の意識〕を人間の信頼関係への裏切りとしてではなく、神およびその律法への違反として、個人の意識や意志の内部でのみ理解しようとする」(ibid.) と和辻は指摘する。この発言と上記のキリスト教の理解がどう整合的に関係しているのかは問題だが、今は問わない。しかしいずれにせよ、「隠されたる現象」としての現存在の存在を追及しようとするハイデガーの「現象学」をこのヨーロッパ哲学の伝統の中に位置づけることは誤りではないだろう。

しかしながら、和辻の立論については疑問も生じる。罪責の意識というものは、そもそも未来の合一の予料を必ずしも要請するものだろうか。例えば、戦争時の殺人について罪責の意識に生涯悩まされる人の場合、その人はどういう意味で未来の合一を予料しているのだろうか。死者には未来はすでに閉ざされており、信頼が回復される可能性はない。むしろ、問題は、合一や回復が想定不可能であり、つまり、信頼回復のための行動が何一つできないことであり、だからこそ、人は、死者に対して罪責の念を抱き続けると言うこともできる。墓参りや追悼などを行うことはできるが、これらの行為も、すでに存在を喪失した相手との間の信頼回復という点から見れば、空しいものであり、むしろ、その取り返しのつかなさこそが深い罪責の意識を生むだろう。この罪責の意識は、公共的な行為には決して表現され尽くされないという意味で、「個人の意識」の内部のものだと（積極的に）言うべきであるようにさえ思える。いずれにせよ、日常的行為には現われてこない、こうした「隠されたる現象」が道徳的存在者にとって積極的なものであることは否定できないだろう。その限り、こうした「人」の局面を消去してしまえば、「まっすぐに倫理を目ざして行く」はずの学に有益な結果がもたらされることはないように思われる。逆に言えば、ハイデガーの「現象学」の倫理学的な可能性を探ろうとする場合には、その哲学を、公共性や他者に隠された領域に重要な意味を投げ返すものとして、和辻が言うところの「本来性の否定の否定」に回収されないような、代理不可能で各自に固有な「人」の次元を探求するものとして展開していくべきだという示唆が、ここにはあるように思われる。

結びに代えて

本章では、「現象学者」ハイデガーとの対決という点から、和辻倫理学の諸相を論じてきた。まず、和辻が『倫理学』においてハイデガーの本来性と非本来性を逆転することで人間の存在構造を規定する様を見、次に、この逆転の構図が、アリストテレスのポリス的人間に対する解釈において両者の西洋哲学史への態度に反映されていることを明らかにした。さらに、この存在論的ならびに哲学史的な対照が和辻による「現象学」批判に結びつく仕方を論じ、最後に、「隠されたる現象」を消去する和辻の方針を倫理学説として評価するべく責めに関する議論を幾分批判的に検討した。

和辻の倫理思想は、存在論的、哲学史的、方法論的にハイデガーと見事なまでの対照性を示している。このようなことが起きるということは、和辻がハイデガーの哲学を相当程度体系的に理解していたことを十分に意味している。しかし、対照性のなかでみずからの位置を定めることはいつでも一方の極端に偏ることを免れない。公共的な行為の空間に、隠されたる現象としての「人」の決意や意識といったものを、どう「人間」の学としての倫理学に取り込んでいくのかは難しい問題である。これらの現象は、「自」の没却による「本来性の否定の否定」という和辻の根本図式に少なくとも疑念を生じさせるものである。実際、ハイデガー現象学の読者たちは、例えば、レヴィナスやJ＝L・ナンシーのように、全体性や合一といった和辻的な記号に抵抗を示し続けている。現象学批判としての和辻倫理学は、現象学的倫理学の可能性と限界を考えるためにも、ハイデガーとの対決にとどまらず、今後一層注目されるべき貴重な参照項だと言えるだろう。

凡例

本文に付された傍点は論者による強調である。和辻哲郎の著作からの引用に際しては、以下の略号を用い、本文中にページ数とともに記す。同じ著作から連続して引用する際には原則として略号を省く。引用文中の傍点は和辻による強調である。なお、読者の便宜を図るため、現在入手しやすい書籍から引用した。

F＝『風土　人間学的考察』、岩波文庫、第五〇刷、二〇〇九年
NGR＝『人間の学としての倫理学』、岩波文庫、第三刷、二〇〇九年
R-1＝『倫理学 I』、岩波文庫、第三刷、二〇〇七年
R-2＝『倫理学 II』、岩波文庫、第二刷、二〇〇七年
R-3＝『倫理学 III』、岩波文庫、第二刷、二〇〇七年
PNR＝『ポリス的人間の倫理学』、和辻哲郎全集第七巻、岩波書店、一九六二年

ハイデガーの著作からの引用に際しては、以下の略号を用い、本文中に原著のページ数とともに記す。なお、『存在と時間（*Sein und Zeit*）』には複数の翻訳があるが、原著のページ数が併記されているものが大半であるので、いちいち邦訳のページ数を記すことはしない。訳出のさい、原文の強調箇所には、傍点を付す。

GA18＝*Grundbegriffe der aristotelischen Philosophie* (Gesamtausgabe 18), Vittorio Klostermann, 2002.
GA19＝*Platon: Sophistes* (Gesamtausgabe 19), Vittorio Klostermann, 1992.

SZ = *Sein und Zeit*, Max Niemeyer, 11. Aufl., 1967.

註

（1）このあたりの経緯については以下の序論を見よ。武内大『現象学と形而上学――フッサール・フィンク・ハイデガー』、知泉書館、二〇一〇年

（2）以下参照。熊野純彦『和辻哲郎――文人哲学者の軌跡』、岩波新書、二〇〇九年、一〇七頁。

（3）中野剛充『テイラーのコミュニタリアニズム――自己・共同体・近代』、勁草書房、二〇〇七年、一六一頁。

（4）A. MacIntyre, *After Virtue: A Study in Moral Theory*, Second edition, University of Notre Dame Press, 1984.（A・マッキンタイヤー、『美徳なき時代』、篠﨑榮訳、みすず書房、第六刷、二〇〇九年）

（5）厳密に言えば、テクネーとフロネーシスを『存在と時間』の非本来性と本来性に重ねて理解することはできないことは、拙書『ハイデガー　存在と行為――『存在と時間』の解釈と展開』（創文社、二〇一一年）の第三章で論じた。ここではこの問題には深入りしない。

（6）H. Arendt, *The Human Condition*, Second edition, With an Introduction by M. Canovan, The University of Chicago Press, 1998, 183.（H・アレント、『人間の条件』、志水速雄訳、ちくま学芸文庫、第九刷、二〇〇〇年、二九七頁）

（7）アリストテレス『政治学』（牛田徳子訳）、京都大学学術出版会、第三刷、二〇〇七年、一〇頁。

（8）このあたりの事情については以下に詳しい。森一郎「〈ロゴスをもつ生き物〉の根源的意味（1）――ハイデガーの「ポリス内存在」の現象学から――」、『東京女子大学紀要論集』第五六巻一号、二〇〇五年。

（9）「善のために」を現存在の「自身のために」へと転回するハイデガーの議論としては、一九二九年の「根

拠の本質について」を見ると良い (M. Heidegger, *Wegmarken* (Gesamtausgabe 9), Vittorio Klostermann, 2., durchgesehene Auflage, 1996, 160 ff.)。

(10) ここにはアリストテレスの幸福論を時間論的に問題化するハイデガーの問題意識が絡んでいる。ハイデガーによれば、アリストテレスにおいて終極的なものは、「完成存在 (Fertigsein)」(GA19, 172) を意味し、これは結局、「常に存在するもののもとに現前していること、純粋に現在化していること」(ebd.) である。この恒常存在に対して、ハイデガーは、死という有限な存在にとっての終わりを打ち出し、『存在と時間』の「死へと向かう存在」の概念へと結びつけていると言える。

(11)『存在と時間』における本来的自己について、ここでは簡略な説明にとどめる。詳細は、本書収録の拙論（「責めの存在論的 - 現象学的説明による道徳的懐疑の克服——ハイデガー『存在と時間』第二篇における議論」）をご覧いただきたい。

(12) このように留保をつけるのは、ハイデガーの実存的変様において世人としての自己は単に引き受けられるのであり、否定されるとは言われていないからである。

(13) もちろん、キリスト教の理念に基づいて戦争が行われるという実情はある。和辻によれば、宗教形成物としての教団は、「人間のあらゆる資格を超越して人を同胞的兄弟的に扱う」(R-2, 433) という点で注目すべきものだが、実際には、教団は「事実上もはや真の友人共同体ではないにかかわらず、しかも友人共同体であることを装っている」(434) という点で「偽善的」(ibid.) である。しかし、この偽善性格は、本来ならば、「教団があくまでも友人共同体でなくてはならないということの承認」(ibid.) を示している、とされる。

第10章　九鬼周造と〈いき〉のエティカ

——善美なる生を求めて

横地　徳広

序

星崎はつと中西きくえ。

一人は九鬼周造を産み落とした母であり、また一人は彼が齢五十をこえて再婚した女性である。ともに京都祇園の出であった。〈いき〉のエティカに迫る本章でこうした史実から稿をときおこすのは、その謎解きを求めて九鬼の生きざまを探りたいからではない。むしろ、そうした安い「心理主義」を論者に戒めるためである。この点を明記したうえで見ておきたいのは、岡倉天心の子一雄が記した星崎はつ像である。天心は、はつこと初子が恋に落ちた相手であった。

初子は天心に愛着を感じながらも諦めを仏教に求めてふだん読経や写経に精進の限りをつくしてい

たが、愛慾を抑圧しきった中年の女性であり、天心もまた同情が熱愛に変化しただけに、越すべからざる垣を超すと、その愛恋は鉄を溶かす体の熾烈なものとなってしまった。(1)

とはいえ、天心と初子のあいだに夫婦の契りが結ばれることはなかった。二人の仲は断ち切られる。こうした状況のもと、天心の醜聞が乱れ飛ぶ「美術学校騒動」に二人は襲われ、初子には長きにわたる松沢病院での生活が訪れる。九鬼の主要著作に響く憂いを通奏低音として聞くとき、〈いき〉の契機の一つが「諦め」であったこととの関連を思わないわけではない。(2)しかしながら強調しておくが、それは哲学の問題ではない。本章で問うべきは、「苦界」(3)での憂いがその深さのままに生き抜くことのしなやかさへと反転していく実存論的構造である。言い換えれば、『「いき」の構造』や『偶然性の問題』(以下『いき』と『偶然性』と略記)、『人間と実存』といった主要著作を体系的にとらえ、軽快な〈いき〉と容赦なき偶然性との倫理的関係を終わりなき輪廻の観点から解き明かすこと、これが本章の目的である。(4)この解明は、尊重すべき「徳」(5)が異なった苦界と世間との対比を通じて行われていく。

本章での進行を示そう。まず第一節「戯れる生と徳」では、惹かれ合う遊女と町人が世の習いと折り合いをつけて**生の責め**をふさぐため、苦界で〈いき〉に戯れる以外にその方法がなかったことを指摘する。このとき、『いき』の参照文献で描き出された江戸から明治大正にかけての諸徳を比較し、〈いき〉は卓越性としての徳を内在させた美的実存態であったことを明らかにする。つづいて第二節「輪廻への意志と善美」では、道ならぬ恋で結ばれた遊女と町人が苦界で織りなす共生の形を浮かび上がらせるため、九鬼独自の時間論を手がかりにし、終わりなき輪廻への意志を二人が分かちもつ仕組みを考察する。簡潔に言えば、恋仲の二人はそうした輪廻への意志を通じてその共同存在をあるがままに肯定することを指摘する。最後に結では、本書を導く「生きることに責任はあるのか」という問いへの回答を、〈いき〉に戯れて苦界を生き抜く遊女と町人の共同存在のうちに見つける。

以上の考察を行った結果、偶さかの出会いに始まった二人が偶然性の底を貫くほどに恋に戯れる瞬間へと迫る九鬼哲学の核心、すなわち、運命愛を分かちもつ〈いき〉な二人の重厚にして軽やかなエティカが鮮明になるはずである。

一　戯れる生と徳

1　苦界に住まうこと

さて、本書第五章「E・レヴィナスと場所のエティカ」で引いたのは、ハイデガーが一九二九年に行った演説「形而上学とは何か」の一文であった。すなわち、「不安の無の明るい夜のなかではじめて生じるのが、存在者が存在者として根源的にあらわになることである」(GA9, 114)。同年、この演説に対してウィトゲンシュタインは、「ハイデガーが存在と不安によって考えていることを私は十分に思い描くことができる」という感想をもらす。それは、「世界を奇跡として見る経験」を語り出す場面においてである。(6)

では、この奇跡とはいかなるものであったか。

他でもありえたのにこの世界が開かれていること、つまり、世界の偶然性がそれである。これは、九鬼がシェリングを参照して述べるとおり、「世界の始まり」にまつわる「原始偶然」を含意する（『偶然性』一二六頁以下）。われわれが疑いもせずに日常を過ごしていくこの世界は、したがって現世は、その根底から偶然性の無に刺し抜かれている。こうした現世に偶さかの生を受けた遊女と町人がなぜか出会い、やがて恋の深みにはまる。しかも、二人は苦界と世間とを横断するマージナル（境界的）な存在である。「貞」なき仲にからみとられながら、二人の「誠」[7]を世間につらぬけば、待っているのは「野暮」な結末だけである。情が深まりゆくほどに身を焦がす逢瀬のつらさを〈いき〉へと昇華させるのは、それが世間に祝福されることのない遊女の生きる術だからである。

以上の実存情況をハイデガーの視点から読み解くために確認しておくと、彼の超越論的哲学にあって「脱自的時間性」（SZ, 351）は世界への「存在論的超越」（GA24, 423）を介して諸存在者への「存在者的超越」（GA26, 194）を意味づけるという「超越の構図」が提示されていた。こうした「超越論的哲学」に対する批判的継承を通じて形成された九鬼哲学にあって「超越の諸相」は偶然性に注目して描き出されていく。すなわち、世界の存在論的偶然をそれぞれ身に受けた君と私が邂逅する存在者的偶然が原始偶然へとむかって織りあわされるとき、苦界の共同存在という生地に浮かび上がるのは、〈いき〉のエティカという「生きる芸術（art de vivre）」なのだ。

ここで門脇の小文「九鬼のアイロニー」を見ておきたい。こう論じられていた。

「いき」を特徴づけている道徳的理想主義や宗教的非現実性など、日本人一般の文化的特性として存在したことなどないし、それらはおそらく、九鬼をとりまく日本民族のメンバーたちにも共有されてはいなかったろう。「存在しない」ことにこそ意味がある。九鬼はほとんど「存在しない」徳を、民族の存在様態であるかのように語る。このアイロニーは、すでにある民族の存在様態を見つけだすこととは関係のないことがら、「存在」の仮面のもとで「存在しない」徳へと呼び勧める、倫理的批判なのだと思う。……九鬼のアイロニーを本当に射ることができるのは、「何がよい生き方なのか」という哲学の問いだけであるからだ。(8)

明治二一年（一八八八年）に生まれ昭和十六年（一九四一年）に没した九鬼は〈いき〉の歴史的意味を求めていたわけではない。「何がよい生き方なのか」、江戸や明治大正の文芸作品を参照しながら、〈いき〉という現象のうちに問いかけていた。彼が指摘した〈いき〉の「内包的構造」をあらためて確認しておけば（『いき』三八頁以下）、「わが国の文化を特色附けている道徳的理想主義と宗教的非現実性との形相因によって、質料因たる媚態が自己の存在実現を完成したもの」と簡潔にまとめられていた（『いき』五一頁）。つまりは遊女と粋人のあいだで生きる芸術が完成にもたらされるわけである。「垢抜けして（締）、張のある（意気地）、色っぽさ（媚態）」と定義される〈いき〉にあって（『いき』五一頁）、道徳的理想主義とは意気地のことであり、宗教的非現実性とは諦めのことである。門脇の指摘によれば、これら二つ契機は「存在しない」のに「民族の存在様態」であるかのように語り出された

「徳」である。

こうして内包的構造が明らかにされた〈いき〉は、「浮かみもやらぬ、流れのうき身」である苦界にその「起源」をもっている（『いき』四五頁）。様ざまな私利私欲がうずまく人間関係のなかで個人がいだく無垢な願いは維持することさえ難しく、欲望の群れが生み出す悪や苦に身を少なからずも染めながら、そのただなかを生きざるをえない。このとき、現世はまさに人びとの身を切るような憂世となる。しかも、親から廓《くるわ》に売られた遊女にとって生まれ故郷は、あったとしても二度とは戻れない「失われた場所」かもしれず、たとえ年季が明けたとして、苦界に一度身を沈めた彼女たちが世間にうまく根づくのか、その確証もない。あるいは羽振りの良い旦那に身請けされ、世間に居場所が与えられたにしても、人の心は移ろいやすく、世間での暮らしがいつまで続くのか、これまた確証がない。いずれにせよ、浮いたかに見えて実は流離《さすら》うあいまに一時の静けさを享受しているだけなのかもしれない。現世は結局「浮かみもやらぬ、流れのうき身」である。遊女にとって人生の実相がそうしたものだと悟られたとき、「喧嘩と花火は江戸の華」、彼女たちは刹那に輝く華のように恋の美しさを競うことになる。

遊女と町人は〈いき〉に戯れて束の間のときを分かちもつ。不幸な境遇から世間を遠く思うしかない遊女と、世間に居場所がありながら苦界への越境をくりかえす町人。苦界と世間は同一世界のポジとネガである。こうして対照が際立った苦界と世間のあいだで揺れる越境者たちの生きる芸術が〈いき〉なのだ。

では、同一世界を苦界と世間へと分かつのは何か。

徳目である。その一つに、世間の夫婦関係を規定した「貞」がある。(9) 近松の世話物『大経師《だいきょうじ》昔暦《むかしごよみ》』に登場するヒロイン「おさん」が「男持つならたつた一人もつものぢや」と言ったように、貞は女性が「二夫に仕えない」ことをその主要な意味としていた。反対に、苦界はその貞を欠いた世界である。このように諸徳の妥当範囲で世界は色分けされていく。門脇の九鬼解釈によれば、苦界にもそうした徳がある。〈いき〉に戯れる遊女と町人とが関わる仕方を導く「諦め」と「意気地」である。これらは苦界を生き抜く卓越性という意味での徳であった。こうした徳と世界の相関関係をさらに詳しく見たい。

たとえば駅前のロータリーで右手をあげることはタクシーを止める行為であり、体操マットのうえで右手をあげることはストレッチ行為である。つまりは同一の動作であっても、状況に応じてその意味が異なった行為へと分化していく。また、ポリスに侵入したバルバロイに市民がつかみかかることは「勇気」ある行為であるのに対し、パンクラティオンの優勝者に酔った市民がつかみかかることは「向こう見ず」な行為である。(10) 同一の動作も、エートスとそれに育まれた徳（＝倫理的卓越性）に動機づけられ、意味の異なった行為となる。そもそもエートスの原義は「住まうこと」であったが、その地に住まうことで分かちもたれる気風や気質という意味へと展開する同時に、その地に成り立つ共同体に広がった習慣や習俗という意味へと展開するかぎり、エートスと徳は相即してその意味が多彩につむがれていく。日本語で表現すれば、優れた習い性が徳である。世界は歴史的かつ地理的に特殊化されてエートスを様ざまに形成し、これに応じて徳も多様化する。したがって、世間に住むことで育まれた個人的性格の倫理的卓越性だけが徳という身分をもつわけではない。〈いき〉に戯れ、苦界を生き抜いて身につく徳もある。諦めと意気地のことである。

では、苦界と世間に共通した徳はあったのだろうか。九鬼が生きた明治の世では誠がその徳であった。『いき』でたびたび著作が参照される永井荷風は九鬼よりも八歳ほど年長の同時代人であり、彼の随筆「妾宅《しょうたく》」（明治四五年）のなかで「変る夜ごとの枕に泣く売春婦の誠の心の悲しみは、親の慈悲妻の情を仇にしたその罪の恐ろしさに泣く放蕩児の身の上になって、初めて知り得るのである」[11]と記していた。これは江戸ではなく、明治の末に荷風が眼差した「傾城《けいせい》の誠」である。[12] 遊里で起居する女たちも、年季が明けて世間で一夫に尽くすことをたえず願っていた。「傾城に誠なし」とは野暮な大尽が吐くセリフであり、「傾城の誠が金で面を張る圧制な大尽に解釈されようはずはない」[13]。それは「親の慈悲」や「妻の情」を無下にして身をもちくずした男にわずかに解釈されるものである。つまり、苦界と世間の越境者という身分を町人が手放したときにはじめて可視化される事象なのだ。しかし、帰路をもたずに歩み進む「天城越え」（吉岡治）のごとく、一線を超えれば世間からその居場所が消失する男女は新たな苦界でともに堕ち、野暮な結末を迎えるだけである。傾城の誠は、それゆえ九鬼哲学の積極的主張とは結末を逆にし、むしろ来世浄土で結ばれることを願う男女の心中に近しい徳であった。

2　遊女の自由と運命

恋に落ちた遊女と町人は、二人で生き抜くために世間と苦界のあいだをたゆたい、〈いき〉に戯れてみずから生きる芸術となる。この芸術は、共生の美を創造するかぎり、生き抜くことの卓越性である。こうした〈いき〉はその形相因が媚態であり、質料因が意気地と諦めであった。意気地は武士道の道徳的理想主義にもとづき、諦めと仏教の宗教的非現実性にもとづいていたが、媚態からその内実を確認していきたい。

まず内包的見地にあって、「いき」の第一の徴表は異性に対する「媚態」である。異性との関係が「いき」の原本的存在を形成していることは、「いきごと」が「いろごろ」を意味するのでもわかる。「いきな話」といえば、異性との交渉に関する話を意味している。（『いき』三九頁）

ここに現代のジェンダー論的な視点を重ね合わせれば、他者へとむかう性的欲望である「セクシャリティ」は数多くの発現形態をもつけれども、こと九鬼がとりあげるかぎりでは、〈いき〉な二者関係は生物学的区別とその区別へと文化的に割り当てられたジェンダーとが重なった男女のセクシャリティで結ばれていることがわかる。[14] とはいえ、二人は自他が溶け合うエロス的合一態に達することを望んでいたわけではない。〈いき〉に戯れる二人は自他の差異はそのままに互いが絶対的な他者へともっとも近づくことを希求している。[15]「媚態の要は、距離を出来得る限り接近せしめつつ、距離の差が極限に達せざることである」（『いき』四〇頁）。

次に意気地である。意気地には「江戸児の気概」がその契機としてふくまれており、したがって「江戸文化の道徳的理想が鮮やかに反映」している（『いき』四一頁）。しかしながら、〈いき〉という現象のうちに江戸の徳目がそのまま見出されていたわけではない。九鬼は明治期に日本語へと翻訳された西欧哲学の概念「自由」の観点から意気地のことを解釈して以下のように述べる[16]。

媚態の原本的存在規定は二元的可能性にある。しかるに第二の徴表たる「意気地」は理想主義の齎した心の強味で、媚態の二元的可能性に一層の緊張と一層の持久力とを提供し、可能性を可能性として終始せしめようとする。〔中略〕媚態の二元的可能性を「意気地」によって限定することは、畢竟、自由の擁護を高唱するにほかならない。（『いき』四八頁）

〈いき〉とは「恋の束縛に超越した自由なる浮気心」のことである（『いき』四八頁）。その契機をなす意気地は、操を立てることから遊女を解き放ち、「媚態の二元的可能性」を極める恋の自由へと駆り立てる[17]。しかし、この自由は容易なものではない。遊女が惚れきってしまえば、恋しい旦那は逆にあっさりと逃げていくからである。こうしたパラドクスを生きながら、恋の自由を謳歌するのが遊女である。したがって、旦那を引き止めておくためには、意気地の効いた気ままさを発揮して旦那を惑わせるぐらいが丁度よい。

このように手練手管の極みに見える遊女の気ままさも、とはいえ、悲恋によって鋭くされる面がある。九鬼は河竹默阿弥作詞の清元節から「魂を打込んだ真心が幾度か無残に裏切られ、悩みに悩みを嘗めて鍛えられた心がいつわりやすい目的に目をくれなくなるのである」と引いていた。「情《つれ》ない」のは男の悪性であり（『いき』四五頁）、そんな男への執着を遊女は断ち切る仕方を身につけていく（『いき』四五頁）。そもそもが苦界に落ち込んで世間に生きる場所をもてない「運命」に対して遊女は諦めをつけ（『いき』四六頁）、さらに苦界で複数の男たちに身体を許すことへの諦めをつける。意気地だけでなく、諦めもまた遊女に恋の自由を可能にする契機なのである。

恋に戯れることは、その裏側を見れば、遊女という生業ゆえに不可避に強制されることでもある。遊女が男をひきとめる〈いき〉と、身請けのできない町人の〈いき〉とではその立ち居振る舞いは異なるが、というのも、粋客の男性は他の遊女を選ぶ可能性をつねに保持しているからである。遊女はその役割存在の本質において惚れた相手との関係が他でもありうる可能性――偶然性――にさらされ、こうした運命に対する諦めと意気地の相克によって生動化された媚態が恋の自由をますます洗練していく。九鬼はこう語っている。

媚態と「諦め」との結合は、自由への帰依が運命によって強要され、可能性の措定が必然性によって規定されたことを意味している。すなわち、そこには否定による肯定が見られる。（『いき』四八頁）

苦界での運命に諦めをつけ、一夫に添いとげることに諦めをつけることも、一種の「肯定」なのだ。

こうした諦めと意気地の相克には運命と自由の関係が映し出されている。すなわち、苦界での運命に投げ込まれながらも、その運命のなかでこそ、恋に戯れる自由を謳歌できる。触れては離れ、離れては触れる媚態はこうして諦めと意気地の相克によって艶かしさを増していく。「要するに、『いき』という存在様態において、『媚態』は、武士道の理想主義に基づく『意気地』と、仏教の非現実性を背景とする『諦め』とによって、存在完成にまで限定されるのである」(『いき』四八頁)。以上、〈いき〉を成り立たせる三契機の特徴を確認したが、〈いき〉の存在完成とは三契機の相関のなかで遊女みずから生きる芸術と化すことである。

〈いき〉に戯れる遊女と町人は二つの世界を越境して束の間の恋を享受する。〈いき〉という現象に生存の徳を見つけ出した九鬼哲学の世界観をふたたび整理しておきたい。九鬼は『人間と実存』所収「人生観」論文のなかで「来世」は信じないと吐露したのち(一〇三頁)、次のように述べている。

　人生は絶えず死に脅かされている果無い脆いものである。しかしその果無さ脆さに人生そのものの強さがある。人間がただ一回だけしか生きることが出来ないで、我我の一歩々々が我々自身の徹底的否定である死に向って運ばれているというところに、人生の有つすべての光澤や強さが懸っているのである。(「人生観」一〇三頁)。

しかも「一生が厳密に同一な内容をもって無限回繰返されるということは、一生が一回より生きられないということとつまりは同じことである」と九鬼は述べる（「人生観」一〇五頁）。人間は人間のままにその生死が無限回帰するわけである。このような「厳密な同一事の永劫回帰」が成り立つ仕組みを確かめるために輪廻概念と世界観の相関関係を確かめる必要がある（「人生観」一〇五頁）。

まず仏教の輪廻概念に時間的区別を施すと、過ぎ去った前世と到来する来世のあいだに現世が差し挟まれる。しかし、現世と来世の空間的異同を仏教思想にたずねると、輪廻してその「業」ゆえに畜生に生まれ変わった祖父がその孫と現世にいるのであれば、生前の祖父にとっての来世も畜生となった祖父にとっての現世も、孫の現世と重なり合っている（「形而上学的時間」一九七頁以下）。つまり、現世と来世は空間的に同一である。しかし、現世と来世が空間的に異なるケースもある。たとえば来世浄土への信仰に従って心中を試みる男女は、現世と時間的にも空間的にも重ならない他界で結ばれることを願っていた。

つづいて現世の空間的区別である。苦界と世間は妥当する徳の別に応じて空間的に分かたれていた。しかし、不貞によって、つまりは不倫によって世間も苦界へと変容しうることを考えれば、世間と苦界の区別がア・プリオリに固定化されたものではないことは明らかである。このように世間と苦界の空間的差異は、或る徳がすでに妥当している既定領域だけでなく、徳に照らされた道徳行為／悪徳行為にも依存しており、この点に注目すれば、諸徳は多種多様な仕方で世界を分節していると言える(18)。

世間と苦界を越境する二人は、世界が様ざまに分化する構造それ自体を変えることはできない。世の荒波にもまれるままに、とにかく浮世を生き抜くしかない。浮世はやはり憂世であった。人間は投げ込まれた世界で人間のままにその生死が無限回帰していく。九鬼の哲学的主張である。

二　輪廻する生と意志

1　心中なき共生の無限回帰

〈いき〉と野暮は貞の観点からみて対照的な生のスタイルであった。遊びの事情に疎く垢抜けないが身持ちの堅い「野暮」は徳目とまでは言えずとも、選ばれるに値する生き方、世間で立派にみとめられた倫理的卓越性である。

もとより、「私は野暮です」と云うときには、多くの場合に野暮であることに対する自負が裏面に言表されている。異性的特殊性の公共圏内の洗練を経ていないことに関する誇りが主張されている。そこには自負に価する何らかのものが存している。「いき」を好むか、野暮を択ぶかは趣味の相違である。(『いき』七一頁)

金に物を言わせて遊女につきまとう大尽が野暮と言われて疎まれるのとは異なった意味が、為永春水『春告鳥』のなかで「青楼妓院《せいろうぎいん》は夢にも見たることとなし」(『いき』六九頁)と言いのける野暮天に見出されている。妓院とは遊里のことだが、そこで実際に遊ぶどころか、夢に見たこともないと言いのける野暮の骨頂である。野暮は〈いき〉の対立語である「不粋」とも言い換えられ、そのかぎりで否定的意味をふくんでいるが、反対に世間で重んじられた町人の徳である「勤勉」の派生態として肯定されてもいた。

以上の確認にもとづいて強調しておきたいのは、野暮による形容の仕方には三種類あるということである。野暮な大尽は遊女から袖にされ、野暮な堅物は遊女に関心がない。これに対して、上方の元禄文化では、現世で結ばれない男女が来世浄土で幸せになれると信じて試みた心中も、江戸の化政文化では、粋人からみて野暮な結末とされていく。こうして心中の観点から元禄文化と化政文化を比較することで明らかになるのは、恋に戯れる〈いき〉が共生の思想をになう関係概念であったということである。たとえば元禄文化を代表する近松の心中物『曽根崎心中』（一七〇三年）。お初と徳兵衛も来世浄土での幸福を信じて命を絶ち、「未来往生疑ひなき恋の、手本となりにけり」と語られていた（「道行」の段）。こうして二人は「恋を菩提の橋となし」（「観音回り」の段）、他界で結ばれることを信じて「情を成就する……」[19]。ここにもまた命を懸けた恋の究極態が一つ見出されうる。このような「情死」にかんして九鬼は「また何物の介在をも許さずただ二つの心が抱き合って死ぬという瞬間そのものの中に、永遠の天国がある」（「人生観」一〇四頁）と記していた。その彼が元禄期に流行した浄土信仰を知らなかったはずはない。とはいえやはり、九鬼にとって心中は野暮な結末であり、彼自身が引き受ける共生の思想となることはなかった。

〈いき〉な共生にあって遊女は惚れた相手に義理を尽し、「心中立て」を行うことはもちろんあった（『いき』四三頁）。とはいえ、恋に溺れてその相手との心中を望むような野暮にはならない。盲目の恋を風刺して九鬼は「歌沢節」から「粋な浮世を恋ゆえに野暮に暮らすも心から」という一句を引いていたが（『いき』四九頁）、心中という極点から浮世を照らし出すとき、苦界で生き抜く〈いき〉のしなやかさがいっそう際立ってくる。つまり、死と接した陶酔のエロスではなく、心中を〈いき〉にあしらう共生のエロスが媚態なのだ。心にもっとも近づきながら決して到達せず、苦界と世間の狭間をたゆたう遊女と粋客のエロスである。こうしたエロスが〈いき〉な二人に可能であるのも、あるいは課されるのも、惚れた相手が他の遊女のもとへと去っていく可能性、すなわち、他でもありうる偶然性に貞なき遊女はつねにさらされていたからである。惚れた相手に溺れれば逆に捨てられ、相手の気を引こうとつれなくしても、それが過度なら粋客には興ざめである。遊女は没頭と無関心のあいだに絶妙な距離を見定め、惚れた相手と一緒に生き抜くことが必要なのだ。九鬼がこうして積極的に主張する共生の思想をさらに詳しく考察するために、以下、彼の時間論を確かめよう。

まず、九鬼の世界観を読み解く補助線となる「シシュフォスの神話」にかんする解釈を見たい。ここを出発点にして時間論と意志論の交差状況を確認できるからである。九鬼の言葉はこうである。

彼［＝シシュフォス：論者補足］が岩塊をほとんど頂上まで押し上げると岩は再び落ちてしまう。そして彼は永遠にこれを繰り返す。このことの中に、不幸があるのであろうか。罰があるであろうか。私には理解できない。私は信じない。すべてはシシュフォスの主観的態度に依存する。彼の善意志、つねに繰り返そうとし、つねに岩塊を押し上げようとする確固たる意志は、この繰り返しそのものの中に全道徳を、従って彼の全幸福を見出すのである。シシュフォスは不満足を永遠に繰り返すことができるのであるから幸福でなければならない。(「ポンティニー講演」九六頁以下)

この神話解釈は『ツァラトゥストラ』の九鬼的な変奏である。というのも、「過酷な偶然」にさらされて「しかし、私はそうあることを欲したのだ」という存在肯定を「創造する意志」、これがニーチェに語り出されていたからである。[20] しかし、九鬼哲学にあって神は死ぬことはない。あるいは「良心の疾しさ」が創出された「起源」を求めてカントを代表とする近代哲学が槍玉に挙げられることもない。[21] 九鬼は、運命のただなかで「徳福一致」(カント『実践理性批判』)を実現する「善意志」に独自の意味を与え、これを称揚する。すなわち、苦界での限りなき輪廻という運命をあるがままに肯定することに優れて人間的な自由があり、そう肯定していく形而上学的意志は〈いき〉に戯れる男女が共有する善意志なのである。遊女は孤独なシシュフォスではない。こうして共生への賛歌であるような善意志を〈いき〉という現象のうちに見つけた九鬼の考えるところ、その二人が輪廻への善意志を分かちもつ瞬間にこそ、形而上学的時間の全体が開示される。

日本仏教にあって輪廻とは「生ある者が生死をくりかえすこと」だが、[22] 九鬼のそれは解脱と業なき生死の単純回帰を意味していた。こうした単純回帰である輪廻にあって「回帰的形而上学的時間は可逆性の故をもって厳密に円を描いている」(「形而上学的時間」二〇八頁)。くりかえすと「人生観」論文では「普通の意味の来世を信じる位ならば、私はむしろ厳密な同一事の永劫回帰を信じたい」と記されていた。「なぜならば一生が厳密に同一な内容をもって無限回繰返されるということは、一生が一回より生きられないということとつまりは同じことである」というのがその理由である（「人生観」一〇五頁）。「現世の一回性」は輪廻的回帰の形而上学的無限性と絶対的に同一なのだ。一回性と無限性という相反する性格が表裏一体となる事情は後述するが、ここで確認しておきたいのは次のことである。つまり、「この世がその所与性に於て永遠に繰返されると考えるのが回帰的形而上学的時間の観念である」（「形而上学的時間」二一四頁）。このように独自の時間概念を提示する九鬼は「時間とは何か」という問いに答えて次のように記している。

時間は意志に属するものである。私が時間は意志に属するというのは、意志が存しない限り時間は存在しないからである。卓や椅子にとって時間は存しない。もしそれらに時間ありとせば、それは意志である限りの意識がそれらに時間を与えたからである。それらにとって時間が存在するのは、意志への、意識への関係においてのみである。（「ポンティニー講演」八五頁）

素朴に記されているかに見える時間論だが、ハイデガーやベルクソンの哲学を日本に逸早く正確に紹介したのは九鬼であったことに注意されたい。前者の『存在と時間』は、とりわけ死への「先駆的決意性（vorlaufende Entschlossenheit）」という概念を中心に、第一次世界大戦の暗闇がヨーロッパをおおった時代のエートスを映し出した哲学書として同時代人に読まれていた[23]。死を能くする者たちこそ、生全体をつらぬく時間の謎を解き明かすことができる。ハイデガーのこうした哲学的主張は、彼と同時代を生きた若者たちに大きな反響を呼ぶ。「現象的に根源的な仕方で時間性が経験されるのは、現存在の本来的全体存在において、つまり、先駆的決意性の現象においてである」(SZ, 304)。ヨーロッパ遊学からもどった九鬼が「決意性」と訳した"Entschlossenheit"はのちに「覚悟性」とも訳されていくが、[24]仏教概念における覚悟は「仏教の真理をさとり、真智を開くこと」を意味し、[25]つまり、覚めきった意識で真理を悟ることを指していた。こうした覚悟の境地において全てが澄みわたり、物そのままの世界があらわになる。[26]一般化して言えば、こうして有限的人間の心身に固有の全体性が剥き出しになったときにはじめて時間の本来的な成り立ちも可視化される哲学的視点がある。死とあるがままの世界を見すえるその哲学的視点をハイデガーから学んで九鬼は〈いき〉という現象を眼差し、時間の謎に迫っていく。

あらためて記すと、恋に戯れる虚飾を拒む世間の責めからは距離を置き、さもなければ、身請けの難しい男女を待つのは、野暮な心中だけであった。しかし、透徹した意識で死を見すえながら〈いき〉に戯れる二人は、結論を先取りして言えば、苦界での運命をその始まりからあるがままに肯定できる。このとき、つまり、運命全体が二人にあらわになったとき、回帰的形而上学的時間の全体もまた開示される。その仕組みをさらに確かめなければならない。

2　存在肯定と形而上学的時間

遊女と町人が恋の深みにはまるほど、野暮な心中が二人の間近に迫りくる。『存在と時間』で定義されるところ、死とは「実存全般が不可能になる可能性」(SZ, 262)のことであった。こうして不可能性もまた広義の可能性にふくまれている。苦界の男女は心中という不可能性の可能性にさらされると同時に、世間で一緒に暮らす術である身請けの不可能性という可能性にさらされている。このような生存と生活の不可能性に接した二人は欲望のままに戯れていたわけではない。世間への責めを軽妙にかわしながら、束の間の逢瀬を苦界で重ね、二人が恋仲を〈いき〉につらぬいて「運命愛」に目覚める瞬間、この瞬間においてこそ、共同存在の意味が回帰的形而上学的時間から照らし出される。すなわち、苦界における〈いき〉な遊女と町人にとって回帰的形而上学的時間は、二人が投げ込まれた共同運命をその始まりから意志することによって生起する。死への先駆的決意性ならずとも、遊女と町人の共生が無限に単純回帰することを意志する運命愛は、形而上学的無限性をもつ回帰的形而上学的時間の全体を開示していくわけである。こうして回帰的形而上学的時間から了解される共同存在もまた究極の実存態である。

九鬼は回帰的形而上学的時間の仕組みを解き明かすにあたり、ハイデガーの時間論で指摘された「脱自」構造に注目し、その脱自を「水平的エクスタシス」と特徴づけている。『存在と時間』の術語をもちいずに時間様相で説明すると、過去が未来を介して現在に至り、ふたたび過去へと流れていく螺旋形の時間的循環構造を平坦化し、九鬼がその水平性を強調したということである。彼はハイデガーの時間論を部分的に取込んだにすぎないが、こうした強調的解釈の正当性を確かめておきたい。手がかりは、レヴィナス「時間的なものにおける存在論」(一九四九年)という小篇に見出せる。

『存在と時間』にあってハイデガーは、いわゆる現在・過去・未来という三つの時間様相の相互連関を見失わないよう、それらの時間様相に対応した「時間性の時熟」の機能を彼独自の用語法で「現持」「既在性」「将来」と名づけていた（SZ, §65）。現存在の時間性は、これら三つの脱自態が統一的に働きあってみずから時熟する。このような統一的連関は、「既在しつつ現持する将来（gewesend-gegenwärtigende Zukunft）」（SZ, 326）と定式化されていた。時熟のこうした根源形態をとりわけ見てとりやすいのは、死への先駆的決意性にあって現存在がみずからの本来的で全体的な存在可能性を見わたす場面である（SZ, §62）。時熟のこのような統一的連関をパラフレーズしてレヴィナスは以下のように述べている。

現存在は、自身が存在しうることを未来へと企投するなかで、何らかの過去を引き受ける。すなわち、過去という現象が被投性をまさしく可能にし、実存可能性は「既在性」を介してすでに引き受けられた何らかの可能性となるのだが、しかし、そうした過去を現存在が見出すのは未来を通じてなのである。

現存在は結局、未来のおかげで過去へと立ち戻るがゆえに、もっとも本来的にその現（Da）を実存している。現存在は、みずからに開かれつづける世界への頽落から引き離され、瞬視のなかでみずからをまとめあげる。したがって、過去へと還帰する未来が現在において可能にするのは、世界の現持による自己完成なのである。[27]

ここでレヴィナスは、ハイデガーほどに時間論の用語法に対して注意を払わないにせよ、現在・過去・未来という時間様相が相互連関する仕方をうまく取り出している。もちろん、ハイデガーの考えるところ、死への先駆的覚悟性において現象する時間性、つまり、「既在しつつ現持する将来」という根源形態の場合、三つの脱自態のうちで将来の契機が第一次的に機能する。なぜなら、死という最果ての可能性にさらされた現存在は「みずからへと将来する (auf sich zukommen)」(SZ, 339) からである。これに対し、世事にかまける日常を規定する時間性は、そうした根源形態からの派生的変容という仕方で時熟していく。目先のことにとらわれて存在する日常的現存在の時間性において第一次的に機能しているのは現持であり (SZ, 338, 348f.)、例えば事物を了解する場面でその時間性は「忘却しつつ現持する予期 (*vergessend-gegenwärtigende Gewärtigen*)」(SZ, 339) という脱自的統一態となる。

以上のように第一次的に機能する脱自態の種類や性格は、存在の場面に応じて異なるにせよ、三つの脱自態が相関する仕方は共通である。時間様相で言い換えれば、過去が未来を通じて現在に関係し、ふたたび過去へと流れ去っていく構造自体は共通なのである。九鬼はこうした螺旋形の時間的循環構造を平坦化してエクスタシスの水平性を強調したわけである。

これに対して、回帰的形而上学的時間の一面である「神秘的形而上学的時間」に対してはエクスタシスの垂直性がみとめられている。九鬼の説明はこうである。

第一に、前者［＝水平的エクスタシス］にあっては、構成契機の連続性ということが核心的である。後者［＝垂直的エクスタシス］にあっては、その反対に、契機間に非連続性が存していて、それは一種の遠隔作用によってのみ連絡されている。第二に、前者［＝水平的エクスタシス］にあっては、各契機は純粋異質性を示し、従って時間は不可逆的である。後者［＝垂直的エクスタシス］にあっては、脱自の各契機は絶対的同質性をもち、それ故、互いに交換されることができる。その意味において時間が可逆的である。（「ポンティニー講演」九〇頁、［　］は論者による補足）

この垂直的エクスタシスは回帰的形而上学的時間の「仮想面」において生起し、水平的エクスタシスは「現実面」で生起するが、「この二面の交わりが時間の特有の構造にほかならない」（「ポンティニー講演」九一頁）。単純回帰である輪廻のなかで今現在二人が投げ込まれている一巡りを現世態と呼べば、今は投げ込まれていなくとも投げ込まれる可能性のある一巡りが仮想態である。現世態の回帰的形而上学的時間にみとめられた水平的エクスタシスと仮想態のそれにみとめられた垂直的エクスタシスとが交差した瞬間が、現世態の回帰的形而上学的時間における現在として中心化される。この中心的現在こそ、〈いき〉な恋仲をつらぬいて二人が運命愛に達したときに生起する瞬間である。この瞬間を九鬼は「底なき今」あるいは「無限の深みをもった今」と名づけている。

回帰的形而上学的時間には一つの現世態と無数の仮想態が見出される。したがって、現象学的な意味で未来と過去のすべてが集約する「全体同時的な現在」にも現世態と仮想態の二形態がある(28)。底なき今において仮想態すべての全体同時的な仮想的現在が全体同時的な現世的現在に交差していくわけである。底なき今、つまり、無限の深みをもった今は、九鬼が語り出さなかった空白を埋めて記せば、現世態の回帰的形而上学的時間がその全体同時的な現在において仮想態すべての全体同時的な現在と交差して仮想態のすべてに開かれ、それらを現世態の全体同時的な現在にまとめあげた統合態なのである。

苦界の恋をつらぬいて輪廻への善意志を分かちもつ二人は世界の始まりである原始偶然に発する運命をあるがままに愛していた。この原始偶然は全体部分関係をなす「離接的偶然」の始まりである（『偶然性』一二六頁以下）。したがって、運命愛とは、輪廻的回帰の仮想態すべてが回帰的形而上学的時間の交差構造によって現世態へと集約した全体的無限を底なき今の統合態においてあるがままに肯定するということなのだ。『頽落の今』に『永遠の現在』を生きるところに、一回にして無限回の人生に意義がある」（「形而上学的時間」二一六頁）。全く同じ人生が無限にくりかえされるとき、一回性と無限性が表裏一体となる。

永遠の刑罰を科されたシシュフォスに対して「我々が評価するのは意志そのもの、自己自身を完成せんとする意志なのである」（「ポンティニー講演」九七頁）。九鬼はそう語り出し、絶対的孤独のなかでその存在をあるがままに肯定する善意志をシシュフォスにみとめていた。とはいえ善意志と言っても、人類が無限の進歩を経て到達する道徳的完成において実現されるカントの善意志とは別物であり、無限回帰する生への善意志であった。〈いき〉に戯れて苦界での恋仲をつらぬく二人もまた輪廻への善意志を共有可能なのだ。

こうした輪廻への善意志はもちろんシシュフォスのそれとは異なっていた。苦界での共同存在をあるがままに肯定する遊女と町人は孤独ではないからである。またカントの場合とも異なっていた。恋に〈いき〉な二人の善意志は、無限の未来で実現されるのではなく、二人が生きる底なき今の統合態にあって実現されるからである。遊女と町人は〈いき〉に戯れてみずから生きる芸術と化し、無限の深みをもった今において運命愛を分かちもつ。こうした二人の関係を九鬼の言葉であらためて確かめよう。こう述べられていた。

媚態の要は、距離を出来得る限り接近せしめつつ、距離の差が極限に達せざることである。可能性としての媚態は、実に動的可能性として可能である。〔中略〕けだし、媚態とは、その完全なる形においては、異性間の二元的動的可能性が可能性のままに絶対化されたものでなければならない。（『いき』四〇頁）

九鬼は、惚れた相手に拘泥する恋のことを念頭に「恋の現実的必然性」と表現して〈いき〉の「超越的可能性」と対比していた（『いき』四九頁）。つまり、恋に戯れる〈いき〉と恋に溺れる本気は異なる。恋に盲目となったその先で、苦界と世間のいずれでも身動きのとれなくなった二人を待つのは野暮な心中だけである。この意味で苦界と世間の越境者たちにとって互いを束縛する恋の「現実的必然性」とは死に至る生の固定化のことであり、反対に、恋に戯れる〈いき〉の「超越的可能性」は死をあしらう生の活性化なのである。

あらためて記せば、世界はその始まりから偶然性に刺し抜かれ、偶さかに出会った町人に遊女が恋心をおぼえても、出会いの場所は貞なき苦界、夫婦の契りを交わして世間の一角に根づくこともできず、惚れた相手が他の遊女のもとへと去りゆく可能性につきまとわれる。遊女は徹頭徹尾偶然性につらぬかれた世界に生きる。世界にたった一人で住まうわけではない彼女の人生はつねに他でもありうるのだ。とはいえしかし、たとえ身請けは無理だとしても、〈いき〉に戯れて恋仲をつらぬける相手と出会う。これもまた偶さかの出来事である。二人は苦界のなかで絶えず心中の可能性に迫られながら、その可能性を軽妙にかわし、ともに死なずに生きていく。こうした共生の形を創造するのが〈いき〉という生きる芸術である。

「人生観」論文のなかで「何故に無ではなくて有であるかと神に問うならば、愛と知と力とを自覚して最高善を享楽するためだと答えるであろう」と九鬼は記していた（二一一頁）。だとすれば、みずから生きる芸術（art de vivre）と化した遊女と町人が〈いき〉に参与する「有」もまた最高善の一部である。**〈いき〉のエステティカ**は同時に**〈いき〉のエティカ**なのだ。

結

「生きた哲学は現実を理解し得るものでなくてはならぬ」（『いき』九頁）。九鬼周造は主著をこう始めていた。その書とは『いき』のことである。彼がこのように哲学的視線をむけた現実は、苦界で惹かれ合う遊女と町人の痛ましくも軽やかな共生であった。貞なき苦界に身を沈めた二人が世間と苦界を越境しながら共同運命をあるがままに肯定すること。これは現実的生に世界の始まりから内在することで現実的生を超えていくという意味での「内在的超越」である。〈いき〉は「畢竟わが民族に独自な『生き』かたの一つ」（『いき』九頁）だと記されていたが、九鬼が本当にそう考えていたのか、それは問わない。しかし、遊里と世間の習いに背いて結ばれようとしても、結局、二人は悲惨な末路をたどるだけであるからこそ、〈いき〉は、苦界で**生の責め**をふさぐ〈生きかた〉でありえた。このことは本章で示しえたはずである。

「生きることに責任はあるのか」という問いは、苦界で生き抜くことの徳を〈いき〉のうちに見つけた九鬼にとって「問わずもがな」の問いであった。偶さかの邂逅から惹かれ合った遊女と町人は〈いき〉に戯れて運命愛を分かちもつ。こうして恋仲をつらぬく二人の共生は、善美な光に照らされている。

凡例

九鬼テキストは旧漢字使用と新漢字使用の二種類が刊行されている状況を鑑み、引用にあたって旧漢字は新漢字標準字体に直し、旧仮名遣いは現代仮名遣いに直して字体を統一した。原文における強調は、引用にさいして傍点を付した。利用した九鬼テキストは以下の通り。

『「いき」の構造』（全注釈藤田正勝、講談社学術文庫、二〇〇三年）

『京都哲学撰書第五巻　九鬼周造「偶然性の問題・文芸論」』（坂部恵編、燈影舎、二〇〇〇年）所収の『偶然性の問題』

『人間と実存』（岩波書店、一九三九年）所収の第三章「人生観」と第七章「形而上学的時間」

『九鬼周造エッセンス』(田中久文編、こぶし書房、二〇〇一年)所収の坂本賢三訳「ポンティニー講演」中の「時間の観念と東洋における時間の反復」

ハイデガーの著作から引用するさい、SZはニーマイヤー版『存在と時間』(第十七版)を示す。GAはV・クロスターマン社版M・ハイデガー全集を示し、つづけてその巻数を記す。原文における強調は、訳出にさいして、傍点を付した。本文における傍点は論者による強調である。

註

(1) 岡倉一雄『岡倉天心をめぐる人びと』(中央公論美術出版、一九九八年)の一二三頁を参照。

(2) もちろん『いき』をすでに読んでいた一雄が、その影響をいくぶん受けながら、『岡倉天心をめぐる人びと』を記した可能性もある。

(3) 網野善彦『無縁・公界・楽』の補注(14)「公界という語」によれば、仏教概念の「公界」は江戸後期に「遊女の世界」をあらわす「苦界」へと転化している。

(4) 「この世において現に〈男〉に生まれてあることが、かならずしもみずからが真実に〈男〉であることを保証しないとすれば、あるいは、また、この世において現にかくかくの、たとえば九鬼某という男を父親としてもつことが、かならずしもみずからが真実にその男の実子であることを保証しないとすれば、ひとは、おのずから、『私は、はたして何者なのか』という、みずからの同一性をめぐっての深刻きわまる問いにつきまとわれざるを得ないだろう」(坂部恵『不在の歌』、TBSブリタニカ、一九九〇年、一二七頁、一三三頁)。ここで坂部は輪廻概念を介して『偶然性』と『人間と実存』とを重ね合わせて読み解き、ここに九鬼がおのれ自身へとむけていたはずの問い「私は、はたして何者なのか」を提示している。

これとの対比で記すと、小論では、『いき』の構想と九鬼独自の時間論――「ポンティニー講演」――がともにフランス滞在中に記されたことを重視し、『偶然性』および『人間と実存』だけではなく、『いき』も重ね合わせて三著作の有機的統一のうちに他者たちの共生を肯定する意志のエティカを見出していく。言い換えれば、『不在の歌』のように九鬼とその父隆一（および岡倉天心）との関係を彼の哲学のうちに見透かして自己同一性のゆらぎを自己の深淵にみとめるのとは別に、苦界と世間の越境者たちの共生をその深淵から肯定する善意志を九鬼哲学のうちに読み取るということである。九鬼にアイデンティティ・クライシスがあったとするならば、それは越境者たちの存在肯定に九鬼自身も与かることによって解消された可能性があるのではないだろうか。

（5）現象学的解釈学という哲学手法で様ざまな徳を考察したF・ボルノー『徳の現象学』（森田孝訳、白水社、一九八三年）第一章の2「徳の概念」と、中国思想史および日本仏教の観点から徳概念の多様性を描き出した頼住光子「日本仏教における「徳」をめぐって」（黒住編著『シリーズ思想の身体――徳の巻』所収、春秋社、二〇〇七年）を参照。

（6）L・ウィトゲンシュタイン「倫理講話」（黒崎宏／杖下隆英訳『ウィトゲンシュタイン全集5　ウィトゲンシュタインとウィーン学団』所収、大修館書店、一九九〇年）および細川亮一『形而上学者ヴィトゲンシュタイン論理・独我論・倫理』（筑摩書房、二〇〇二年）第一章「形而上学」の第二節「カルナップ・ウィトゲンシュタイン・ハイデガー」を参照。

（7）近世日本儒学における「誠」の概念史については、相良『誠実と日本人』所収「徳川時代の儒教」の一七〇頁から一八三頁を参照。ただし、九鬼が生きた明治大正における「誠」という表現の用いられ方は後述する。

（8）門脇俊介「九鬼のアイロニー」（『場』第十九号、こぶし文庫）を参照。

（9）「女子を教ゆる法」（石川松太郎編『女大学集』所収、東洋文庫、平凡社、一九七七年）にある「女性七去の法」の一つに「淫なればさる」とある。明治民法では妻の不貞行為だけが離婚の理由とみとめられ、男性の不貞行為は「男の甲斐性」とされていた。婚姻関係にかんするものではないが、男女間の歴史的な権利格差に対するジェンダー論的な考察の典型例として、J・W・スコット『［増補新版］ジェンダーと歴史学』（荻野美穂訳、平凡社ライブラリー、二〇〇四年）の第Ⅲ部「歴史のなかのジェンダー」を参照。

（10）アリストテレス『ニコマコス倫理学』（朴一功訳、京都大学出版会、二〇〇二年）第三巻の第八章「勇気があると思われている人々の五類型」を参照。

（11）永井荷風「妾宅」（『荷風随筆集（下）』所収、岩波文庫、一九八六年）の十八頁を参照。

（12）註（11）を参照。

（13）註（11）を参照。

（14）『いき』では、現代のセクシャリティ概念からみて文化的バイアスのかかった議論が展開されており、つまり、或る振る舞いが（九鬼の理解する範囲で）少なくとも女性的か男性的か、この点が指摘されている。〈いき〉の男女差という問題である。

（15）レヴィナス『全体性と無限』（一九六一年）の「エロスの現象学」を参照。

（16）自由概念にかんしては、柳父章『翻訳語成立事情』（岩波新書、一九八二年）の第九章「自由　柳田国男の反発」を参照。

（17）ただし、もちろんこれは遊女の意気地が効いた自由であり、身請けをできない町人が惚れた遊女と〈いき〉に戯れるさいの意気地とそのまま重なっているわけではないはずだが、『いき』でこの点が詳述されることはなかった。

（18）日本の霊魂観と世界観の関連にかんしては末木文美士『日本宗教史』（岩波新書、二〇〇六年）の「はじめに日本宗教史をどう見るか」を参照。
（19）高島元洋「情による超越――他界から虚構へ――」（相良亨編『超越の思想』所収、東京大学出版会、一九九三年）の一〇七頁を参照。
（20）cf. F. W. Nietzsche, *Also Sprach Zarathustra,* Philipp Reclam Jun. Verlag GmbH, 1993, S. 133.
（21）cf. F. W. Nietzsche, *Zur Genealogie der Moral, Eine Streitschrift,* Insel Taschenbuch 1308, Insel Verlag, 1991, §§11-16, §19.
（22）中村元ほか編『岩波仏教辞典』（岩波書店、一九八九年）の項目「輪廻」を参照。
（23）cf. SZ, §62.『存在と時間』が受容された時代の状況にかんしては、G・シュタイナー『マルティン・ハイデガー』（生松敬三訳、岩波現代文庫、二〇〇〇年）の「ハイデガー　一九九一年」のIを参照。一九二一年から『存在と時間』が刊行された翌年一九二八年までドイツおよびフランスでその読者たちと同時代を生きた九鬼にも、シュタイナーのそのハイデガー観は共有されうるはずである。ただし、「存在の歴史」に迫って存在論の革新を試みた哲学者というのが二〇一一年現在におけるハイデガーの標準的評価である。
（24）細谷貞雄訳『存在と時間　下』（ちくま学芸文庫、一九九四年）の第六二節を参照。
（25）中村元ほか編『岩波仏教辞典』（岩波書店、一九八九年）の項目「覚悟」を参照。
（26）覚悟においてあらわになるあるがままの世界とハイデガーの考える「世界の無」とにみとめられる概念的親近性にかんしては、九鬼と西田幾多郎との哲学的影響関係を見定め、「京都学派」の流れをくむハイデガー解釈と禅仏教との哲学的影響関係を見定めることが必要であるが、今後の課題としたい。
（27）E. Lévinas, *En découvrant l'existence avec Husserl et Heidegger,* J. Vrin, 1967, p. 87.

(28)ポンティ現象学の永遠概念である「実存的永遠性」をになう現在的瞬間の「全体同時性」にかんしては、篠憲二『現象学の系譜』世界書院の一五六頁を参照。ただし、九鬼の「垂直性」概念とポンティの「垂直性」概念は異なることを注記しておく。

終　章　いまなぜ現象学的倫理学なのか？

――あとがきに代えて

吉川　孝

Ｅ・フッサールの『論理学研究』（一九〇〇／一九〇一年）によって現象学が哲学史の表舞台に現れてから、一世紀以上の月日が経過している。現象学は、実存主義やマルクス主義などと並ぶ二十世紀の哲学を支える大きな潮流であった。構造主義やポスト構造主義などが台頭し、現象学への批判の機運が高まったときにも、その影響力は衰えることがなかった。ところが、昨今、現象学どころか、ドイツやフランスを中心とするいわゆる「大陸哲学」の影響力が相対的に低下している。少なくとも、現象学が現代哲学のなかで主役を演じた時代は終わったと言ってもよいだろう。

では、本書のように、この現在において「現象学」をあらためて取り上げる意味はどこにあったのだろうか。しかも、本書は、現象学派に脈打っている倫理学的思考に光をあて、そのような試みを「現象学的倫理学」として括りだそうとした。そもそも「現象学」「現象学者」についての統一したイメージを抱くことさえ困難かもしれないのに、「現象学的倫理学」という一つの潮流を描きだすことなど、かなり無謀な試みだったのかもしれない。M・シェーラーやE・レヴィナスの現象学的哲学は、一般的にも倫理学として知られているが、E・フッサール『ヨーロッパ諸学の危機と超越論的現象学』、M・ハイデガー『存在と時間』、M・メルロ＝ポンティ『知覚の現象学』などの主要著作を、通常の意味での倫理学の書と見なす者は少ないだろう。しかしながら、そうした著作のなかには、生き方、行為、価値、規範、自由、他者、責任などの倫理学と関連の深いトピックが扱われており、しかもそれらが基本的な問題を規定していることを忘れてはならない。倫理学という観点から現象学を追ってみることで、その多様性やそこに潜んでいる統一性が見えてくるかもしれない（すでに名前を挙げた五人のほかにも、N・ハルトマン、P・リクール、J・P・サルトルなどが、倫理学、行為論、価値の哲学に強くコミットしている。ミュンヘン・ゲッティンゲン学派においても、A・プフェンダー、A・ライナッハ、D・フォン・ヒルデブラントなどが倫理学や行為の哲学において優れた成果を挙げている。海外で編まれた論集（*Phenomenological Approaches to Moral Philosophy: A Handbook*, Kluwer, 2002）には、H・アレント、G・マルセル、J・パトチカ、H・シュピーゲルバーグ、S・ヴェイユ、和辻哲郎などの章が設けられている）。

さらに本書では、西田幾多郎、和辻哲郎、田辺元、九鬼周造、三木清という五人の日本の哲学者を取り上げた。彼らのほとんどは現象学に批判的なコメントを記して、そこから距離をとっており、彼らを現象学者として扱うことはできないだろう。しかし、彼らは現象学の生成発展を同時代的に目撃し、ときにフッサールやハイデガーとの直接的交流をもつことによってそれぞれの哲学を形成した。同時代の日本の哲学者たちは、現象学（さらには現象学的倫理学）のよき理解者であると同時に、優れた批判者でもある。

では、本書で取り上げた「現象学的倫理学」とは何であるのか、そしてその現代的意義はどこにあるのだろうか。「現象学的倫理学」なるものには、時代や方法や主題をめぐるゆるやかな「家族的類似性」が見いだされるだけなのだろうか。それればかりか、現象学は「現在の倫理学に対する影響力を失いつつある」（『現代倫理学事典』弘文堂、二〇〇六年、「現象学」の項目）という評価すら確定したのだろうか。以下では、本書の各章の論述を念頭に置きながら、現象学的倫理学の内実とその現代的意義を明らかにするために、次のように論述を進めたい。1．現象学的倫理学の歴史的起源とされるF・ブレンターノの倫理思想にさかのぼり、それがフッサールやシェーラーという初期の現象学的倫理学にどのような影響を与えているのかを概観する。2．本書の各章の論述を手がかりにして、現象学的倫理学の特徴やその現代的意義について確認する。

1　現象学的倫理学の起源

a　ブレンターノ

まずは、現象学的倫理学の歴史的起源へと溯ってみたい。ブレンターノが『経験的立場からの心理学』の第一巻（一八七四年）において、心理学の研究領域としての「心的現象」の「志向的性格」を指摘したことは、周知のように、現象学の成立に決定的な意味をもっていた。「心的現象は志向的に対象をそれ自身のうちに含んでいる現象である」(Franz Brentano, *Psychologie vom empirischen Standpunkt.* Band 1. PhB192, Felix Meiner, 1973, S. 124) というように、どのような心的現象も、何かを客観としてそれ自身のうちに含んでいる。表象は何かを表象し、判断は何かを判断し、愛は何かを愛するという志向的性格は、フッサールによって、現象学の根本概念にまで練り上げられることになる。そればかりか、ブレンターノは、『道徳的認識の起源について』（一八八九年）で展開した倫理学においても、フッサールやシェーラーにきわめて大きな影響を与えている。

ブレンターノの倫理学の特徴は、善悪の起源を愛という感情のうちに見いだすことにある。判断が真理に関係するのと同じように、愛や憎しみは善悪にかかわっている。愛と憎しみという感情によって、われわれは善と悪について知ることができる。しかも、ブレンターノは、イギリス経験論などの善悪の起源を感情に見いだす試みを継承しながらも、「倫理学上の主観主義と原理的かつ完全に絶縁した」と自負している (Franz Brentano, *Vom Ursprung sittlicher Erkenntnis*, PhB. 55, Felix Meiner, 1969, S. 4)。

ブレンターノは「本能的ないし習慣的な衝動」としての感情と「より高い種類」の感情とを区別する (Ibid., S. 22)。たしかに、衝動的なものとしての愛は、善の認識に何ら寄与することはない。しかし、愛のなかには、真理に関わる判断と類比できるような合理性をもったものがある。「明証」という優位をもっている愛は、感性的、衝動的なものではなく、合理性をもった愛であり、本人がそのような優位を自覚することで、その感情は「適切」と性格づけられることになる。

適切と性格づけられる愛のそうした経験から、何かが本当に疑いもなく善であるという認識が生じる（Ibid., S.23f.)。

ブレンターノ倫理学は、たんに感性的で盲目の感情ではなく、明証という合理性をもった「適切な感情」のうちに、善悪の起源を求めている。心情活動のなかに判断と類比する合理性を見いだす立場は、「合理性」と「非合理性」という名のもとに「理性」と「感情」とを峻別することなく、感情にも認識と同じような合理性を認める試みである。

b　フッサール

フッサールは『イデーンⅠ』[4]（一九一三年）において、『道徳的認識の起源について』を「わたしが最大の謝意を捧げなければならないと感じている書物」（*Husserliana* Band III/1, 323 Anm.）と賞賛している。一九〇二／〇三年の「倫理学の根本的問い」[5]に関する講義ではやくも、感情の合理性を探求する倫理学のプログラムが示されている。そこでは、近代のイギリスを舞台に行われた「悟性道徳」（R・カドワーズ、S・クラークら）と「感情道徳」（シャフツベリー、F・ハチソンら）との論争に言及される。

一方の「悟性道徳主義者たち」によれば、善悪などの倫理的概念は感性ではなく悟性にその起源をもつ。「真正な意味での善」は、「真理」と同じように「絶対的な規範」であって、そうした規範性を「平均性」に解消しないためにも、悟性がその源泉とならねばならない（*Husserliana* Band XXVIII, 386, 389）。他方の「感情道徳主義者たち」によれば、善悪の起源となるのはあくまでも感情である。感情をもたない者にとっては、「善」「価値」「徳」などの概念は意味をなさない（Ibid., 391）。フッサールは、一方における「善悪が規範であって経験的事実に解消されえない」という主張と、他方における「善悪が感情との結びつきなしに成立しえない」という主張とを、ともに肯定的に受け入れている。しかしながら、「道徳が感情に……根ざすことが、倫理的規範の厳密な一般妥当性や一般的拘束性の廃棄を必然的に帰結する」という確信において、「悟性道徳の代表者と感情道徳の代表者は一致していた」と指摘して、双方に共通する感情理解を批判している（Ibid., 390）。悟性道徳は「一面的な主知主義」をかかげて、感情が倫理学の基礎づけに参与することを否定しているし、感情道徳は倫理学的経験論を証明済みのものと考え、倫理的規範の妥当性の意味を深く考察しなかった（Ibid., 390）。このような悟性道徳における主知主義と感情道徳がかかえる懐疑主義とのジレンマから脱却する鍵は、感情のなかに何らかの合理性を認めることである。

数学的法則はやはりカテゴリーという意味での純粋な悟性法則である。しかし、この領域の外部にも、アプリオリな法則が存在しないだろうか。時間秩序や音系列における音の秩序などのアプリオリな法則が存在しないだろうか。感情や感情に根ざす概念の本性のうちには、アプリオリな合法則性が根ざしえないとでも言うのだろうか（Ibid., 396）。

ここでは、数学のアプリオリと対比されて自然のアプリオリや感情のアプリオリが引き合いにだされている。フッサールは本質分析によって感情のアプリオリを分析する現象学的倫理学を構想している。こうした発想は、シェーラーがみずからの倫理学の中核に据えた感情や価値をめぐる「実質的アプリオリ」の探求に通じている。

c　シェーラー

シェーラーもまた、ブレンターノの影響下において『倫理学における形式主義と実質的価値倫理学』（一九一三／一六年）の基本的立場を着想している。シェーラーによれば、倫理学はその歴史において、「絶対的でアプリオリな、さらには合理的な倫理学」として形成されるか、「相対的で経験的な、そして情緒的な倫理学」として形成されるかのいずれかであり、「絶対的かつ情緒的な倫理学」が成立する可能性は検討されてこなかった（*Max Scheler Gesammelte Werke*, Band 2, S. 260）。「理性」という語は「感性」と対置されることで、精神の「論理学的側面」のみを表す言葉となっている。カントが「純粋な意欲」を「実践理性」と定式化したときにも、論理的側面を重視するあまり「意志の作用の根源性を見逃している」し、「愛と憎しみ」を含めたあらゆる感情を「感性的な感情状態」と見なす「不都合」

に陥ってしまった（Ibid., 82, 83, Anm.）。シェーラーは、悟性によっては近づきえない「価値」や「価値のあいだの階級秩序」というものがあり、感情がそれに対する通路となると考えている（Ibid., 261）。

愛と憎しみそれ自身のうちにおいて、すなわち、そのような志向的な機能や作用の遂行において、価値とその秩序が瞬く！（Ibid., 87）

シェーラーによれば、「快価値」（心地よい、心地悪いなど）、「生命的価値」（身体的な優劣、幸福など）、「精神的価値」（美醜、正不正など）、「聖価値」（聖性）という価値の位階秩序が、あらゆる歴史的・主観的相対性を超えて、アプリオリかつ客観的に成立している（Ibid., 122f.）。さらには、心地よさを享受したり、健康を喜んだり、不正を軽蔑したり、聖なるものを畏敬したりと、それぞれの価値に応じた価値意識の様式が見いだされる。このように、アプリオリに成立する四つの価値位階が示されたうえで、それに対応する価値の感得の意識が解明されている。価値そのものはアプリオリに成立するために、主観にとって感得される必要はないが、それが感得される際にはそれぞれの価値の位階に対応した意識の様式が関与することになる。このように、価値には悟性ではない情緒的経験が応じており、いわば「価値の世界」への「通路」としての「感情」の探求が、価値倫理学にとって不可欠である。

精神の情緒的なものも、つまり、感得、優先、愛、憎しみ、意欲も、「思考」から借り受けたのではない根源的でアプリオリな内実をもっていて、倫理学は論理学からまったく独立に、その内実を明示しなければならない（Ibid., 82）。

フッサールやシェーラーなどの初期の現象学的倫理学は、ブレンターノを直接の起源とする「感情の合理性」についての認識を共有している。

3　現象学的倫理学の特徴

初期の現象学的倫理学の基本的立場を確認したいまや、本書の各章で論じられた現象学的倫理学を振り返りながら、その特徴や現代的意義を明らかにしてみたい（以下の論述は、各章を担当した執筆者に「現象学的倫理学」をめぐる要旨を作成してもらい、それらに基づいて論点をまとめている。各章の執筆者に謝意を表すとともに、最終的な文責は吉川にあることを確認しておきたい）。

a　感情の合理性

感情の合理性の探求は、それぞれの現象学者によってどのように展開されたのだろうか。

フッサールは、感情が合理性をもつのみならず、認識という理論的意識が情緒的・倫理的意味をもつことを指摘している。一九二〇年代のフッサールの倫理学は、認識が責任という倫理的役割を果たすことを強調しており、哲学者の自己責任という問題圏に踏み込んでいる（第一章・吉川論文）。シェーラーは、感情による価値世界の開示に注目するだけではなく、「共感」をめぐるさまざまな現象についての詳細な分析を企てている（第六章・張論文）。そうした考察は、理性には還元できない感情の論理を明らかにしながら、他者と共存する原理を探求していると考えることもできるだろう。ハイデガーも現存在の自己理解の様式を「情状的了解」と特徴づけているように、感情において自己が自己に告げ知らされる場面を主題化している。

感情の合理性に着目する発想は、感情のなかに、世界や自己や他者についての知識をもたらす機能を見いだしている。感情が情緒的であるのみならず、認知的内容や道徳的な意義までをもあわせもつという洞察は、伝統的にアリストテレスの系譜に位置づけられるだろう。感情は、われわれが道徳的に重要なものを認知するのを助けてくれるのであり、感情によって、自己や他者のどのような行為が道徳的に賞賛され・罰せられ、どのような行為者が徳をもっている・いないのかを知らせてくれる（John. J. Drummond, "Aristotelianism and Phenomenology," in : *Phenomenological Approaches to Moral Philosophy: A Handbook*, Kluwer, 2002. pp.15-45.）。ブレンターノは著名なアリストテレス研究者でもあり、その影響化にある初期現象学は、アリストテレスに遡ることのできる共通の地盤をもっている。また、ハイデガーは『存在と時間』における「現存在」に、アリストテレスの『ニコマコス倫理学』における「フロネーシス」の解釈を巧みに取り入れており（第九章・池田喬論文）、ハイデガーやその影響化にある現象学にも、アリストテレス的発想が芽生えているかもしれない。

とはいえ、現象学は、カントの提起する問題に対して無頓着であるわけではなく、客観的な道徳法則や義務をめぐる問題を倫理学の枠内において検討している。シェーラーは、カント倫理学の「アプリオリ主義」を価値の客観性の主張というかたちで受け入れており、倫理学における相対主義の回避というモチーフを継承している（第二章・宮村論文）。ハイデガーの「責め」の存在論的・現象学的分析もまた、人格と物件というカントの根本区別を、事物的存在者としては把握不可能な「現存在」の存在への問いのかたちで継承し、道徳性の基礎づけというカント的プログラムを実存論的に更新しようとしている（第三章・池田喬論文）。レヴィナスは「ヌーメノンの真なる現象学」の枠組みにおいて、「汝、殺すなかれ」という「顔の命令」を、顔（物自体）の表出として語っている（第五章・横地論文）。こうした試みは、カント的な「義務」の概念を自己他者関係に即して解明したものと見なすことができる。現象学における感情の合理性の探求というモチーフの全体が、カントの倫理学と無関係ではありえず、カントにおいて「道徳法則への尊敬」として示唆されたことを、具体的経験の場面において捉えなおしたものとして理解できるだろう（Steven Galt Crowell, "Kantianism and Phenomenology," in : *Phenomenological Approaches to Moral Philosophy: A Handbook*, Kluwer, 2002, pp. 47-67）。

感情の合理性の探求というモチーフは、フッサールの「生きられる世界」やハイデガーの「世界内存在」の分析を継承し、「身体」に根ざす存在論を展開したメルロ＝ポンティにも見いだされる。「感覚的世界のロゴス」の解明は、生きられる世界とそこに属する他者たちとのあいだで取り交わされる「間ロゴス」としての「問いかけ」を主題化している（第四章・大森論文）。さらには、現象学の影響を受けた日本の哲学者たちも、現象学の枠組みを超えながら、感性と悟性との境界にある身体性を主題化し、そこにさまざまな可能性を見いだしている。田辺元は、カントの図式論やハイデガーの図式解釈を批判的に受容することで、身体性のなかに自己と他者を媒介にする「種」を見いだし、独自の弁証法としての「種の論理」を構想している（第七章・吉川論文）。また、三木は現象学に根ざした倫理学を企図しているわけではないが、「ロゴスとパトスの統一」を課題とする「行為の哲学」を構築している。その特徴は、ハイデガーのカント解釈にも依拠しながら、「身体」を「構想力」と関連づけて、そこに「形」を創造する「制作的行為」の機能を見いだすことにある。その射程は、道徳的秩序や社会的制度の創造にまで及んでいる（第八章・池田準論文）。このような哲学は、身体性のなかに他者との共存を視野に入れた社会形成の原理を探ろうとしている。こうした身体の社会性についての分析もまた、現象学そのものの、あるいは現象学と批判的に対決した哲学の成果と言えるだろう。

b　事象の探求方法

現象学は、様ざまな現象をその具体性において捉えようとしている。フッサールが「事象そのものへ」という研究格率をかかげたことはよく知られている。そこには、事象を一面的に抽象化・単純化することへの戒めがこめられている。事象分析の方法として、フッサールは「本質直観」「本質分析」を提唱しており、これは倫理学においても採用され、現象学的倫理学の方法となっている（第一章・吉川論文）。また、シェーラーもフッサールの本質直観を継承しながら、事象を「象徴」としてではなく「それ自体」として受け取るそのつどの直観的経験としての「現象学的経験」において、価値のアプリオリな秩序を探求している（第二章・宮村論文）。このような方法の影響力や射程はきわめて広く、フッサールの直接的な影響下にある初期の現象学において共有されている。そればかりか日本においても、九鬼は現象学を哲学的方法論として受けとめて、フランス滞在時には「本質直観」の手法を、日本に帰ってからは「解釈学的現象学」の手法をもちいて「いき」という事象に迫り、「わが民族に独自な『生き』かたの一つ」を解明している（第十章・横地論文）。

現象学的直観による記述的分析は、しだいに事象と事象との相互関係を視野に納めるようになってゆく。つまり、事象はみずからの「地平」をもっており、フッサールやメルロ＝ポンティが好んだ表現を用いれば、主題となる事象は背景となる事象と「絡み合っている」。したがって、事象分析はそうした絡み合いを解きほぐしてゆかねばならず、地平を取り込むことを方法的に自覚することになる。このような方法論的自覚は、さらなる水準において、現象学そのものの自己理解を大きく変化させることになる。ハイデガーによれば、現象学が明らかにする現象というのは、みずからを示すもの（存在者）というよりは、さしあたり隠されているもの（存在）である（第三章・池田喬論文）。日常的には隠蔽されて、見えなくなっているものを、そのような隠蔽と対決しながら明らかにするという手法は、とりわけハイデガー以後の現象学のなかに見いだされる。メルロ＝ポンティもハイデガーの「世界内存在」を身体に定位しながら解釈しており、「見えるものとしての身体」が世界と取り結ぶ知覚論的な関係を考察するなかで、「存在」の組成である「見えないもの」としての「肉」に迫ろうとしている。（第四章・大森論文）。このような方法は、レヴィナスにおいては、「現象学的言語」によっては「語りえないもの」

を破格や比喩を用いて語りだす「非現象学的現象学」という形にまで行き着いている。レヴィナスは、フッサールやハイデガーが提示した現象学的「現前」概念を批判的に検討して「他者」を考察しながらも（第五章・横地論文）、最終的には「痕跡」や「身代わり」という独自の概念を彫琢する方向に向かっている。

こうした方法に依拠する現象学においては、たとえば一つの行為に焦点を絞ってその善悪の基準を考察したり、あるいは道徳的判断の正当性を吟味したりというような、標準的な現代倫理学のかたちをとらないこともある（ミュンヘン・ゲッティンゲン学派や初期フッサールなどの初期現象学では、しばしば行為や道徳的判断が正面から取り上げられている）。むしろ、行為の現象学的分析は、ときには行為をとりまく地平やその根底にあるものとしての存在、歴史、世界、他者などに目を向けようとする。現象学的方法による考察の成果は、標準的な倫理学の文脈に乗りにくいものであるため、ときには倫理学の問題にまともにコミットしていない印象すら与えるかもしれない。こうした傾向は、現象学的倫理学の問題点でもありうるだろうし、またそこから豊かな成果を引きだす可能性にも通じている。

c　行為者への問い

上記のような現象学の方法と関連して、現象学は倫理学の問題設定の仕方にも興味深い特徴を示している。現象学的倫理学は、感情や意志の分析を試みるときにも、それらを単独で取り上げるというよりも、それらの連関を問題にしている。こうしたことは、感情や意志の「主体」そのものへと問いを向けることにつながっている。現象学的倫理学が「行為者」や「評価者」を共通の問題としていることは、特筆すべきであるように思われる。個別的な行為や道徳的判断を文脈から切り離して考察するのではなく、行為者やその生き方の全体にも問いを向ける倫理学の立場というのは、現代倫理学においても大きな意味をもつであろう。

シェーラーは、感情や意欲などの作用を問題にしながらも、善悪の担い手をそうした作用ではなく、様ざまな作用が統一されるところの「人格」に求めている。このような試みは、客観的な価値を実現する「能力」にかかわる「人格価値」としての「徳」の分析のなかに結実している。シェーラーは、「自由な主体」という近代以降の人間観を視野に入れた「徳倫理学」を構想しており、アリストテレスに由来する徳倫理学の現代的意義を再考するための手がかりを提供している（第二章・宮村論文）。九鬼もまた、「徳倫理学」の新たな領域を開拓しながら、「いき」の現象学的分析のなかで、心中せずに苦界を生き抜く男女の共生の卓越性を発見している。そこでは、「諦め」と「意気地」が生きることの徳と見なされ、道ならぬ恋で結ばれた男女が苦界で織りなす善美なる生き方が描きだされている（第十章・横地論文）。フッサールも倫理学を実践理性についての学問と見なし、主体の生き方を問う倫理学を確立している。そうしたなかで、現代の「ケアの倫理」にも通じる自己形成の様式が指摘され、自分にとって大切なものとしての価値が主体を「統合」する場面が考察されている（第一章・吉川論文）。ハイデガーもまた、道徳的主体の存在様式をめぐる問題に正面から向かい合っている。ハイデガーによれば、「責任」が帰属されるのは、カント主義を典型として行為論や倫理学の大部分が前提している「自己統制型の主体」ではなく、「非力さ」によって規定された「責めある存在」としての「現存在」である。現存在が「道徳上の運」にも左右される非力なものであることが、道徳性の可能性の条件になっている（第三章・池田喬論文）。このような道徳的主体をめぐる現象学的分析は、行為者、徳、統合性、ケア、道徳上の運などの二十世紀の後半から注目されている現代倫理学の問題にそのまま通じている。

現象学における道徳的主体の考察や現象学と批判的に対決している哲学のなかには、しばしば、主体そのものからその生成の基盤にまでさかのぼる方向性をもつものもある。レヴィナスは「イポスターズ」という概念のもとで、「私」が生起する「個体化」の場面に問いを向けて、私の生きる場所をめぐる「哲学的場所論」を展開している。このような試みは、私が生存する場所と他者が生存する場所との関係に目を向けることで、生きる場所をめぐって他者から関わられる倫理についての問いを提起することになる（第五章・横地論文）。田辺もまたハイデガーの現象学的存在論と対決しながら、生きる場所をめぐる「土地占有」の倫理的問題に直面している。そこから田辺は、自律的自己に潜む悪の可能性を示しながら、「他力の哲学」としての「懺悔道」を提唱するに至っている（第七章・吉川論文）。メルロ＝ポンティは、現存在の世界内存在を「肉の存在論」のなかで捉えなおすことで、自己と他者との差し向かいの関係を裏打ちする原初的な共存の境域の解明に取り組んでいる。そこに見いだされる「おなじひとつの世界へのわれわれの共通の所属」は、われわれの現実存在のエートスを理解させてくれる（第四章・大森論文）。和辻は、「隠されたる現象」に依拠するハイデガー現象学に「個人主義」を見いだし、日常的な行為に表現され現れている「間柄」的存在を人間の根源的存在として明らかにする「解釈学」を構想している（第九章・池田喬論文）。西田は、シェーラーの共感の現象学と対決しながら、「人格」を支える「底」に目を向けて、人格の基盤となっている歴史的世界を明らかにしようとしている（第六章・張論文）。三木は、主体としての人間をパトス的なものと見なしたうえで、そこに身体性や社会性を見いだしている（第八章・池田準論文）。このようなさまざまな試みは、個としての自律的主体の抽象性を暴きながら、主体を支える身体性、歴史性、間主観性などに目を向けるものとなっている。このように近代的主体をさまざまな観点から再考する試みは、倫理学という文脈のなかで検討する価値があるだろう。

現象学的倫理学の特徴として、①感情の合理性の探求、②事象の具体的分析、③行為者への問いという三つの点をあげることができた。現象学が倫理学的研究に取り組むときには、モチーフ、方法、問題設定などに関して、ゆるやかながらも統一性が見いだされる。そのような特徴は、ときには現象学の枠におさまらず、同時代の日本の哲学者などにも批判的に継承されている。さらには、現象学的倫理学の成果なかには、現代倫理学にも通じる可能性をはらんだ側面があり、いまなお検討する価値を失ってはいない。以上が、各章の論述を踏まえたうえで、現象学的倫理学の意義として指摘できることである。「現象学的倫理学」が明確な潮流を形成し、さらには責任をめぐる倫理学の問題に対して何らかの新しい見解を提供しているのか。最終的には、読者の判断を仰ぐことにしたい。

＊

本書はもともと、日本倫理学会第六十回大会のワークショップ「生と責任をめぐって——現象学的倫理学の現在」（二〇〇九年十月十六日、南山大学）という企画に端を発している。ワークショップは、フッサールを吉川孝（高知女子大学（当時））が、ハイデガーを池田喬（東京大学（当時））が、レヴィナスを横地徳広（弘前大学）が、フィンクを武内大（東洋大学）がそれぞれとりあげて、現象学的倫理学の立場から生と責任について検討するものであった。「責任」というトピックをめぐって、フッサールは哲学者の「自己責任」を、ハイデガーは「良心」において「責めある存在」を引き受ける人間的現存在を、フィンクは責任なき「遊戯」の生を、レヴィナスは「他者」への「無限責任」を主題化している。「責任」についてのそうした思考を共通の土俵におきいれ、検討することで、現象学派を貫いているかもしれない倫理学的思考の可能性を引きだしてみたかった。吉川、池田喬、横地の発表はそれぞれ大幅な加筆と修正を加えて、本書の第一章、第三章、第九章の論考となっている。

やりがいのある課題ではあったが、なかなか思うようにことは運ばなかった。遠隔地（弘前、東京、高知）に住むもの同士が集まって、議論もしてみたが、主題の重さに戸惑ったこともあった。現象学についての共通の理解を確認することもそれほど容易ではなかった。しかし、現象学派の倫理学的思考のなかには、大きな可能性が秘められているという確信は手にすることができた。この企画を継続的に推進したほうがよいということで、意見は一致した。

独仏の現象学者と日本の哲学者との比較という趣向をとりいれたうえ、宮村悠介（亜細亜大学）、張政遠（香港中文大学）、大森史博（東北大学）、池田準（東北大学）という新たなメンバーも加わった（執筆順）。ワークショップの成果を生かしながら、論集独自の企画を練るために、学会や研修の機会などを利用して、打ち合わせや議論を重ねたこともあった。予想外の時間と労力がかかってしまったが、ワークショップの企画を立ち上げたときには見えなかったものがこの論集では見えてきている。狭義での現象学研究にとらわれない視点が入ることで、責任をめぐる倫理学の多様な姿が浮かび上がり、かえって現象学の意義や限界も明らかになったかもしれない。

この論集は、多くの方々の協力によってなりたっている。各章の執筆担当者は、いくつかの制約のかかった難しいテーマを快諾し、かぎられた時間のなかで、高い水準の論文を寄稿している。また、弘前大学出版会には、厳しい出版事情のなか、本格的な哲学・倫理学の論集の出版を引き受けていただいた。最後に、日本倫理学会のワークショップに参加していただいた方々からは、的確かつ厳しい意見や質問をいただいた。そうした皆様のおかげにより、本書を公刊することができた。記して感謝申し上げたい。

想』第685号、理想社、2010年)、【著作】『現代哲学の名著　20世紀の20冊』（中公新書、2009年、共著)、【翻訳】ハイナー・クレンメ「カント『判断力批判』における（実践的）理性と自然」（カント研究会編『現代カント研究11　判断力の問題圏』、2009年、晃洋書房)。

大森　史博（OHMORI Fumihiro）
1969年生まれ。2009年東北大学大学院文学研究科博士後期課程修了。博士（文学)。現在、青森公立大学准教授。専攻は倫理学・フランス思想。【論文】「実存的永遠性に向かって——メルロ＝ポンティにおける問いかけの帰趨」（日本倫理学会編『倫理学年報』第57集、2008年)、【著作】『倫理学の地図』（ナカニシヤ出版、2010年、共著)。

張　政　遠（CHEUNG Ching-yuen）
1976年生まれ。2007年東北大学文学研究科博士後期課程修了。博士（文学)。現在、東京大学准教授。専攻は日本哲学。【論文】「西田幾多郎と現象学」（日本現象学会編『現象学年報』第25号、2009年)、【著作】『修遠之路：香港中文大學哲學系六十周年系慶論文集』（香港出版、2009年、共著)。

池田　　準（IKEDA Hitoshi）
1978年生まれ。東北大学大学院文学研究科博士後期課程修了。博士（文学)。専攻は倫理学。現在、東北大学非常勤講師。【論文】「理性の事実——『実践理性批判』における道徳法則の意識」（東北大学哲学研究会編『思索』37号、2004年)。【翻訳】オイゲン・フィンク『存在と人間　存在論的経験の本質について』（2007年、法政大学出版局、共訳)。

■執筆者紹介（執筆順、＊印は編者）

＊吉川　　孝（YOSHIKAWA Takashi）
1974年生まれ。2008年慶應義塾大学文学研究科後期博士課程修了。現在、高知県立大学准教授。博士（文学）。専攻は哲学・倫理学。【論文】「志向性と自己創造――フッサールの定言命法論」（日本倫理学会編『倫理学年報』第56集、2007年）、【著作】『フッサールの倫理学――生き方の探求』（知泉書館、2011年）、【翻訳】フッサール「行為と評価の現象学」（『現代思想　総特集フッサール』、青土社、2009年、共訳）。

＊横地　徳広（YOKOCHI Norihiro）
1972年生まれ。2007年東北大学文学研究科博士後期課程修了。博士（文学）。現在、弘前大学准教授。専攻は西洋倫理思想史。【著作】『戦争の哲学――自由・理念・講和』（東北大学出版会、2022年）。

＊池田　　喬（IKEDA Takashi）
1977年生まれ。2008年東京大学大学院人文社会系研究科博士課程修了。博士（文学）。現在、明治大学准教授。専攻は哲学・倫理学。【論文】「作用から行為へ――初期ハイデガーの意味理論」（哲学会編『哲学雑誌』第794号、2007年）、【著作】『ハイデガー 存在と行為――『存在と時間』の解釈と展開』（創文社、2011年）、【翻訳】ハイデッガー『現象学の根本問題』（ハイデッガー全集58巻、2010年、創文社、共訳）。

宮村　悠介（MIYAMURA Yusuke）
1982年生まれ。2011年東京大学大学院人文社会系研究科博士課程満期退学。博士（文学）。現在、愛知教育大学准教授。専攻は倫理学。【論文】「規範の根拠――カントと形而上学としての倫理学の問題」（『理

生きることに責任はあるのか
——現象学的倫理学への試み——

2012年９月20日　初版第１刷発行
2017年３月22日　初版第２刷発行
2023年７月31日　初版第３刷発行

編　者　吉川　孝・横地徳広・池田　喬
表紙絵（表・裏）鉄道風景画家 松本　忠

発行所　弘前大学出版会　HUP
〒036-8560　青森県弘前市文京町１
Tel. 0172-39-3168　fax. 0172-39-3171

印刷・製本　小野印刷所

ISBN 978-4-902774-86-3